सूरदास
और उनका साहित्य

स्वामी आनंद कुलश्रेष्ठ

डायमंड बुक्स
www.diamondbook.in

प्रकाशकः डायमंड पॉकेट बुक्स (प्रा.) लि.
X-30, ओखला इंडस्ट्रियल एरिया, फेज-II
नई दिल्ली-110020
फोन : 011-40712200
ई-मेल : sales@dpb.in
वेबसाइट : www.diamondbook.in

Surdas Aur Unaka Sahitya
by : Swami Anand Kulshreshtha

जीवन परिचय

मध्यकालीन संत कवियों में सूरदास का सबसे ऊंचा स्थान है। इन्हें हिन्दी साहित्याकाश का सूर्य कहा जाता है। महाकवि सूरदास का जन्म संवत् 1540 में आगरा के समीपवर्ती ग्राम रुनकता में हुआ था। सूरदास का बचपन का नाम बिल्वमंगल था। वह चंदरवरदाई के वंशज थे और उनके पिता रामदास अकबरी-दरबार के प्रसिद्ध गायक थे।

बिल्वमंगल सूरदास और फिर एक महान संत कवि कैसे बने इसकी कथा बहुत ही दिलचस्प और विचित्र है।

चिंतामणि नाम की एक गणिका रूप, यौवन, सौंदर्य तथा गायकी में मशहूर थीं। उनका कोई जवाब नहीं था। खुद शहंशाह अकबर चिंतामणि के प्रशंसक थे और चिंतामणि को हुकूमत की तरफ से प्रतिमाह अच्छी रकम वजीफे के तौर पर मिला करती थी। खास शाही उत्सवों में भी वह आमंत्रित की जाती थीं। बिल्वमंगल चिंतामणि के रूप-सौंदर्य पर दिलोजान से फिदा थे। चिंतामणि भी बिल्वमंगल की वाकपटुता, विद्वता आदि पर स्वाभाविक रूप से आसक्त थी। दोनों ही एक दूसरे की चाहत से प्यार करते थे।

एक रात चिंतामणि बेसुध ऊंघ रही थी। अचानक ही किसी ने झिंझोड़कर उसे जगा दिया। चिंतामणि हडबड़ाकर बिस्तर से उठ बैठी–'कौन?'

'मैं हूं, चिन्तामणि....'

'लेकिन इतनी रात को और इस तरह से आने की क्या जरूरत पड़ गई थी?'

चिंतामणि ने सवाल कर दिए।

'क्या करता, तुमसे मिलना जरूरी था...मैं तुमसे बेपनाह प्रेम जो करता हूं...', बिल्वमंगल एक सांस में ही बोल गया।

'लेकिन चारदीवारी फांद कर आने की क्या जरूरत थी...अगर तुम्हें चोट लग जाती तो? मुख्य द्वार खुलवा कर आजाते...', चिंतामणि ने दबे स्वर में ही कहा।

'कई बार आवाज दी। मुख्य द्वार जब नहीं खुला तब मेरी बेचैनी और भी अधिक बढ़ गयी तभी तुम्हारे कमरे के साथ की मुंडेर से लटकता एक लम्बा

रस्सा नजर आया। उसको ही पकड़कर तुम्हारे कमरे तक पहुंच गया। वह रस्सा तुमने मेरे लिए ही लटकाया था न?'

'मैं भला ऐसा क्यों करूंगी? मुझे तो इस बात की भनक तक भी नहीं थी कि तुम इतनी अंधेरी रात में भी आओगे। पर मैं जरा देखूं तो तुम किस रस्से की बात कर रहे हो...'

यह कहते हुए चिंतामणि ने दरवाजा खोला और झांककर मुंडेर की तरफ देखने लगी और फिर अचानक ही जोर से चीख पड़ी।

'क्या हुआ इसमें चीखने की क्या बात है...'

बिल्वमंगल के पूछने पर चिंतामणि ने एक पल बिल्वमंगल को देखा, फिर मुंडेर की ओर इशारा करते हुए बोली–'वह तो सर्प है और तुम उस सर्प को रस्सा समझकर मेरे बिस्तर तक पहुंचे थे...।' चिंतामणि के होश गुम हो गए। वह काफी शर्मिंदा भी हो गई और मन-ही-मन सोचने लगी कि बिल्वमंगल एक कवि है, गायक है और एक निष्ठप्रेमी है। मेरे प्यार में पड़कर उसकी मन:स्थिति कितनी डावांडोल हो गई है। अपने एकनिष्ठ प्रेमी के प्रति मैं भला इतनी स्वार्थी कैसे हो सकती हूं? मैं भले ही एक गायिका हूं....वेश्या हूं, पर मंगल के साथ होती हूं तो उसकी एकमात्र प्रेमिका ही तो होती हूं। आज मेरे प्यार में पड़कर उसकी क्या दशा हो गई है।

बिल्वमंगल की भी नजर मुंडेर पर लटक रहे सर्प पर ही थी। अभी कुछ देर पहले ही तो उसने सर्प को रस्सा समझकर पकड़ लिया था और उसके ही सहारे अपनी प्रेयसी चिंतामणि के कमरे तक पहुंचने में सफल हुआ था। यह सब कैसे हो गया? प्यार में क्या वह इतना अंधा हो गया है कि उसने सर्प सर्प नहीं रस्सा नजर आया? प्रेम तो रास्ता दिखाता है लेकिन मेरा प्रेम मुझे रास्ता क्यों नहीं दिखा रहा? कहीं मेरे प्यार में आसक्ति तो नहीं? यह सब सोचता हुआ मंगल सिहरकर पीछे हट गया।

चिंतामणि ने जानना चाहा कि आज शाम को ही तो तुम मुझसे मिले थे, फिर इस कालीरात में इस तरह से मेरे पास आने की जरूरत क्या थी?

मंगल के पास कोई जवाब नहीं था। बस दिल किया और जैसे भी हो वह चिंतामणि के कमरे में आ गया। तूफानी रात है, मुंडेर पर रस्सी नहीं सांप है यह सब उसने नहीं देखा। चिंतामणि बोले जा रही थी–'मंगल, स्वयं को पहचाना ...ईश्वर सबको ऐसी परम शक्ति नहीं देता। मैं तो एक गणिका होकर भी धन्य हो गई, जिसे तुम्हारे रूप में एक अनन्य प्रेमी मिला...मंगल, तुमने मेरा यह जन्म सुधार दिया...मैं निहाल हो गई...भला एक गणिका को एकनिष्ठ प्रेमी कहां मिलता है...मुझे मिला...लेकिन मैं इतनी स्वार्थी भी नहीं कि क्षणिक आनंद के लिए तुम्हारे इस जन्म को यूं ही जाने दूंगी....', यह कहते हुए चिंतामणि

ने मंगल को देखा फिर बड़ी कठोरता से बोली–'मंगल! तुम्हारे अंदर जो शक्ति है उसे रचनात्मक कार्यों में लगाओ। मैं क्या कह रही हूं समझ रहे हो न?'

'नहीं प्रिये...मैंने कुछ भी नहीं समझा...', 'नहीं, समझे तो समझो, मंगल. ..तुम अभी यहां से चले जाओ...', मंलग आश्चर्य में पड़ गया कि अपनी जान से भी अधिक चाहने वाली चिंतामणि को अचानक यह क्या हो गया।

वह बोला–'हां, सुबह चला जाऊंगा....'

'नहीं, अभी...' और यह कहते हुए उसने मंगल को धक्का देकर कमरे से बाहर कर दिया। मंगल चुपचाप उस तूफानी रात में बारिश में भीगता हुआ आगे की ओर बढ़ता चला गया। चिंतामणि स्वयं की कठोरता से प्रसन्न नहीं थी। अंदर-ही-अंदर आहत थी लेकिन ऐसा निर्णय लेना जरूरी था। उसका अनन्य प्रेमी मंगल मोह-माया में बंधकर अपना यह जन्म व्यर्थ ही गंवा रहा था। अपने प्रेमी के साथ वह न्याय करना चाहती थी। मंगल न तो अपने घर गया, न ही अपनी पत्नी के पास गया और न ही वापस चिंतामणि के यहां ही गया। वह यूं ही भटकता रहा और इस तरह से वह मथुरा पहुंच गया।

भूले-भटके या ठुकराए हुए का सहारा मंदिर और मठ ही तो हुआ करते हैं। मंगल मथुरा के एक मंदिर में पहुंच गया और वहां के पुजारी की आज्ञा से भगवान कृष्ण की मूर्ति को धोने-पोंछने का काम करने लगा।

मंदिर में एक युवती प्रतिदिन भगवान का पूजन-अर्चन करने आती थी। बिल्वमंगल को उस युवती में चिंतामणि की छवि अक्सर ही नजर आया करती थी। वह अभी भी चिंतामणि के सौंदर्य में ही भटक रहा था।

एक दिन साहस कर मंगल ने पूछ ही लिया–

'चिंतामणि! मेरे प्यार में क्या कमी थी कि तुमने मुझे ठुकरा दिया?'

वह युवती आश्चर्य में पड़ गई। एक बार नहीं कई बार पल भर में ही उसने मंगल को देख लिया फिर वह बोली–'कौन चिंतामणि....मैं कोई चिंतामणि नहीं...देखिए, आपको कोई भ्रम हो गया है।'

'तुम चिंतामणि ही हो। मेरी आंखें तुम्हें पहचानने में धोखा नहीं खा सकतीं. ...मेरा कसूर क्या है...बताओ तो सही...तुमने इस तरह से मेरा परित्याग क्यों कर दिया, चिंते...!'

वह बोलता ही चला गया।

युवती ने अगले पल ही समझ लिया कि यह कोई प्रेम में हारा हुआ प्रेम-दीवाना है। वह तरस खाकर बोली–'मैं आपकी चिंतामणि नहीं...आप अपनी सुधबुध शायद खो बैठे हैं।'

'नहीं चिंतामणि, मैं पूरे होश में हूं। तुम्हारे सौंदर्य पर मैंने न जाने कितने ही पद लिखे हैं....भला तुम मुझे पहचानने में कैसे गलती कर सकती हो...।'

युवती थोड़ा मुस्करा कर बोली–'तो क्या आप ही कविराज बिल्वमंगल हैं?'

'कवि तो बाद में मैं बना था, पहले तो तुम्हारा मंगल था...' कहते हुए मंगल युवती की ओर बढ़ गया और उसके चेहरे पर आंखें टिकाए उसके चेहरे पर झुकता चला गया। युवती घबराई-सी मुंह मोड़ने लगी। लेकिन मंगल ने उसे बांहों में भर लिया। युवती एक झटके में ही अलग होते हुए जोर से चीखी – 'मैं आपकी चिंतामणि नहीं...आप क्यों नहीं समझते। 'युवती की करुण चित्कार ने मंगल को झिंझोड़ दिया। खोयी चेतना पुनः लौट आई। वह शर्मसार-सा हुआ कहने लगा–'माफ करना देवी! माफ करना...वास्तव में ही मैं अपनी सुधबुध खो बैठा था और उसी बेसुधी में यह दुष्कर्म कर बैठा।

वह युवती कुछ दूरी पर खड़ी कांप रही थी।

मंगल शर्मिंदा था–यह कैसी बेसुधी थी, जिसने मुझको स्वयं से दूर कर दिया था। यह सारा अंधापन मेरी इन आंखों के कारण ही है। आंखों को भ्रम हुआ और पाप मुझसे हो गया...ये आंखे ही दोषी हैं...प्रेम में पागल हो गयी हैं, जो हर जगह बस चिंतामणि को ही देखती हैं। ये आंखें कामी हैं...दीवानी हैं...महापापी हैं...जो सच को देखने ही नहीं दे रही...', यह कहकर मंगल ने अपने इर्द-गिर्द देखा। दीवार में दो कीलें गड़ी थीं। मंगल ने उन्हें दीवार से निकाला और अपनी आंखों में बड़ी निष्ठुरता से घोंप लिया। भ्रमित करने वाली अब आंखें नहीं थीं। बिल्वमंगल सूरदास हो गए। अब बेसुधी खत्म हो गयी थी। सूरदास मथुरा से निकलकर अपने गांव आ गए और वहां जब मन नहीं लगा तब गौघाट आ गए। अब गौघाट ही उनका निवास स्थान बन गया। वह एक कुशल गायक भी थे और उच्च कोटि के कवि भी थे। गायन और काव्य लेखन में तन-मन से लग गये। देखते-ही-देखते वह जन-जन में लोकप्रिय हो गए। सूरदास की लोकप्रियता से प्रभावित महाप्रभु बल्लभाचार्य उन से मिलने गौघाट आए सूरदास भी बल्लभाचार्य की विद्वता से काफी प्रभावित थे। सूरदास ने उन्हें कुछ पद गाकर सुनाए। बल्लभाचार्य को सूर के पद और गाने का अंदाज बहुत ही अच्छा लगा। उन्होंने सूरदास को गुरुमंत्र दिया और गौघाट से उन्हें गोकुल लेकर आ गए। फिर बल्लभाचार्य सूरदास को गोवर्द्धन ले आए और श्रीनाथ जी के मंदिर की कीर्तन-सेवा का कार्यभार उन्हें दे दिया। सूरदास को एक मंच मिल गया। एक जगह मिल गई। वह कृष्ण लीला के पद लिख-लिखकर गाने लगे। उनकी कीर्ति का पताका चारों तरफ गड़ गया। वह छोटे-बड़े सब तरह के लोगों के जननायक बन गए। इसी दौरान सूरदास ने 'सूर सागर' की रचना की। उस काल के चर्चित महाकवि तुलसीदास भी सूरदास की लोकप्रियता से अछूते नहीं रह सके और गोवर्द्धन आकर उनसे भेंट की और उनकी काव्य-रचना की ही

नहीं बल्कि उनकी भक्ति भावना की भी भूरि-भूरि प्रशंसा की। समय यूं ही सरकता रहा। बल्लभाचार्य के सुपुत्र बिट्ठलनाथ ने 'अष्टछाप' की स्थापना की, जिसमें सूरदास की महत्ता को भी स्वीकार किया गया।

भक्ति भावना

सूरदास के काव्य में भक्ति भावना की अधिकता है और इनकी भक्ति सखा भाव की है। भगवान कृष्ण के वे अनन्य भक्त थे। उनके भक्त हृदय के विविध भाव उनके काव्य में प्रयोग हुए हैं। सूरदास ने अपने इष्ट देव श्रीकृष्ण की सूक्ष्म से सूक्ष्म बाल-लीलाओं तथा प्रेम-क्रीड़ाओं का बड़ी बारीकी से अपने काव्य में अंकित किया है, जिन्हें पढ़ने के बाद स्वाभाविक रूप से आम जन के हृदय में भक्ति भावना उत्पन्न हो जाया करती है।

भाषा शैली

सूरदास के काव्य की भाषा ब्रज भाषा है, जो बहुत ही सहज, मधुर और प्रभावोत्पादक है। इनके काव्य के पदों को गाया जा सकता है और इनमें भावुकता एवं संगीत भी है। इनके पदों में संस्कृत और अरबी-फारसी के शब्द भी हैं। अलंकारों का भी संयोजन बड़ी ही सजीवता से हुआ है। उपमा, रूपक, यमक, उत्प्रेक्षा, शब्दालंकार आदि अलंकारों की बाहुल्यता भी इनके काव्य में है। सूरदास के विषय में विद्वानों का कहना है कि सूरदास जब लिखने बैठते थे तब अलंकार शास्त्र उनके भावों के अनुसार कार्य करता था। अर्थात वे जब जैसा चाहते थे अलंकार का इस्तेमाल बड़ी कुशलता से कर लेते थे।

सूरदास को बाल्यावस्था का वर्णन करने में महारत हासिल था। उनकी लेखनी वात्सल्य वर्णन खुले शब्दों में करती थी। यह कहना गलत न होगा, सूरदास के काव्य में भगवान कृष्ण की बाल्यावस्था का वर्णन जितनी सफाई से हुआ है और बाल सुलभ लीलाओं का स्वाभाविक रूप से जैसा वर्णन हुआ है, वैसा विश्व के किसी भी साहित्य में नहीं मिलता है। अभी तक तो कोई भी कवि ऐसा नहीं हुआ जो वात्सल्य वर्णन में सूरदास का मुकाबला कर सके। बाल श्रीकृष्ण का हंसना, मिट्टी खाना, माखन खाना, पकड़े जाने पर झूठ बोलना आदि बाल-लीलाओं का स्वाभाविक चित्रण सूरदास के काव्य में ही मिलता है।

रस

सूरदास के काव्य में श्रृंगार रस के संयोग तथा वियोग दोनों ही रूप मिलते हैं। राधा-कृष्ण के मिलन, वियोग आदि का सूरदास ने बड़ी कुशलता से वर्णन किया है। संयोग के समय में गोपियों को जिन चीजों से सुखानुभूति होती थी,

वियोग के समय में उन्हीं चीजों से उन्हें दु:खों की अनुभूति कैसे हो रही है, सूरदास ने बहुत ही स्वाभाविक रूप से बताया है। वियोग, संयोग का चित्रण सूर साहित्य में जैसा किया गया है अन्य किसी साहित्य में वैसा चित्रण मिलना असंभव ही है।

सूर-साहित्य

सूरसागर–सूरदास द्वारा रचित 'सूर-सागर' सबसे अधिक लोकप्रिय इसलिए है क्योंकि श्रीमद्भगवद् के द्वादश स्कंध को गीतात्मक पदों में बड़े ही सुन्दर ढंग से पेश किया गया है। इसमें भगवान श्रीकृष्ण की लीलाओं का सजीवन तथ्यात्मक चित्रण है। भ्रमरगीत इस महाकाव्य के सबसे अधिक हृदय को छू जाने वाले अंश हैं। 'सूरसागर' में जिस तरह से ब्रजभाषा में भक्ति भाव और शृंगार की मधुरता का वर्णन किया गया है, वह किसी अन्य काव्य में नहीं मिलने वाला है। यही कारण है कि सूरदास को हिन्दी साहित्य का सूर यानी सूर्य कहा जाता है। सूरसागर का अध्ययन करने के बाद सहज रूप से ही यह मालूम हो जाता है कि कि सूरदास वात्सल्य और शृंगार के सर्वश्रेष्ठ कवि हैं।

सूरसागर के अलावा 'सूर-सारावली' तथा 'साहित्य लहरी' भी काफी लोकप्रिय और भक्ति में डूबे काव्य हैं। सूर-साहित्य बेशक हिन्दी साहित्य का हीरा है, जो अनमोल और अनूठा है।

देहावसान

संवत् 1620 को मथुरा स्थित पारसोली गांव में सूरदास का निधन हुआ। वह तब 80 वर्ष से अधिक के थे। भक्तिकाल को स्वर्ण-युग के नाम से सुशोभित करने वाले महाकवि और महासंत सूरदास हमारे बीच नहीं हैं, लेकिन उनका अमर साहित्य आज भी हमारे बीच है और सदा ही रहेगा।

सूर पदावली

हरि-मुख देखि हो बसुदेव।
कोटि-काल-स्वरूप सुंदर, कोउ न जानत भेव॥
चारि भुज जिहिं चारि आयुध, निरखि कै न पत्याउ।
अजहुँ मन परतीति नाहीं नंद-घर लै जाउ॥
स्वान सूते, पहरुवा सब, नींद उपजी गेह।
निसि अँधेरी, बीजु चमकै, सघन बरषै मेह॥
बंदि बेरी सबै छूटी, खुले बज्र-कपाट।
सीस धरि श्रीकृष्न लीने, चले गोकुल-बाट॥
सिंह आगैं, सेष पाछैं, नदी भई भरिपूरि।
नासिका लौं नीर बाढयौ, पार पैलो दूरि॥
सीस तैं हुंकार कीनी, जमुन जान्यौ भेव।
चरन परसत थाह दीन्हीं, पार गए बसुदेव॥
महरि-ढिग उन जाइ राखे, अमर अति आनंद।
सूरदास बिलास ब्रज-हित, प्रगटे आनँद-कंद॥

हे वासुदेव! भगवान कृष्ण का सुंदर-सलोना मुख देखो। इनका सुन्दर स्वरूप करोड़ों कालों के समान है। इनका भेद किसी को भी मालूम नहीं है। इनकी चार भुजाएं हैं और चारों भुजाओं में अस्त्र-शस्त्र हैं। इनका प्रत्यक्ष दर्शन करने के बाद भी आपको विश्वास नहीं हो रहा। इन पर अब भी आपको विश्वास नहीं है। इन्हें नंदबाबा के घर पहुंचा आओ। कुत्ते गहरी नींद में हैं। पहरेदार भी ऊंघ रहे हैं। अंधेरी रात है। बिजली आसमान में चमक रही है और घनघोर बादल मूसलाधार बारिश कर रहे हैं। लोहे के फाटक खुल गए हैं और बेड़ियां भी खुल गई हैं। आकाशवाणी के समाप्त होते ही वासुदेव जी श्रीकृष्ण को सिर पर लेकर गोकुल जाने वाले रास्ते की ओर बढ़ गए। आगे-आगे सिंह था और पीछे-पीछे शेषनाथ फन

निकाले चल रहे थे तथा यमुना नदी लबालब जल से भरी हुई थी। वासुदेव की नाक को जब जल छूने लगा और अभी नदी का किनारा बहुत दूर था। श्रीकृष्ण ने हुंकार भरकर इशारा किया। यमुना भगवान का इशारा समझ गई और उनका चरण छूकर अपना जल स्तर कम कर दिया यानी पानी कमर तक आ गया और वासुदेव आसानी से उस पार पहुंच गए। माता यशोदा के बगल में कृष्ण को ले जाकर सुला दिया। देवगण प्रसन्न और आनंदित हो उठे। सूरदास कहते हैं कि आनंद के धाम श्रीकृष्ण ने तो ब्रज के हित के लिए ही अवतार लिया है।

गोकुल प्रगट भए हरि आइ।
अमर-उधारन असुर-संहारन, अंतरजामी त्रिभुवन राइ॥
माथैं धरि बसुदेव जु ल्याए, नंद-महर-घर गए पहुँचाइ।
जागी महरि, पुत्र-मुख देख्यौ, पुलकि अंग उर मैं न समाइ॥
गदगद कंठ, बोलि नहिं आवै, हरषवंत ह्वै नंद बुलाइ।
आवहु कंत, देव परसन भए, पुत्र भयौ, मुख देखयौ धाइ॥
दौरि नंद गए, सुत-मुख देख्यौ, सो सुख मापै बरनि न जाइ।
सूरदास पहिलैं ही माँग्यौ, दूध पियावन जसुमति माइ॥

देवगण का कल्याण करने के लिए और असुरों का विनाश करने के लिए ही तो अंतर्यामी भगवान श्रीकृष्ण इस धरती पर आए हैं। ये तीनों लोकों के स्वामी हैं। भगवान कृष्ण को सिर पर रखकर वासुदेव जी ले आए और नंद बाबा के घर पर छोड़ गए। माता यशोदा जी की जब नींद टूटी और पुत्र का चेहरा देखा तो खुशी के मारे उनका ही अंग स्वयं में नहीं समा सका। अर्थात वह हर्ष और उल्लास से आनंदित हो गईं। गला खुशी के मारे भर आया, मुंह से आवाज नहीं निकल रही और अत्यंत ही हर्षित होकर नंदबाबा को बुलाया—हे स्वामी! हम पर कुल देवता प्रसन्न हो गए हैं। हमें पुत्र रत्न की प्राप्ति हुई है। आइए आकर अपने लाल का मुख देखिए। दौड़कर नंदबाबा आए और अपने पुत्र का मुख देखने लगे। इस सुख का वर्णन करने के लिए उनके पास शब्द ही नहीं थे। सूरदास कहते हैं कि माता यशोदा ने तो पहले ही से ही दूध पिलाने का वरदान मांगा है। यह कोई आश्चर्य की बात तो है नहीं।

उठीं सखी सब मंगल गाइ।
जागु जसोदा, तेरैं बालक उपज्यो, कुँअर कन्हाइ॥

जो तू रच्या-सच्यौ या दिन कौं, सो सब देहि मँगाइ।
देहि दान बंदीजन गुनि-गन, ब्रज-बासिनि पहिराइ॥
तब हँसि कहत जसोदा ऐसैं, महरहिं लेहु बुलाइ।
प्रगट भयौ पूरब तप कौ फल, सुत-मुख देखौ आइ॥
आए नंद हँसत तिहिं औसर, आनँद उर न समाइ।
सूरदास ब्रज बासी हरषे, गनत न राजा-राइ॥

नगर की सारी सखियां आकर मंगल-गीत गाने लगीं। हे यशोदा! तुम्हारे भाग्य जाग गए। भगवान कृष्ण तुम्हारे पुत्र के रूप में पैदा हुए हैं। तुमने जो कुछ भी जमा करके आज के दिन के लिए रखा है, वे सब मंगवा लो। बंदीजन, गुणीजन को दान दो और ब्रजवासियों को नये वस्त्र पहनाओ। इतना सुनकर यशोदा हंसकर बोली–'नंदराज को बुला लाओ। उनके ही पुण्य प्रताप से यह पुत्र प्राप्त हुआ है। वे आकर अपने बेटे का मुंह देखें।' इस शुभ बेला में नन्दबाबा हंसते हुए आए। वे इतने आनंदित हो रहे हैं कि फूले नहीं समा रहे हैं। सूरदास कहते हैं कि व्रजवासी आज इतने आनंदित हैं कि राजा-रंक का भेद मिट गया है और सभी एकजुट होकर इस खुशी का आनंद ले रहे हैं।

हौं इक नई बात सुनि आई।
महरि जसौदा ढोटा जायौ, घर-घर होति बधाई॥
द्वारैं भीर गोप-गोपिनि की, महिमा बरनि न जाई।
अति आनंद होत गोकुल मैं, रतन भूमि सब छाई॥
नाचत बृद्ध, तरुन अरु बालक, गोरस-कीच मचाई।
सूरदास स्वामी सुख-सागर, सुंदर स्याम कन्हाई॥

एक गोपी बोली कि मैं एक नई बात सुनकर आई हूं। यशोदा रानी को बेटा हुआ है। घर-घर में खुशियां मनाई जा रही हैं और मंगल गीत गाए जा रहे हैं। नंदबाबा के दरवाजे पर गोप-गोपियों की भीड़ लगी है। आज के आनंदोत्सव की महिमा का वर्णन करना कठिन है। गोकुल में चारों तरफ खुशियां ही खुशियां हैं। नंदबाबा के द्वार पर रत्न ही रत्न बिछे हुए हैं। वृद्ध, युवा और बालक सब नृत्य कर रहे हैं तथा वहां पर दूध, दही और मक्खन की बारिश-सी हो रही है, जिससे कीचड़-ही-कीचड़ मचा हुआ है। सूरदास कहते हैं कि मेरे स्वामी सुखों के सिंधु हैं। मेरे कन्हाई श्रीकृष्ण सुंदर और श्याम वर्ण वाले हैं। भला उनके आगमन से ब्रजमंडल आनंदित क्यों नहीं होगा।

हौं सखि, नई चाह इक पाई।
ऐसे दिननि नंद कैं सुनियत, उपज्यौ पूत कन्हाई॥
बाजत पनव-निसान पंचबिध, रुंज-मुरज सहनाई।
महर-महरि ब्रज-हाट लुटावत, आनँद उर न समाई॥
चलौ सखी, हमहूँ मिलि जैऐ, नैंकु करौ अतुराई।
कोउ भूषन पहिरयौ, कोउ पहिरति, कोउ वैसहिं उठि धाई॥
कंचन-थार दूब-दधि-रोचन, गावति चारु बधाई।
भाँति-भाँति बनि चलीं जुवति जन, उपमा बरनि न जाई॥
अमर बिमान चढ़े सुख देखत, जै-धुनि-सब्द सुनाई।
सूरदास प्रभु भक्त-हेत-हित, दुष्टनि के दुखदाई॥

एक दूसरी गोपी बोली कि मुझे एक नयी खबर सुनने को मिली है। नंदबाबा को पुत्र रत्न की प्राप्ति हुई है, जिसका नाम सबने कन्हाई रखा है। उनके द्वार पर शहनाई, ढोलक, मृदंग, सारंगी, नगाड़े ये पांच वाद्ययंत्र बज रहे हैं। यशोदा रानी और नंदबाबा दोनों हाथों से व्रज का बाजार ही लुटा रहे हैं यह आनंद उनके हृदय में समाए नहीं समा रहा है। हे सखि! चलो, हम सब भी वहां चलें। अब देर न करो। किसी ने आभूषण पहन लिया, किसी ने सुन्दर वस्त्र पहन लिया और किसी ने जो पहना था उसी में उठकर चल पड़ी। सोने की थाल में दूब, दही और गोरोचन लेकर सुंदर मंगलाचरण गाती हुई व्रज की गोपियां चल दीं। नाना विधि से सज-संवर कर व्रज की युवतियां चल पड़ीं, जिसकी शोभा अवर्णनीय ही थी। देवगण इस आनंदोत्सव को विमान में खड़े-खड़े ही देख रहे हैं और उनकी जय-ध्वनि स्पष्ट रूप से सुनाई दे रही है। सूरदास कहते हैं कि भगवान भक्त के हित के लिए प्रकट हुए हैं, जो दुष्टों के लिए अत्यंत ही दुःखदायक हैं, अर्थात भक्तों का कल्यण करने के लिए और दुष्टों को मारकर धरती पर सुखों की स्थापना के लिए अवतरित हुए हैं।

ब्रज भयौ महर कैं पूत, जब यह बात सुनी।
सुनि आनंदे सब लोग, गोकूल नगर-गुनी॥
अति पूरन पूरे पुन्य, रोपी सुथिर थुनी।
ग्रह-लगन-नषत-पल सोधि, कीन्हीं बेद धुनी॥
सुनि धाई सब ब्रज नारि, सहज सिंगार किये।
तन पहिरे नूतन चीर, काजर नैन दिये॥

कसि कंचुकि, तिलक लिलार, सोभित हार हिये।
कर-कंकन, कंचन-थार, मंगल-साज लिये॥

नंद बाबा को बेटा हुआ है, यह शुभ खबर जब लोगों ने सुनी तब पूरा गोकुल ही आनंदमय हो गया। गोकुल के सब गुणीजन खुशी से गदगद हो गए। सबने यही कहा कि जन्म-जन्मों का पुण्य प्राप्त हो गया, जिससे ब्रजराज के घर लला पैदा हो गया। पूरे ब्रजमंडल को युवराज मिल गया। ग्रह, नक्षत्र, समय देखकर वैदिक नियमानुसार श्रीकृष्ण का जातकर्म-संस्कार हुआ। इसमें सज-संवर कर सभी ब्रज की स्त्रियों ने भाग लिया। आज उन्होंने नए वस्त्र पहन रखे थे और आंखों में काजल लगाया हुआ था। गले में हार, माथे पर बिंदिया और चोली कसकर बांधा था। कलाइयों में कंगन थे, हाथ में सोने की थाल थी, जो शुभदायक पदार्थों से सुसज्जित थी। इस तरह सब विधि से सज-संवरकर वे नंद रानी के भवन में पहुंचीं।

सुभ स्रवननि तरल तरौन, बेनी सिथिल गुही।
सिर बरषत सुमन सुदेस, मानौ मेघ फुही॥
मुख मंडित रोरी रंग, सेंदुर माँग छुही।
उर अंचल उड़त न जानि, सारी सुरँग सुही॥
ते अपनैं-अपनैं मेल, निकसीं भाँति भली।
मनु लाल-मुनैयनि पाँति, पिंजरा तोरि चली॥
गुन गावत मंगल-गीत, मिलि दस पाँच अली।
मनु भोर भऐं रबि देखि, फूलीं, कमल-कली॥

गोपियों के कानों में कुंडल थे, जो गालों को स्पर्श कर रहे थे, चोटियां सलीके से गुंथी हुई थीं। न ढीली और न अधिक कसी हुई ही थीं। सिर के बालों में फूल टंके हुए थे मानो बादलों से रिमझिम-रिमझिम बूंदें पड़ रही हों। चेहरा रोली के रंग से दमक रहा था और मांग में सिंदूर की आभा थी। वे इतनी खुश थीं कि छाती से सरक कर नीचे आ गए आंचल का उन्हें बोध ही नहीं था और उनकी साड़ियों के रंग मन को मोहित कर देने वाले थे। वे अपने-अपने मेल की सखियों के साथ यूं चली जा रही थीं मानो लाल मुनियां चिड़ियों का झुण्ड पिंजरे को तोड़कर आकश में उड़ी जा रही हों। दस-पांच के समूह में गोप-बालाएं मंगलगान इस प्रकार गाती चली जा रही थीं मानो सुबह के सूर्य को आसमान में देखकर कमल की कलियां खिल उठी हों।

पिय पहिलैं पहुँचीं जाइ अति आनंद भरीं।
लइँ भीतर भुवन बुलाइ सब सिसु पाइ परी॥
इक बदन उघारि निहारि, देहिं असीम खरी।
चिरजीवो जसुदा-नंद, पूरन काम करी॥
धनि दिन है, धनि ये राति, धनि-धनि पहर घरी।
धनि-धन्य महरि की कोख, भाग-सुहाग भरी॥
जिनि जायौ ऐसौ पूत, सब सुख-फरनि फरी।
थिर थाप्यौ सब परिवार, मन की सूल हरी॥

अपने पतियों से पहले ही गोपियां नन्दबाबा के भवन में आनंद से उंमगित पहुंच गईं। उन पर नजर पड़ते ही यशोदा उन्हें प्रसूति गृह में सादर अपने साथ लेकर आ गईं। सभी गोपियों ने बालक कृष्ण के चरण-कमलों में अपने सिर रख दिए। एक गोपी बालक कृष्ण का मुख उघाड़ कर हृदय से आशीष देने लगी कि नंदलाल ने हम सबका ही उद्धार कर दिया। धन्य यह दिन है, धन्य यह रात है और धन्य-धन्य प्रहर और घड़ी है। यशोदा रानी की कोख धन्य है। इनका सुहाग और सौभाग्य धन्य है, जिन्होंने ऐसे पुत्र को जन्म दिया। यशोदा रानी को सब सुख मिल गए, उन्होंने समस्त विश्व के परिवारों के वंश की रक्षा करने वाले को पैदा कर स्थिरता की स्थापना कर दी। मन की सारी पीड़ा मिट गई।

सुनि ग्वालनि गाइ बहोरि, बालक बोलि लए।
गुहि गुंजा घसि बन-धातु, अंगनि चित्र ठए॥
सिर दधि-माखन के माट, गावत गीत नए।
डफ-झाँझ-मृदंग बजाइ, सब नँद-भवन गए॥
मिलि नाचत करत कलोल, छिरकत हरद-दही।
मनु बरषत भादौं मास, नदी घृत-दूध बही॥
जब जहाँ-जहाँ चित जाइ, कौतुक तहीं-तहीं।
सब आनँद-मगन गुवाल, काहूँ बदत नहीं॥

बालकों को बुलाकर ग्वालिनों ने गायों को मंगवाया। गुंजा, घुंघची की माला गुंथकर उन्हें पहनायी तथा गेरु को घोलकर उनके शरीर पर विविध चित्रों को बनाकर उनका श्रृंगार किया। गोप अपने सिर पर दही-माखन से भरे मटके लेकर नये-नये गीत गाते, डफली, झांझ, मृदंग बजाते हुए नंदबाबा के भवन जा पहुंचे। वे सब आपस में मिलजुलकर नाचने लगे, हास-परिहास करने लगे। हल्दी-दही

का घोल आपस में वे बड़े हर्ष के साथ डाल रहे थे। देखने से यूं लग रहा था जैसे भादो के महीने के बादल घनघोर बरस रहे हों। वहां दूध-घी की नदी बह चली। जब जहां उनका मन करता, वहीं वे तरह-तरह के नृत्य, हंसी-ठिठोली और गीत गाने लगते। सभी ग्वाल इतना आनंदित थे कि उन्हें किसी की कोई परवाह ही नहीं थी।

इक धाइ नंद पै जाइ, पुनि-पुनि पाइ परैं।
इक आपु आपुहीं माहिं, हँसि-हँसि मोद भरैं॥
इक अभरन लेहिं उतारि, देत न संक करैं।
इक दधि-गोरोचन-दूब, सब कैं सीस धरैं॥
तब न्हाइ नंद भए ठाढ़, अरु कुस हाथ धरे।
नांदीमुख पितर पुजाइ, अंतर सोच हरे॥
घसि चंदन चारु मँगाइ, बिप्रनि तिलक करे।
द्विज-गुरु-जन कौं पहिराइ, सब कैं पाइ परे॥

एक ग्वाल दौड़कर नंदबाबा के पैरों पर बार-बार पड़ता तो दूसरा खुद-ब-खुद ही आनंदित होकर हंसते-हंसते लोटपोट हो जाता। तीसरा ग्वाला अपना आभूषण उतार कर किसी को भी देने लगता और चौथा ग्वाल दही, गोरोचन, दूब सब-के ही सिर पर डाल देता। इन सब क्रीड़ाओं के बीच ही नंदबाबा नहा-धोकर हाथ में कुश लेकर आ खडे हुए फिर उन्होंने नांदीमुख श्राद्ध किया। इसके बाद पितृ-पूजन कर पितरों के मन का यह संताप दूर किया कि उनका वंश चलाने वाला कोई नहीं है। चंदन घिसवाकर मंगवाया और ब्राह्मणों को तिलक लगाया। ब्राह्मणों, गुरुओं को उत्तम वस्त्र, आभूषण भेट कर उन सबके पांव छूकर उनका आशीर्वाद लिया।

तहँ गैयाँ गनी न जाहिं, तरुनी बच्छ बढ़ीं।
जे चरहिं जमुन कैं तीर, दूनैं दूध चढ़ीं॥
खुर ताँबैं, रूपैं पीठि, सोनैं सींग मढ़ीं।
ते दीन्हीं द्विजनि अनेक, हरषि असीस पढ़ीं॥
सब इष्ट मित्र अरु बंधु, हँसि-हँसि बोलि लिये।
मथि मृगमद-मलय-कपूर, माथैं तिलक किये॥
उर मनि-माला पहिराइ, बसन बिचित्र दिये।
दै दान-मान-परिधान, पूरन-काम किये॥

नन्दबाबा के यहां बछड़े वाली युवा व स्वस्थ इतनी गाएं एकत्रित थीं कि उन्हें अंगुलियों पर गिना नहीं जा सकता था। वे सब गाएं यमुना नदी के तीर पर घास चरती थीं और सबके ही सब दोगुना दूध देती थीं। उनके खुर तांबे से, पीठ चांदी से और सींगें सोने से मढ़ी थीं। नन्दबाबा ने ब्राह्मणों को सादर भेट कर दिया और इसके बदले में प्रसन्न होकर ब्रह्मणों ने सच्चे हृदय से आशीर्वाद दिया। नन्दबाबा धन्य हो गए। इसके बाद नंदबाबा ने अपने हित, मित्र और बंधु-बांधवों को हंसते हुए आदर के साथ बुलाया और कस्तूरी, कपूर, चंदन के लेप से उनके माथे पर तिलक लगाया। उनके गले में मणियों की मालाएं डालीं तथा सुन्दर वस्त्र उन्हें उपहारस्वरूप दिए। दान, मान, परिधान आदि सब देकर आगुंतकों को एकदम प्रसन्न व तृप्त कर दिया।

बंदीजन-मागध-सूत, आँगन-भौन भरे।
ते बोलैं लै-लै नाउँ, नहिं हित कोउ बिसरे॥
मनु बरषत मास अषाढ़ दादुर-मोर ररे।
जिन जो जाँच्यौ सोइ दीन, अस नँदराइ ढरे॥
तब अंबर और मँगाइ, सारी सुरँग चुनी।
ते दीन्हीं बधुनि बुलाइ, जैसी जाहि बनी॥

बंदीजन, मागध, सूत-इन सबकी भीड़ आंगन और भवन में खचाखच भरी हुई थी। नंदबाबा ने किसी का भी अनादर नहीं किया। सबको ही उचित दान-दक्षिणा देकर प्रसन्न किया। सब नंदबाबा का नाम ले-लेकर गुणगान कर रहे थे, मानो आषाढ़ की पहली बारिश होने पर मेंढक और मोर तरह-तरह के बोल निकाल रहे हों। नंदबाबा ने प्रसन्न होकर जिसने जो मांगा खुशी-खुशी उसे वह दिया। इसके बाद सुंदर रंगों वाली साड़ियां मंगवा कर युवा, प्रौढ़, वृद्ध आदि स्त्रियों को बुलाकर भेंट स्वरूप दीं। सबकी पसंद-नापसंद का ध्यान नंदबाबा ने रखा।

ते निकसीं देति असीस, रुचि अपनी-अपनी।
बहुरीं सब अति आनंद, निज गृह गोप-धनी॥
पुर घर-घर भेरि-मृदंग, पटह-निसान बजे।
बर बारनि बंदनवार, कंचन कलस सजे॥
ता दिन तैं वै ब्रज लोग, सुख-संपति न तजे।
सुनि सबकी गति यह सूर, जे हरि-बरन भजे॥

यथायोग्य उचित दान मिल जाने पर वे अपनी पसंद के अनुसार आशीष देकर नन्द-भवन से निकलीं और हर्षोल्लास से भरी अपने-अपने घर को वे ग्वालिनें वापस चली गईं। ब्रज के घर-घर में भेरी, मृदंग, पटह, डंके आदि की ध्वनि गुंजायमान हो उठी। बंदनवारों से नगर सजाया गया और स्वर्णकलश की स्थापना की गई। उस दिन से ही ब्रजवासी सुखी और संपन्न रहने लगे। सूरदास कहते हैं कि श्रीहरि के चरण कमलों में ध्यान लगाकर भजन-कीर्तन करते हैं, उनकी ऐसी ही सुन्दर गति होती है। धन-संपत्ति उनका साथ कभी नहीं छोड़ती है।

आजु नंद के द्वारैं भीर।
इक आवत, इक जात विदा ह्वै, इक ठाढ़े मंदिर कैं तीर॥
कोउ केसरि कौ तिलक बनावति, कोउ पहिरति कंचुकी सरीर।
एकनि कों गौ-दान समर्पत, एकनि कों पहिरावत चीर॥
एकनि कौं भूषन पाटंबर, एकनि कौं जु देत नग हीर।
एकनि कौं पुहुपनि की माला, एकनि कौं चंदन घसि नीर॥
एकनि माथैं दूब-रोचना, एकनि कौं बोधति दै धीर।
सूरदास धनि स्याम सनेही, धन्य जसोदा पुन्य सरीर॥

आज नन्दबाबा के द्वार पर बहुत भीड़ है। एक आ रहा है तो एक सायर विदा होकर जा रहा है और कोई नन्दबाबा के सुंदर भवन के नजदीक खड़ा है। कोई गोपी केसर का टीका लगा रही है तो कोई गोपी चोली-ब्लाउज पहन रही है। नंदबाबा इस शुभ घड़ी में किसी को गायदान कर रहे हैं और किसी को वस्त्र पहनने के लिए दे रहे हैं। किसी को आभूषण दे रहे हैं तो किसी को पीतांबर दे रहे हैं। किसी को रत्न और हीरा भेंट कर रहे हैं। किसी को फूलों की सुन्दर माला अर्पित कर रहे हैं। किसी को माथे पर स्वयं चंदन घिस कर लगा रहे हैं, किसी के माथे पर दूब और गोरोचन छिड़क रहे हैं और किसी को समझाकर काम बता रहे हैं। सूरदास कहते हैं कि श्याम-प्रेमी गोप-गोपियां धन्य हैं और पवित्र देहवाली माता यशोदा धन्य हैं, जिनके भाग्य में ऐसा परम सुख मिलना लिखा है।

आजु बधायौ नंदराइ कैं, गावहु मंगलचार।
आई मंगल-कलस साजि कै, दधि फल नूतन-डार॥
उर मेले नंदराइ कैं, गोप-सखनि मिलि हार।
मागध-बंदी-सूत अति करत कुतूहल बार॥

आए पूरन आस कै, सब मिलि देत असीस।
नंदराइ कौ लाड़िलौ, जीवै कोटि बरीस।।
तब ब्रज-लोगनि नंद जू, दीने बसन बनाइ।
ऐसी सोभा देख कै, सूरदास बलि जाइ।।

आज नंदबाबा के यहां बधाव बज रहा है और मंगलगीत सखियां गा रही हैं। गोपियां मंगल-कलश दही, फल और आम्रपल्लव से सजाकर नंदबाबा के घर आयीं। ग्वाल-मित्रों ने नंदबाबा के गले में फूलों की माला डाली और गोपियों ने यशोदा के गले में फूलों का हार पहनाया। मागध, बंदीजन और सूत नाना प्रकार के कौतूहल बार-बार कर रहे हैं। नंदबाबा के यहां जो भी आया उसकी मनोकामना उन्होंने पूरी की। सभी उनको आशीष दे रहे हैं कि नंद जी का छोरा करोड़ों वर्ष तक जीवित रहे। नंदबाबा ने अति हर्षित मन से सबको नये वस्त्र भेंट किए। सूरदास कहते हैं कि ऐसी शोभा देखकर सूरदास स्वयं को ही उन पर मरता है।

बहुत नारि सुहाग-सुंदरि और घोष कुमारि।
सजन-प्रीतम-नाम लै-लै, दै परसपर गारि।।
अनँद अतिसै भयौ घर-घर, नृत्य ठावँहिं ठावँ।
नंद-द्वारैं भेंट लै-लै उमह्यौ गोकुल गावँ।।
चौक चंदन लीपि कै, धरि आरती संजोइ।
कहति घोष-कुमारि, ऐसौ अनंद जौ नित होइ।।
द्वार सथिया देति स्यामा, सात सींक बनाइ।
नव किसोरी मुदित ह्वै-ह्वै गहति जसुदा-पाइ।।

विवाहित सुंदर स्त्रियां और कुमारियां एक-दूसरे के पतियों का नाम ले-लेकर आपस में चुन-चुनकर गाली गा रही है। घर-घर में आनंदोत्सव हो रहा है। जगह-जगह पर समूह-नृत्य हो रहे हैं। नंदबाबा के द्वार पर पूरे गोकुलवासी ही तरह-तरह की भेंट लेकर उमड़ पड़े हैं। चौके को चंदन युक्त घोल से लीपकर, आरती सजाकर रखी गई है। गोप कुमारियां आपस में कह रही हैं कि कितना अच्छा होता ऐसा ही आनंदोत्सव रोज ही मनाया जाता । युवा स्त्रियां सात सींकों से द्वार पर स्वास्तिक का शुभ चिह्न बना रही हैं और जो किशोरियां हैं, वे अत्यंत हर्षित होकर यशोदा के पांव पड़ रही हैं।

करि अलिंगन गोपिका, पहिरैं अभूषन-चीर।
गाइ-बच्छ सँवारि ल्याए, भई ग्वारिन भीर॥
मुदित मंगल सहित लीला करैं गोपी-ग्वाल।
हरद, अच्छत, दूब, दधि लै, तिलक करैं ब्रजबाल॥
एक एक न गनत काहूँ, इक खिलावत गाइ।
एक हेरी देहिं, गावहिं, एक भेंटहिं धाइ॥
एक बिरध-किसोर-बालक, एक जोबन जोग।
कृष्न-जन्म सु प्रेम-सागर, क्रीड़ैं सब ब्रज-लोग॥
प्रभु मुकुंद कै हेत नूतन होहिं घोषि-बिलास।
देखि ब्रज की संपदा कौं, फूलै सूरदास॥

माता यशोदा ने जो वस्त्र और आभूषण गोपियों को भेंट स्वरूप दिए थे वो उन्हें पहन लिए हैं और हर्षित मन से उनसे गले मिल रही हैं। गोप गाय-बछड़ों को सजा-संवार कर ले आए हैं और चारों तरफ ग्वालों की भीड़ ही भीड़ है। गोप-गोपियां इस अवसर पर प्रसन्न मन से आपस में मर्यादित क्रीड़ाएं कर रहे हैं। हल्दी, चावल, दूब और दही लेकर ब्रज की नारियां एक-दूसरे को मंगल-तिलक लगा रही हैं। आज सारी वर्जनाएं टूट गई हैं। कोई भी किसी की चिंता नहीं कर रहा है। कोई गायों के आगे चार डाल रहा है, कोई गा रहा है, कोई दौड़कर किसी को उपहार दे रहा है और कोई कह रहा है कि इधर भी दो। बूढ़े, युवा, बालक आज सभी व्रजजन कृष्ण जन्म की खुशियां मना रहे हैं और भांति-भांति के विनोद करने में मग्न हैं। भगवान कृष्ण के जन्म की खुशी में ग्वाल नित नये-नये विनोद और खेल कर रहे हैं। सूरदास कहते हैं कि व्रज की यह पावन लीला रूपी संपदा देखकर उनका मन बाग-बाग हो रहा है।

धनि-धनि नंद-जसोमति, धनि जग पावन रे।
धनि हरि लियौ अवतार, सु धनि दिन आवन रे॥
दसएँ मास भयौ पूत, पुनीत सुहावन रे।
संख-चक्र-गदा-पद्म, चतुरभुज भावन रे॥
बनि ब्रज-सुंदरि चलीं, सु गाइ बधावन रे।
कनक-थार रोचन-दधि, तिलक बनावन रे॥
नंद-घरहिं चलि गई, महरि जहँ पावन रे।
पाइनि परि सब बधू, महरि बैठावन रे॥

नंद-यशोदा जी धन्य हैं, पवित्र संसार धन्य है, जहां भगवान कृष्ण का अवतार हुआ। श्रीहरि का प्रकट होना धन्य है, जिन दिन वे धरती पर आए, वह दिन धन्य है। माता यशोदा के दसवें माह में पवित्र और सुंदर पुत्र को जन्म दिया। शंख, चक्र, गदा, पद्म धारण किए हुए भगवान का चतुर्भुज रूप अत्यंत ही मनोहारी था। व्रज-सुंदरियों ने सोलह श्रृंगार किया, फिर नंदबाबा के भवन मंगलगीत गाने चल दीं। सोने के थालों में गोरोचन व दही तिलक करने के लिए लिए थीं। वे सीधे उस भवन में ही पहुंची, जहां पवित्र व सौभाग्यवती यशोदा रानी विराजमान थीं। गोप-वधुओं ने यशोदा रानी के पांव छूकर प्रणाम किया। यशोदा रानी ने उन्हें आदर के साथ बैठाया।

जसुमति धनि यह कोखि, जहाँ रहे बावन रे।
भलैं सु दिन भयौ पूत, अमर अजरावन रे॥
जुग-जुग जीवहु कान्ह, सबनि मन भावन रे।
गोकुल-हाट-बजार करत जु लुटावन रे॥
घर-घर बजै निसान, सु नगर सुहावन रे।
अमर-नगर उत्साह, अप्सरा-गावन रे॥
ब्रह्म लियौ अवतार, दुष्ट के दावन रे।
दान सबै जन देत, बरषि जनु सावन रे॥

गोप-वधुएं हर्षित से बोलीं–'यशोदा रानी, आपकी यह कोख धन्य, जहां भगवान ने दस माह गुजारे। आपका यह सुपुत्र देवताओं को भी अभय देने वाला बहुत ही शुभ दिन को उत्पन्न हुआ है। सबने ही यह यह मनभावन आशीर्वाद दिया कि युगों-युगों तक कान्हा जिंदा रहें।'

गोकुल के बाजारों में सब अन्न, वस्त्र, आभूषण लुटा रहे हैं, घर-घर मधुर धुन में बाजे बज रहे हैं, पूरा गोकुल सुंदर और आंखों को अच्छा लगने वाला बन गया है। देवलोक में भी उत्सव मनाया जा रहा है, अप्सराएं नाच रही हैं और मंगल-गान गा रही हैं कि दुष्टों का विनाश करने के लिए श्रीहरि ने धरती पर अवतार ले लिया है। सभी लोग दोनों हाथों से यूं दान दे रहे हैं जैसे सावन के मेघ बरस रहे हों।

मागध, सूत, भाँट, धन लेत जुरावन रे।
चोवा-चंदन-अबिर, गलिनि छिरकावन रे॥

ब्रह्मादिक, सनकादिक, गगन भरावन रे।
कस्यप रिषि सुर-तात, सु लगन गनावन रे॥
तीनि भुवन आनंद, कंस-डरपावन रे।
सूरदास प्रभु जनमे, भक्त-हुलसावन रे॥

मागध, सूत और भाट इस सुअवसर पर धन जमा कर रहे हैं। पूरे गोकुल की गलियों और राजमार्गों पर चन्दन, अबीर, चोवा का छिड़काव हो रहा है। आसमान ब्रह्मा आदि देवगणों और सनकादि ऋषियों से सुसज्जित हो गया है। देवताओं के पिता कश्यप मुनि शुभ लग्न का विचार कर रहे हैं, तीनों लोकों में आनंदोत्सव मनाया जा रहा है, पर कंस के लिए यह आनंदोत्सव भय उत्पन्न कर रहा है। सूरदास कहते हैं कि भक्तों, संतों, संन्यासियों को हर्षित करने वाले प्रभु धरती पर प्रकट हो गए हैं।

सोभा-सिंधु न अंत रही री।
नंद-भवन पूरि उमँगि चलि, ब्रज की बीथिनि फिरति बही री॥
देखी जाइ आजु गोकुल मैं, घर-घर बेंचति फिरति दही री।
कहँ लगि कहौं बनाइ बहुत बिधि, कहत न मुख सहसहुँ निबही री॥
जसुमति-उदर-अगाध-उदधि तैं, उपजी ऐसी सबनि कही री।
सूरस्याम प्रभु इंद्र-नीलमनि, ब्रज-बनिता उर लाइ गही री॥

आजा शोभा-सिंधु का कोई अंत नहीं है। नंद-भवन में भरी भीड़ अब व्रज की गलियों में उमड़ चली है। गोकुल में आज जाकर देखा स्वयं लक्ष्मी घर-घर दही बेचती फिर रही हैं। मैं अपने सुख से क्या-क्या बनाकर वर्णन करूं, हजारों मुख भी इस शोभा का वर्णन करेंगे, फिर भी वर्णन नहीं कर पाएंगे। सूरदास कहते हैं कि सबका यही कहना है, यशोदा के अगाध कोख रूपी समुन्दर से इंद्र-नीलमणि रूपी प्रभु पैदा हुए हैं। उन्हें ब्रज की औरतों ने दिल से लगाकर, प्रेम से अभिभूत होकर पकड़ रखा है।

आजु हो निसान बाजै, नंद जू महर के।
आनँद-मगन नर गोकुल सहर के॥
आनंद भरी जसोदा उमँगि अंग न माति,
आनंदित भई गोपी गावति चहर के।
दूब-दधि-रोचन कनक-थार लै-लै चली,

मानौ इंद्र-बधू जुरीं पाँतिनि बहर के।।
आनंदित ग्वाल-बाल, करत बिनोद ख्याल,
भुज भरि-भरि धरि अंकम महर के।
आनंद-मगन धेनु स्रवैं थनु पय-फेनु,
उमँग्यौ जमुन-जल उछलि लहर के।।
अंकुरित तरु-पात, उकठि रहे जे गात,
बन-बेली प्रफुलित कलिनि कहर के।
आनंदित बिप्र, सूत, मागध, जाचक-गन,
उमँगि असीस देत सब हित हरि के।।
आनँद-मगन सब अमर गगन छाए,
पुहुप बिमान चढ़े पहर पहर के।
सूरदास प्रभु आइ गोकुल प्रगट भए,
संतनि हरष, दुष्ट-जन-मन धरके।।

आज नन्दबाबा के भवन में बधाव बज रहा है। गोकुल के लोग आनंद में मग्न हैं। आनंद से भरी यशोदा उत्साह व उमंग से स्वयं में समा नहीं रही हैं। खुशी से सराबोर गोपियां मंगलगीत गा रही हैं। वे दूब, दही, गोरोचन स्वर्ण-थाल में लेकर यूं चली जा रही हैं। मानो इंद्र-वधुओं का समूह एक साथ बाहर निकल पड़ा हो। आनंदित ग्वाल-बाल आपस में हास-परिहास कर रहे हैं और बाहों में भर-भर कर नंदराज को गोद से लगा लेते है। गाएं इतनी प्रसन्न मुद्रा में है कि थनों से गाज युक्त दुग्ध निकाल रही है। उमांगित यमुना जल में लहरे उछाल मार रही हैं। जो सूख गये थेया ठूंठ हो गए थे उन वश्क्षों पर नये पत्ते निकल आए है।वन-लताएं प्रसन्नचित्त होकर सुंदर कलियों से भर गई है। ब्राह्मण, सूत, मागध, याचक, भाट सब आनंद में डूबकर भगवान कृष्ण के भले के लिए आशीष्र देते फिर रहे हैं। आनंद में मग्न सब देवता पुलों से सजे विमानों में बैठकर आकाश में विचरण कर रहे हैं। सूरदास कहते हैं कि प्रभु ने गोकुल में अवतार ले लिया है, जिससे संतजन हर्षित हैं और दुष्ट जन के हृदय की धड़कन बढ़ गयी है।

(माई) आजु हो बधायौ बाजै नंद गोप-राइ कै।
जदुकुल-जादौराइ जनमे हैं आइ कै।।
आनंदित गोपी-ग्वाल नाचैं कर दै-दै ताल,
अति अहलाद भयौ जसुमति माइ कै।

सिर पर दूब धरि, बैठे नंद सभा-मधि,
द्विजनि कौं गाइ दीनी बहुत मँगाइ कै॥
कनक कौ माट लाइ, हरद-दही मिलाइ,
छिरकैं परसपर छल-बल धाइ कै।
आठैं कृष्न पच्छ भादौं, महर कैं दधि कादौं,
मोतिनि बँधायौ बार महल मैं जाइ कै॥
ढाढ़ी और ढाढ़िनि गावैं, ठाढ़े हुरके बजावैं,
हरषि असीस देत मस्तक नवाइ कै।
जोइ-जोइ माँग्यौ जिनि, सोइ-सोइ पायो तिनि,
दीजै सूरदास दर्स भक्तनि बुलाइ कै॥

आज गोपराज नन्दबाबा के घर पर बधाव बज रहा है। यदुनाथ ने यदुकुल में जन्म ले लिया है। आनंदित गोपी-ग्वाल ताली बजा-बजाकर नाच रहे हैं। मातु यशोदा अत्यंत ही आह्लादित हैं। नन्दबाबा माथे पर दूब रखकर सभा में बैठे हैं। नंदबाबा ने बहुत-सी गायों को मंगवाकर दान दिया। ग्वाल सोने के मटके में हल्दी और दही मिलाकर ले आए और दौड़-दौड़कर एक-दूसरे पर छिड़कने लगे। भादो के कृष्णपक्ष की अष्टमी है, आज नन्दबाबा के यहां दधिकांदो है, अपने घर में नंदराज ने मोतियों का बंदनवार बंधवाया है। ढाढ़ी और ढाढ़िनें मंगलगान गा रही हैं और वे खड़े होकर सिंगे बजा रहे हैं तथा प्रसन्न होकर सिर झुकाकर आशीष भी दे रहे हैं। जिसने जो मांगा, वही मिला। सूरदास कहते हैं कि हे प्रभु! भक्तों को बुलाकर अपनी पावन और मुक्तदायिनी छवि का दर्शन कराइए। सब आपके दर्शन के अभिलाषी हैं।

आजु गृह नंद महर कैं बधाइ।
प्रात समय मोहन मुख निरखत, कोटि चंद-छबि पाइ॥
मिलि ब्रज-नागरि मंगल गावतिं, नंद-भवन मैं आइ।
देतिं असीस, जियौ जसुदा-सुत कोटिनि बरष कन्हाइ॥
अति आनंद बढयौ गोकुल मैं, उपमा कही न जाइ।
सूरदास धनि नँद की घरनी, देखत नैन सिराइ॥

आज नंद बाबा के घर पर बधाव बज रहा है। करोड़ों चन्द्रमा के सौंदर्य से शोभित कान्हा का चेहरा सुबह-सुबह ही तो सबने देखा है। ब्रज की चतुर स्त्रियां नंदबाबा के भवन में आकर मंगलचरण गा रही है। वे आशीष भी

दे रही हैं कि यशोदा नंदन कन्हाई करोड़ों वर्ष जीएं। गोकुल में आनंद-ही-आनंद है, उसकी शोभा की कोई भी उपमा देना नामुमकिन ही है। सूरदास कहते हैं कि यशोदा रानी धन्य है, उनको देखकर ही आंखें तृप्त हो जाती हैं।

आजु बधाई नंद कैं माई। ब्रज की नारि सकल जुरि आई॥
सुंदर नंद महर कैं मंदिर। प्रगटयौ पूत सकल सुख-कंदर॥
जसुमति-ढोटा ब्रज की सोभा। देखि सखी, कछु औरें गोभा॥
लछिमी-सी जहँ मालिनि बोलै। बंदन-माला बाँधत डोलै॥
द्वार बुहारति फिरति अष्ट सिधि। कौरनि सथिया चीततिं नवनिधि॥
गृह-गृह तैं गोपी गवनीं जब। रंग-गलिनि बिच भीर भई तब॥
सुबरन-थार रहे हाथनि लसि। कमलनि चढ़ि आए मानौ ससि॥
उमँगी प्रेम-नदी-छबि पावैं। नंद-सदन-सागर कौं धावैं॥
कंचन-कलस जगमगैं नग के। भागे सकल अमंगल जग के॥
डोलत ग्वाल मनौ रन जीते। भए सबनि के मन के चीते॥
अति आनंद नंद रस भीने। परबत सात रतन के दीने॥
कामधेनु तैं नैंकु न हीनी। द्वै लख धेनु द्विजनि कौं दीनी॥
नंद-पौरि जे जाँचन आए। बहुरौ फिरि जाचक न कहाए॥
घर के ठाकुर कैं सुत जायौ। सूरदास तब सब सुख पायौ॥

आज नंद बाबा के भवन में बघाव बज रहा है। ब्रज की स्त्रियां एकजुट होकर यहां आ गई है।। नंद बाबा के सुन्दर महल में सभी सुखों का दाता प्रकट हुआ है। यशोदा मां का यह पुत्र पूरे ब्रज की शोभा है। देखो सखि! डसकी आभा कितनी अलौकिक है। जहां लक्ष्मी-सी देवियां मालिनी नाम से पुकारी जाती हैं और वंदनवार में मालाएं बांधती हुई डोलती फिरती है। आठों सिद्धियां द्वार बुहारती फिरती है। नवों निधियां मुख्य द्वार की दीवारों पर स्वास्तिक चिह्न बनाती फिरती हैं। जब घर-घर से गोपियां नन्दभवन के लिए चलीं तब प्रेम माय गलियों में बहुत भीड़ हो गई। स्वर्थ थाल गोपियों के हाथों में यूं शोभित हो रहे थे जैसे एक साथ कई चन्द्रमा कमलों पर बैठ कर आ गए हो। ।प्रेम से उमंगति गोपियां नदियों के समान सुंदर लग रही हैं, जो नंद बाबा के महल रूपी समुन्दर की तरफ दौड़ती चली जा रही हैं। भवनों पर मणि जड़ित स्वर्ण-कलश चमक रहे हैं, जिससे संसार के सारे अमंगल भाग गये है। ग्वाल चारों तरफ यूं डोल

ते फिर रहे हैं जैसे युद्ध जीत कर आये हैं। आज सबके मनोरथ पूरे हो गए है। नंद बाबा ने आनंद-रस से आत्म विभोर होकर रत्नों के सात पर्वत दान में दे दिए हैं। जो गाएं कामधेनु के समान गुणें वाली थीं, ऐसी दो लाख गाएं नन्द बाबा ने ब्राह्मणों को दान कर दिया है। नंद बाबा के घर आज जो भी भिक्षुक आया, वह भिक्षुक नहीं रहा, इतना धन उसे मिल गया। सूरदास कहते हैं कि नन्द राज जी के महल में जब मेरे मन - मंदिर में प्रभु ने जन्म ले लिया तब मैंने दुनिया के सारे सुख पा लिए।

(माई) आजु तो बधाइ बाजै मंदिर महर के।
फूले फिरैं गोपी-ग्वाल ठहर ठहर के॥
फूली फिरैं धेनु धाम, फूली गोपी अँग अँग।
फूले फरे तरबर आनँद लहर के॥
फूले बंदीजन द्वारे, फूले फूले बंदवारे।
फूले जहाँ जोइ सोइ गोकुल सहर के॥
फूलैं फिरैं जादौकुल आनँद समूल मूल।
अंकुरित पुन्य फूले पाछिले पहर के॥
उमँगे जमुन-जल, प्रफुलित कुंज-पुंज।
गरजत कारे भरे जूथ जलधर के॥
नृत्यत मदन फूले, फूली, रति अँग अँग।
मन के मनोज फूले हलधर वर के॥
फूले द्विज-संत-बेद, मिटि गयौ कंस-खेद।
गावत बधाइ सूर भीतर बहर के॥
फूली है जसोदा रानी, सुत जायौ सार्ङ.गपानी।
भूपति उदार फूले भाग फरे घर के॥

नंदबाबा के घर पर आज तो बधाव बज रहा है। आनंदित गोप-गोपियां मार्ग में ठहर-ठहर कर तरह-तरह के खेल-खेल रहे हैं। गाय गौशालों में आनंद से सराबोर होकर चल-फिर रही हैं और गोपियों के अंग-अंग खिल रहे हैं। आनंद में मग्न सब वृक्ष की तरह फल-फूल रहे हैं। भवन के द्वार पर खड़े बंदीजन प्रसन्न हैं। गोकुल के लोग आनंदित हो रहे हैं। कई जन्मों के पुण्य का फल आज अपनी जड़ के साथ अंकुरित हो गया है। यमुना का जल उमंगित होकर उछालें मार रहा है और कुंज-कुंज खिल उठे हैं। बादलों के काले-काले झुण्ड

गरज रहे हैं। कामदेव खुशी के मारे नाच रहे हैं, रति का अंग-अंग पुलकित हो रहा है कि अब भगवान शंकर के श्राप से मुक्त होकर अनंग (कामदेव) को अंग प्राप्त हो जाएगा। बलराम जी के सभी मनोरथ पुलकित हो उठे। ब्राह्मण, संत, वेद सभी प्रसन्न है क्योंकि उनका कंस के कारण उत्पन्न भय मिट गया है। सूरदास कहते हैं कि सभी लोग अपने घरों से निकलकर मंगल गीत गा रहे हैं। यशोदा रानी हर्षित हैं स्वयं पूर्ण ब्रह्म उनका पुत्र बनकर प्रकट हुए हैं। उदास व्रजराज नंद प्रसन्नचित हैं कि आज उनके भवन का भाग्य जाग गया कि श्रीहरि विष्णु उनके भवन में उनका पुत्र बनकर आ गए।

कनक-रतन-मनि पालनौ, गढ़यौ काम सुतहार।
बिबिध खिलौना भाँति के (बहु) गज-मुक्ता चहुँधार॥
जननि उबटि न्हवाइ कै (सिसु) क्रम सौं लीन्हे गोद।
पौढ़ाए पट पालनैं (हँसि) निरखि जननि मन-मोद॥
अति कोमल दिन सात के (हो) अधर चरन कर लाल।
सूर स्याम छबि अरुनता (हो) निरखि हरष ब्रज-बाल॥

स्वर्ण, रत्न, मणि जड़ा पलना बढ़ई ने बड़ी कुशलता से बनाया है। पालने में कई तरह के खिलौने बांधे गए हैं और चारों तरफ गजमुक्ता की लड़ियों से पालना सजा हुआ है। मातु यशोदा ने कान्हा को पहले नहलवाया, उबटन लगाया, फिर गोद में लेकर आहिस्ता से पालने में लेटा दिया, फिर ऊपर से पतला वस्त्र ओढ़ा दिया। अब हंसकर पुत्र को देखा तथा परमसुख का आनंद उन्हें हुआ। बालक कान्हा के चरण, होंठ, हाथ अभी बहुत ही कोमल है। अभी तो कान्हा सात रोज के ही हैं। सूरदास कहते हैं कि बालक कृष्ण की अनुपम छवि ही प्रफुल्लित हैं।

जसोदा हरि पालनैं झुलावै।
हलरावै, दुलराइ मल्हावै, जोइ-जोइ कछु गावै॥
मेरे लाल कौं आउ निंदरिया, काहैं न आनि सुवावै।
तू काहैं नहिं बेगहिं आवै, तोकौं कान्ह बुलावै॥
कबहुँ पलक हरि मूँदि लेत हैं, कबहुँ अधर फरकावै।
सोवत जानि मौन ह्वै कै रहि, करि-करि सैन बतावै॥
इहिं अंतर अकुलाइ उठे हरि, जसुमति मधुरैं गावै।
जो सुख सूर अमर-मुनि दुरलभ, सो नँद-भामिनि पावै॥

मातु यशोदा भगवान कृष्ण को पालने में झूला रही है। कभी झुलाती हैं, कभी प्यार से चूमती हैं और मन में जो आ रहा गुनगुनाती जा रही हैं। वे कान्हा को निहारते हुए बोलती हैं कि निंदिया, तू मेर लाल की आंखों में आ। तू दूर क्यों है, आकर मेरे लाल को क्यों नहीं सुला देती। तू तीव्र गति से क्यो नहीं आती। देख, तुझे कान्हा बुला रहा है। कभी कान्हा पलकें बंद कर लेते हैं और कभी होंठ फड़काते हैं। यशोदा माता उनको सोता हुआ जानकर शांत हो जाती हैं और मुंह से न बोलकर किसी से इशारे से ही बात करती हैं। इसी बीच अकुला कर भगवान कृष्ण उठ जाते हैं। माता यशोदा मधुर गीत गाने लगती है...। सूरदास कहते हैं कि देवताओं और मुनियों के लिए जो सुख दुर्लभ है, वह सुख यशोदा रानी को सहज रूप में ही मिल रहा है।

पलना स्याम झुलावति जननी।
अति अनुराग पुरस्सर गावति, प्रफुलित मगन होति नँद-घरनी॥
उमँगि-उमँगि प्रभु भुजा पसारत, हरषि जसोमति अंकम भरनी।
सूरदास प्रभु मुदित जसोदा, पुरन भई पुरातन करनी॥

यशोदा माता श्याम को पालने में झूला रही हैं। बड़े ही अनुराग से गाती जा रही हैं। वे अत्यंत आनंदित और प्रसन्न हैं। प्रफुल्लित होकर भगवान कृष्ण अपनी बांहों फैलाते हैं और हर्षित होकर माता यशेदा उन्हें अपनी गोद में भर लेती हैं। सूरदास कहते हैं कि प्रभु को प्रसन्न देखकर माता यशोदा भी प्रसन्न हो रही हैं। उनके पूर्व जन्मों के पुण्य अब फलित हो गए हैं।

पालनैं गोपाल झुलावैं।
सुर-मुनि-देव कोटि तैंतीसौ, कौतुक अंबर छावैं॥
जाकौ अंत न ब्रह्मा जानै, सिव-सनकादि न पावैं।
सो अब देखौ नंद-जसोदा, हरषि-हरषि हलरावैं॥
हुलसत, हँसत, करत किलकारी, मन अभिलाष बढ़ावैं।
सूर स्याम भक्तनि हित कारन, नाना भेष बनावैं॥

माता यशोदा पालने में गोपाल को झूला रही हैं। गंधर्व, मुनि और 33 करोड़ों देवता यह नरलीला आकाश से देखते रहते हैं। जिनका अंत ब्रह्मा भी नहीं जानते, शिव, सनकादि को कुछ नहीं पता, उस हरि को देखो, यशोदा-नंद बड़े प्यार से प्रसन्न होकर पालने में झूला रहे हैं। भगवान कृष्ण प्रफुल्लित होते हैं, हंसते

हैं और किलकारी भरते हैं। ऐसा करके नंद-यशोदा के मन की अभिलाषा को और बढ़ाते हैं। सूरदास कहते हैं कि भगवान भक्तों के भले के लिए नाना प्रकर के वेश धारण करते हैं।

हालरौ हलरावै माता। बलि-बलि जाउँ घोष-सुख दाता।।
जसुमति अपनौ पुन्य बिचारै। बार-बार सिसु बदन निहारै।।
अँग फरकाइ अलप मुसकाने। या छबि की उपमा को जानै।।
हलरावति गावति कहि प्यारे। बाल-दसा के कौतुक भारे।।
महरि निरखि मुख हिय हुलसानी। सूरदास प्रभु सारँगपानी।।

माता यशोदा भगवान कृष्ण का पालना झुलाती हैं और बोलती भी जा रही हैं कि हे व्रज के सुखदाता मेरे लाल, मैं तुझ पर बलि-बलि जाऊं। माता यशोदा अपने पुण्य कर्मों को याद करती हैं और बार-बार भगवान कृष्ण के शिशु रूप को प्रेमवश निहारती हैं। तभी कृष्ण अंग फड़काकर थोड़ा मुस्करा पड़े। इस छवि की शोभा की उपमा देना कठिन ही नहीं असंभव भी है। माता यशोदा पालने में कृष्ण को झुलाती हैं और प्यारे लाल कहकर अपनी तरफ ताकने के लिए इशारा करती हैं। श्रीकृष्ण की शिशु लीलाएं अमर हैं। यशोदा भगवान कृष्ण का मुख निहारकर अत्यंत ही हर्षित हो जाती हैं। सूरदास कहते हैं कि हे प्रभु जो आप शिशु लीला कर रहे हैं, साक्षात पूर्ण ब्रह्म परमेश्वर हैं।

कन्हैया हालरु रे।
गढ़ि गुढ़ि ल्यायौ बढ़ई, धरनी पर डोलाइ, बलि हालरु रे।।
इक लख माँगे बढ़ई, दुइ लख नंद जु देहिं, बलि हालरु रे।
रतन जटित बर पालनौ, रेसम लागी डोर, बलि हालरु रे।।
कबहुँक झूलै पालना, कबहुँ नंद की गोद, बलि हालरु रे।
झूलै सखी झुलावहीं, सूरदास बलि जाइ, बलि हालरु रे।।

माता यशोदा पालना हिलाती हुई गा रही हैं—कन्हैया, झूलो। गढ़-गुढ़ कर बढ़ई पालना ले आया और उसे धरनी पर झूलाकर दिखा दिया। मेरे लाडले, मैं तुझ पर बलि-बलि जाऊं। एक लाख मुद्राएं बढ़ई ने मांगी और तेरे तात ने दी लाख मुद्राएं दीं। मेरे लाडले मैं तुझ पर बलि-बलि जाऊं। तू पालने में झूल। पालने में रत्न-जड़ा है। डोरी रेशम की है। मेरे लाडले मैं तुझ पर बलि जाऊं। तू पालने में झूल। मेरा लाडला कभी पालने में झूलता है और कभी नंदराज की गोद में

खेलता है। मैं तुझ पर बलि-बलि जाऊं। तू पालने में झूल। सखियां सब मिली कान्हा को झुलाएं। सूरदास इस पर बलि-बलि जाएं। हे प्रभु मैं न्यौछावर हूं। पालने में आप झूलो।

नैंकु गोपालहिं मोकौं दै री।
देखौं बदन कमल नीकैं करि, ता पाछैं तू कनियाँ लै री॥
अति कोमल कर-चरन-सरोरुह, अधर-दसन-नासा सोहै री॥
लटकन सीस, कंठ मनि भ्राजत, मनमथ कोटि बारनै गै री॥
बासर-निसा बिचारति हौं सखि, यह सुख कबहुँ न पायौ मैं री।
निगमनि-धन, सनकादिक-सरबस, बड़े भाग्य पायौ है तैं री॥
जाकौ रूप जगत के लोचन, कोटि चंद्र-रबि लाजत भै री।
सूरदास बलि जाइ जसोदा गोपिनि-प्रान, पूतना-बैरी॥

एक गोपी का कृष्ण पर कुछ ज्यादा ही लाड़ गया। 'नन्द रानी, जरा गोपाल को मुझे भी खिलाने दो। मैं अच्छी तरह से इसके कमल मुख को देख लूं, इसके बाद अपने लाल को गोद में लेना।' गोपाल को गोद में लेते ही गोपी कहने लगी–इसके हाथ और पांव कमल के समान मुलायम हैं, होंठ, नाक और मसूड़े बहुत सुंदर हैं, सिर पर यह लटकन तथा गले में मणि माला अत्यंत ही सुंदर लग रही है। इस अलौकिक सौंदर्य पर तो करोड़ों कामदेव की शोभा को लुटाया जा सकता है। हे सखि! मैं तो दिन-रात विचार करती रहती हूं कि ऐसा सुख तो मैं कभी भी नहीं पाती अगर कन्हैया नहीं आया होता। यह कान्हा तो वेदों की पूंजी और सनकादि ऋषियों का सब कुछ है, जिसे हे नंदरानी! तुमने बड़े भाग्य से प्राप्त कर लिया है। इसका स्वरूप ही संसार की आंखें हैं। करोड़ों चंद्रमा, सूर्य इस के दिव्य रूप-सौंदर्य के आगे शर्मिंदा हो जाते हैं। सूरदास कहते हैं कि मातु यशोदा अपने लाडले पर न्यौछावर हैं। उनका पुत्र गोप-गोपियों का प्राण और पूतना का शत्रु है।

कन्हैया हालरौ हलरोइ।
हौं वारी तव इंदु-बदन पर, अति छबि अलग भरोइ॥
कमल-नयन कौं कपट किए माई, इहिं ब्रज आवै जोइ।
पालागौं बिधि ताहि बकी ज्यौं, तू तिहिं तुरत बिगोइ॥
सुनि देवता बड़े, जग-पावन तू पति या कुल कोइ।
पद पूजिहौं, बेगि यह बालक करि दै मोहिं बड़ोइ॥

दुतिया के ससि लौं बाढ़े सिसु, देखै जननि जसोइ।
यह सुख सूरदास कैं नैननि, दिन-दिन दूनौ होइ॥

यशोदा रानी कृष्ण को पालने में लेटा कर कह रही हैं–हे कन्हैया, पालने में झूल। मै। तेरी इस चंद्रमुख पर वारी जाऊं, जिसकी अनुपम छवि एक दिव्य शोभा से दमक रही है। 'माई री', कहती हुई माता यशोदा कहती हैं कि पूतना का कपट भी क्या था। दैव मैं तेरे पांव पड़ती हूं, मेरे इस कमलनयन वाले लाल के साथ जो कोई भी छल करने ब्रज में आए, तू उसे पूतना की तरह ही मिट्टी में मिला देना। सुना है तू बड़ा देव है, जग-पावन है, तू इस कुल का रक्षक है, मेरे लाल को अति शीघ्र बड़ा कर दे, मैं तेरे चरणों की पूजा करूंगी। मेरे लाल द्वितीया के चांद की तरह दिन दूना रात चौगुनी बढ़े और मैं उसे बढ़ते हुए स्वयं देखूं। सूरदास कहते हैं कि मेरी आंखों के लिए भी यह सुख नित-प्रतिदिन दोगुना होता रहे।

कर पग गहि, अँगूठा मुख मेलत।
प्रभु पौढ़े पालनैं अकेले, हरषि-हरषि अपनैं रँग खेलत॥
सिव सोचत, बिधि बुद्धि बिचारत, बट बाढयौ सागर-जल झेलत।
बिडरि चले घन प्रलय जानि कै, दिगपति दिग-दंतीनि सकेलत॥
मुनि मन भीत भए, भुव कंपित, सेष सकुचि सहसौ फन पेलत।

उन ब्रज-बासिनि बात न जानी, समुझे सूर सकट पग ठेलत॥

बालक कृष्ण हाथ से पांव पकड़कर अंगूठा मुख में ले जा रहे हैं। वे पालने में अकेले लेटे हैं। वे आनंदित हो-होकर अपनी ही धुन में खेल रहे हैं। भगवान शिव सोचने लगे, ब्रह्मा विवेकपूर्वक विचारने लगे कि अक्षयवट बढ़ने लगा है, समुद्र का जलस्तर बढ़ चला है, कहीं प्रलय का समय तो नहीं आ गया? मेघ प्रलय का समय जानकर दौड़ पड़े हैं । (ऐसा शास्त्रों में है कि प्रलयकाल में भगवान बालक रूप में अपने पैर का अंगूठा मुंह में डालते हैं।) दिक्पाल लोग दिग्गजों को सावधान करने लगे है। मुनिगण भी डर गए, धरती कंपन करने लगी, शेषनाग हजारों फन फैलाकर तैयार हो गए लेकिन जो व्रजवासी यशोदा रानी के घर पर थे उन्हें यह कोई खास बात नहीं लगी, वे तो बालमुकंद की इस लीला पर प्रसन्न हो रहे थे। सूरदास कहते हैं कि बालक कृष्ण बाल क्रीड़ा करते हुए मानो छकड़े को पांव से ठेलने की कोशिश में है, व्रजवासी तो इतना ही समझ रहे हैं।

चरन गहे अँगूठा मुख मेलत।
नंद-घरनि गावति, हलरावति, पलना पर हरि खेलत॥
जे चरनारबिंद श्री-भूषन, उर तैं नैंकु न टारति।
देखौं धौं का रस चरननि मैं, मुख मेलत करि आरति॥
जा चरनारबिंद के रस कौं सुर-मुनि करत बिषाद।
सो रस है मोहूँ कौं दुरलभ, तातैं लेत सवाद॥
उछरत सिंधु, धराधर काँपत, कमठ पीठ अकुलाइ।
सेष सहसफन डोलन लागे हरि पीवत जब पाइ॥
बढ़यौ वृक्ष बट, सुर अकुलाने, गगन भयौ उतपात।
महाप्रलय के मेष उठे करि जहाँ-तहाँ आघात॥
करुना करी, छाँड़ि पग दीन्हौ, जानि सुरनि मन संस।
सूरदास प्रभु असुर-निकंदन, दुष्टनि कैं उर गंस॥

बालक कृष्ण हाथ से पांव को पकड़कर अंगूठा मुंह में डाल रहे हैं। माता यशोदा गा रही हैं, झूला झुला रही हैं और पालने में हरि यानी बाल कृष्ण अपनी ही धुन में खेल रहे हैं। भगवान कृष्ण सोच रहे हैं—मेरे जिस कमलचरणों को लक्ष्मी जी अपने हृदय से कभी अलग नहीं करतीं, जरा मैं भी तो देखूं तो इन चरणों में क्या रस है। यह सोच-सोचकर वह अंगूठे को मुंह में बार-बार डाल रहे हैं। मेरे जिस कमलचरणों के रस को पाने के लिए देवता-मुनि भी दिन-रात प्रयास करते रहते हैं, अपने उन चरणों का रस तो मेरे लिए भी दुलर्भ है। सूरदास कहते हैं कि शायद तभी तो प्रभु अपने इन चरणो का स्वाद ले रहे हैं। भगवान श्रीकृष्ण बाल रूप में जब अपने पांव के अंगूठे को मुंह में डालकर चूसने लगे तब समुद्र उछालें मारने लगा, पर्वत कांपने लगे, कच्छप की पीठ अकुला उठी यानी भार से व्यथित हो उठी। शेषनाग हजारों फन फैलाकर फुंफ करने के लिए सिर हिलाने लगे, अक्षयवट बढ़ने लगा, देवगण व्याकुल हो गए, आसमान में बवंडर मच गया, महाप्रलय के मेघ जहां-तहां वज्र की वर्षा करने के लिए तैयार हो गए, तभी करुणानिधान प्रभु श्रीकृष्ण ने अपना पांव छोड़ दिया। उन्हें पता तो चल गया कि देवगण भयभीत हो गए हैं। सूरदास कहते हैं कि मेरे प्रभु तो असुरों का वध करने वाले हैं। इतने निर्भीक ही नहीं हैं कि सृष्टि का ही विनाश कर दें । वे तो सिर्फ दुष्टों के हृदय में कांटा चुभोते हैं। उनसे केवल दुष्टों को ही पीड़ा पहुंचती है।

जसुदा मदन गुपाल सोवावै।
देखि सयन-गति त्रिभुवन कँपै, ईस बिरंचि भ्रमावै॥
असि-अरुन-सित आलस लोचन उभय पलक परि आवै।
जनु रबि गत संकुचित कमल जुग, निसि अलि उड़न न पावै॥
स्वाद उदर उससित यौं, मानौ दुग्ध-सिंधु छबि पावै।
नाभि-सरोज प्रगट पदमासन उतरि नाल पछितावै॥
कर सिर-तर करि स्याम मनोहर, अलक अधिक सोभावै।
सूरदास मानौ पन्नगपति, प्रभु ऊपर फन छावै॥

माता यशोदा मदन गोपाल को सुला रही हैं लेकिन कृष्ण तो भगवान हैं और भगवान के सोने का मतलब प्रलय, यह सोचकर तीनों लोक भयभीत हैं। शिव व ब्रह्मा भी भ्रमित हो गए हैं कि भगवान सो गए तो फिर क्या होगा? वे क्या वास्तव में सोने वाले हैं? काले, हल्का लाल और सफेद नयन अलसाय गये हैं, फिर पलकें बंद हो गयीं, यह शोभा कुछ इस तरह की है जैसे सूर्य के डूबते ही दो कमल धीरे-धीरे बंद हो रहे हों, जिससे उनमें जो भौंरे हैं, वे उड़ नहीं पाए हैं। सांस लेने-छोड़ने से पेट इस तरह से ऊपर नीचे हो रहा है मानो क्षीरसागर की शोभा बिखर गयी हो। नाभि तो कमल ही है लेकिन ब्रह्मदेव कमल नाल से बाहर आ जाने की वजह से पछता रहे हैं कि श्रीहरि की नाभि से उत्पन्न कमल में ही होता तो प्रभु से दूर होने का दुःख आज न होता। कन्हैया ने सिर के नीचे हाथ कर लिया है, जिससे चेहरे पर बिखरे बाल अत्यधिक सुंदर लग रहे हैं। सूरदास कहते हैं कि यह छवि देखकर यूं लगता है मानो शेषनाग ने श्याम सुंदर के सिर पर अपने फनों का छत्र लगा दिया हों।

अजिर प्रभातहिं स्याम कौं, पलिका पौढ़ाए।
आप चली गृह-काज कौं, तहँ नंद बुलाए॥
निरखि हरषि मुख चूमि कै, मंदिर पग धारी।
आतुर नँद आए तहाँ जहँ ब्रह्म मुरारी॥
हँसे तात मुख हेरि कै, करि पग-चतुराई।
किलकि झटकि उलटे परे, देवनि-मुनि-राई॥
सो छबि नंद निहारि कै, तहुँ महरि बुलाई।
निरखि चरित गोपाल के, सूरज बलि जाई।

नंदरानी ने सुबह-सुबह ही कन्हैया को भवन के आंगन में पलंगी डालकर लेटा दिया और वहां नंदराज को बुलाकर स्वयं घरेलू कार्यों के लिए चल दीं। फिर अचानक ही बालक का मुख देखकर एक प्यारा-सा चुम्बन जड़ दिया, इसके बाद वे महल में चली गईं। नंदबाबा वहां दौड़े चले आए, जहां पर ब्रह्म श्रीकृष्ण लेटे हुए थे। नंदबाबा को देखकर श्रीकृष्ण हंस पड़े और पैरों को एक तरफ कर किलकारी मारते हुए देव व मुनियों के स्वामी अचानक ही पलटी मारकर पेट के बल हो गए। यह छवि देखकर नंदबाबा ने वहां यशोदा को आवाज देकर बुला लिया। आनंदकंद श्रीकृष्ण की यह लीला देखकर सूरदास उन पर बलि-बलि जाता है।

हरषे नंद टेरत महरि।
आइ सुत-मुख देखि आतुर, डारि दै दधि-डहरि॥
मथति दधि जसुमति मथानी, धुनि रही घर-घहरि।
स्रवन् सुनति न महर-बातैं, जहाँ-तहँ गइ चहरि॥
यह सुनत तब मातु धाई, गिरे जाने झहरि।
हँसत नँद-मुख देखि धीरज जब करयौ ज्यौ ठहरि॥
श्याम उलटे परे देखे, बढ़ी सोभा लहरि।
सूर प्रभु कर सेज टेकत, कबहुँ टेकत ढहरि॥

नन्दबाबा प्रसन्न होकर यशोदा रानी को आवाज दे रहे हैं कि दही की मटकी वहीं पर छोड़कर यहां आकर अपने लाल का मुख देखो लेकिन यशोदा रानी तो दही मथने में व्यस्त हैं। उनके आस-पास दही मथने की घर्र-घर्र आवाज का शोर है, जगह-जगह पर चहल-पहल है, जिससे वे नंदराज की आवाज को नहीं सुन पा रही है। लेकिन जब इसी शोरगुल के बीच उन्हें नंदराज की आवाज सुनाई दी तो वह यह सोचकर दौड़ पड़ीं कि कहीं लला पलंगी से गिर तो नहीं गया है लेकिन वहां पहुंच जब नंदराज के चेहरे पर हंसी देखी तब मन को तसल्ली मिली और हृदय की धड़कन भी सामान्य हुई। फिर श्याम को उलटे पड़े देख खुशियों की लहर दौड़ पड़ी। सूरदास कहते हैं कि मेरे प्रभु उठने के लिए कभी हाथ बिछौना पर टेक रहे थे तो कभी पलंगी के पाटी पर टेक रहे थे। यह दृश्य अत्यंत ही मनोहारी था।

महरि मुदित उलटाइ कै मुख चूमन लागी।
चिरजीवौ मेरौ लाडिलौ, मैं भइ सभागी॥

एक पाख त्रस-मास कौ मेरौ भयौ कन्हाई॥
पटकि रान उलटो परयौ, मैं करौं बधाई॥
नंद-घरनि आनँद भरी, बोलीं ब्रजनारी।
यह सुख सुनि आई सबै, सूरज बलिहारी॥

यशोदा रानी भगवान कृष्ण को उलटा लेटाकर खुशी के मारे उनका मुख चूने लगीं और यह कहने भी लगीं–मेरा लला दीर्घायु हो! मैं आज इसके कारण ही सौभाग्वती हो पायी। तीन माह एक पक्ष का मेरा लला हो गया लेकिन आज जंघाओं के बल खुद ही पलट गया। मैं इस खुशी में बधाव बजवाऊंगी। आनंदित होकर यशोदा रानी ने व्रज की स्त्रियों को बुलाया। व्रज की सारी स्त्रियां बुलावा पाकर आ गई। सूरदास ऐसी शोभा पर न्यौछावर हैं।

जो सुख बेज मैं एक घरी।
जो सुख तीनि लोक मैं नाहीं धनि यह घोष-पुरी॥
अष्टसिद्धि नवनिधि कर जोरे, द्वारैं रहति खरी।
सिव-सनकादि-सुकादि-अगोचर, ते अवतरे हरी॥
धन्य-धन्य बड़भागिनि जसुमति, निगमनि सही परी।
ऐसैं सूरदास के प्रभु कौं, लीन्हौ अंक भरी॥

व्रज में सुखोत्सव पल-पल हो रहा है, वैसा सुखोत्सव तीनों लोकों में कहीं नहीं है। यह गोकुल धन्य है। आठों सिद्धियां और नवों निधियां द्वार पर हमेशा हाथ जोड़े खड़ी रहती हैं। शिव, सनकादि शुकदेवादि जैसे परमज्ञानियों के लिए भी, जिसका दर्शन दुर्लभ है, वे पूर्ण परम ब्रह्म यहां प्रकट हुए हैं। यशोदा रानी धन्य हैं, और बड़े भाग्यवाली हैं, वेदों का भी यही मानना है क्योंकि उन्होंने सूरदास के महाप्रभु को अपनी गोद में लिया है।

यह सुख सुनि हरषीं ब्रजनारी। देखन कौं धाई बनवारी॥
कोउ जुवती आई, कोउ आवति। कोउ उठि चलति, सुनत सुख पावति॥
घर-घर होति आनंद-बधाई । सूरदास प्रभु की बलि जाई॥

कान्हा ने आज पहली बार पलटी मारी है। यह खबर पाकर व्रज-स्त्रियां आनंदित हो गई। वे सब के सब बनवारी के दर्शन के लिए नन्द-भवन की ओर दौड पड़ीं। कोई ग्वालिन नंदबाबा के घर आ गई है, कोई आ रही है और कोई आने के लिए खड़ी हो रही है तथा कोई यह खबर पाकर मन-ही-मन पुलकित

हो रही है। घर-घर आनंद बधाई हो रही है। सूरदास कहते हैं कि मैं अपने प्रभु पर बलि-बलि जाऊं।

जननी देखि, छबि बलि जाति।
जेसैं निधनी धनहिं पाएँ, हरष दिन अरु राति॥
बाल-लीला निरखि हरषति, धन्य धनि ब्रजनारि।
निरखि जननी-बदन किलकत, त्रिदस-पति दै तारि॥
धन्य नँद, धनि धन्य गोपी, धन्य ब्रज कौ बास।
धन्य धरनी करन पावन जन्म सूरजदास॥

यशोदा कन्हैया का सौंदर्य देखकर उन पर न्यौछावर हो जाती है। जैसे निर्धन को धन मिल जाने पर रात-दिन खुशियां ही खुशियां मनायी जाती हैं, कुछ ऐसा ही हाल कृष्ण को पाकर नंद भवन में है। भगवान कृष्ण की बाल लीला को देखकर आनंदित हो रही व्रज की स्त्रियां धन्य हैं, धन्य हैं। त्रिलोकपति माता यशोदा के मुख को निहार-निहार कर ताली बजाते हैं और किलकते हैं। धन्य नंदराज हैं, धन्य गोपियां हैं और व्रज के लोग धन्य हैं। सूरदास कहते हैं कि धरती को पावन करने वाला हरि का प्रकट होना धन्य है।

जसुमति भाग-सुहागिनी, हरि कौं सुत जानै।
मुख-मुख जोरि बत्यावई, सिसुताई ठानै॥
मो निधनी कौ धन रहै, किलकत मन मोहन।
बलिहारी छवि पर भई ऐसी विधि जोहन॥
लटकति बेसरि जननि की, इकटक चख लावै।
फरकत बदन उठाइ कै, मन ही मन भावै॥
महरि मुदित हित उर भरै, यह कहि, मैं वारी।
नंद-सुवन के चरित पर, सूरज बलिहारी॥

माता यशोदा बहुत भाग्यशालिनी हैं कि उन्हें भगवान कृष्ण पुत्र के रूप में मिले हुए हैं। उनके मुख के पास मुख ले जाकर बातें करती हैं और उन पर अपना वात्सल्य लुटाती हैं। वो बाल स्वभाववश हठ कर बैठते हैं। यशोदा कहती हैं कि मुझ जैसी निर्धन स्त्री की पूंजी तो यह गोपाल ही है, जो सदा यूं ही किलकारियां मारता रहे। लला, तेरी इस शोभा पर और देखने के अंदाज पर मैं स्वयं को न्यौछावर करती हूं। माता यशोदा की लटकती बेसर को कभी कान्हा

अपलक देखते हैं तो कभी अधर फड़काकर मुख उठाकर मन-ही-मन मुस्कराते हैं। यशोदा माता पुलकित होकर कान्हा को छाती से लगा लेती हैं और कहती हैं कि मेरे लाल मैं तुझ पर बलि-बलि जाऊं। सूरदास कहते हैं कि भगवान श्रीकृष्ण की इस बाल लीला पर यह सूरदास बलिहारी जाता है।

गोद लिए हरि कौं नँदरानी, अस्तन पान करावति है।
बार-बार रोहिनि कौ कहि-कहि, पलिका अजिर मँगावति है॥
प्रात समय रबि-किरनि कोंवरी, सो कहि, सुतहिं बतावति है।
आउ घाम मेरे लाल कैं आँगन, बाल-केलि कौं गावति है॥
रुचिर सेज लै गइ मोहन कौं, भुजा उछंग सोवावति है।
सूरदास प्रभु सोए कन्हैया, हलरावति-मल्हरावति है॥

माता यशोदा भगवान कृष्ण को गोद में लेकर स्तनपान करा रही है और वे बार-बार रोहिणी जी से खटोली आंगन में मंगवाती हैं। 'ये सुबह की बाल-किरणें हैं' ऐसा कहकर लला को बताती हैं, फिर सूर्य की किरणें उन्हें दिखाती हैं। 'हे धूप! मेरे लला के आंगन में आओ।' यशोदा रानी यह कहकर बाल-क्रीड़ा के गीत गाती हैं। खूबसूरत सेज पर मोहन को ले जाकर अपनी बांह पर उनका सिर रखकर अपनी गोद में भरकर उन्हें सुलाती हैं। सूरदास कहते हैं कि जब मेरे जगतारन स्वामी कान्हा सो गए, तब उन्हें थपकी देकर और झुला कर लाड़ करती है।

नंद-घरनि आनँद भरी, सुत स्याम खिलावै।
कबहिं घुटुरुवनि चलहिंगे, कहि बिधिहिं मनावै॥
कबहिं दँतुलि द्वै दूध की, देखौं इन नैननि।
कबहिं कमल-मुख बोलिहैं, सुनिहौं उन बैननि॥
चूमति कर-पग-अधर-भ्रू, लटकति लट चूमति।
कहा बरनि सूरज कहै, कहँ पावै सो मति॥

माता यशोदा आनंदित हो-होकर अपने श्यामसुंदर को खाना खिला रही है। वे ब्रह्मदेव से प्रार्थना भरे स्वर में कहती हैं कि कब मेरा लाडला घुटनों के बल चलेगा और कब मैं इसके आगे के दूध के दो दांत अपनी इन आंखों से देखूंगी कब मुख से बोलेगा और कब मैं उसकी मीठी वाणी को सुनूंगी। यशोदा अपने लाडले के हाथ, भौंह, पांव, होठ चूमती हैं और कंधे तक लटक रहे बालों को

भी बरबस ही चूम लेती है। सूरदास कहते हैं कि कहां तक वर्णन करूं, इतनी बुद्धि भी तो नहीं है कि भगवान की समस्त लीलाओं का गुणगान किया जा सकता है।

नान्हरिया गोपाल लाल, तू बेगि बड़ौ किन होहिं।
इहिं मुख मधुर बचन हँसिकै धौं, जननि कहै कब मोहिं॥
यह लालसा अधिक मेरैं जिय जो जगदीस कराहिं।
मो देखत कान्हर इहिं आँगन, पग द्वै धरनि धराहिं॥
खेलहिं हलधर-संग रंग-रुचि, नैन निरखि सुख पाऊँ।
छिन-छिन छुधित जानि पय कारन, हँसि-हँसि निकट बुलाऊँ॥
जाकौ सिव-बिरंचि-सनकादिक मुनिजन ध्यान न पावै।
सूरदास जसुमति ता सुत-हित, मन अभिलाष बढ़ावै॥

यशोदा कहती है कि ऐ मेरे नन्हें गोपाल! तू तेज गति से बढ़ क्यों नहीं जाता। न जाने कब तू अपने इस मुख से मुधर वचनों में हंसकर मुझे मां कहेगा। मेरे हृदय में बस यही एक लालसा है। परमपिता परमेश्वर मेरी यह इच्छा पूरी कर दें कि मेरी आंखों के सामने कान्हा इसी आंगन में अपने इन दोनों पांवों से चलने लगे। मेरा लाडला अपने बड़े भाई बलराम के साथ खेले और मैं अपनी इन आंखों से यह दृश्य देखकर धन्य हो जाऊं अर्थात परम सुख पाऊं। पल-पल में भूखा समझकर मैं हंस-हंस कर इसे अपने नजदीक बुलाऊं जिसका शिव, ब्रह्मा, सनकादि मुनिगण परम तप व ध्यान के बाद भी पार नही पाते हैं, सूरदास कहते हैं कि उसी पुत्र के लिए माता यशोदा तरह-तरह की इच्छाएं अपने मन में पाल रही हैं। वे मां हैं, उन्हें इस सच का ज्ञान नहीं है।

जसुमति मन अभिलाष करै।
कब मेरो लाल घटुरुवनि रेंगै, कब धरनी पग द्वैक धरै॥
कब द्वै दाँत दूध के देखौं, कब तोतरैं मुख बचन झरै।
कब नंदहिं बाबा कहि बोलै, कब जननी कहि मोहिं ररै॥
कब मेरौ अँचरा गहि मोहन, जोइ-सोइ कहि मोसौं झगरै।
कब धौं तनक-तक कछु खैहै, अपने कर सौं मुखहिं भरै॥
कब हँसि बात कहैगौ मौसौं, जा छबि तैं दुख दूरि हरै।
स्याम अकेले आँगन छाँड़े, आप गई कछु काज घरै॥

इहिं अंतर अँधवाह उठयौ इक, गरजत गगन सहित घहरै।
सूरदास ब्रज-लोग सुनत धुनि, जो जहँ-तहँ सब अतिहिं डरै।।

माता यशोदा मन ही मन यह इच्छा करती हैं कि मेरा लाडला कब घुटनों से चलना शुरू करेगा। कब धरती पर दोनों पैर रखेगा। कब दूध के दो दांत दिखाएगा, कब उसके मुंह से नेह के वचन निकलेंगे। कब नन्दराज को बाबा बाबा कहेगा, कब मुझे मैया कहकर पुकारेगा। मोहन कब मेरा आंचल पकड़ कर जो मन में आएगा, उसे कहकर मुझसे झगड़ा करेगा। मेरा मोहन कब जरा-जरा खाना शुरू करेगा। कब अपने हाथ से खाने लगेगा। कब मुझसे हंसकर बात करेगा जिस छवि से वह दुःख दूर कर लिया करेगा। माता यशोदा मन-ही-मन ये सब सोचती श्याम को आंगन में अकेला छोड़कर स्वयं किसी कार्यवश घर में चली गयीं। तभी एक हवा का झोंका आया, उसमें इतनी गर्जना थी कि पूरा आसमान गूंज उठा। सूरदास कहते हैं कि व्रजवासियों ने भी इस आवाज को सुना और जो जहां थे वहीं डरकर पत्थर की भांति खड़े हो गए।

हरि किलकत जसुदा की कनियाँ।
निरखि-निरखि मुख कहति लाल सौं मो निधनी के धनियाँ।।
अति कोमल तन चितै स्याम कौ, बार-बार पछितात।
कैसैं बच्यौ, जाउँ बलि तेरी, तृनावर्त कैं घात।।
ना जानौं धौं कौन पुन्य तैं, को करि लेत सहाइ।
वैसी काम पूतना कीन्हौ, इहिं ऐसौ कियौ आइ।।
माता दुखित जानि हरि बिहँसे, नान्हीं दँतुलि दिखाइ।
सूरदास प्रभु माता चित तैं दुख डारयौ बिसराइ।।

भगवान कृष्ण माता यशोदा की गोद में किलकारी मार रहे हैं। यशोदा उनका मुख निहार-निहार कर कह रही हैं कि लला! तू मुझ गरीब का मान धन है। कृष्ण के अत्यंत कोमल शरीर को निहार के पछताती हैं कि लला, न जाने तू उस चक्रवात से कैसे बाल-बाल बच गया। मैं तुझ पर बलि जाऊं। तुझे कोई चोट तो नहीं लगी? न जाने किस जन्म के पुण्य के कारण कौन-सी शक्ति रक्षा कर देती है। जैसा दुष्कर्म पूतना ने किया था, वैसा ही दुष्कर्म इसने आकर किया। माता दुखित है यह जानकर कृष्ण आगे के दांत दिखाकर हंसने लगे। सूरदास कहते हैं कि श्रीहरि ने हंसकर माता का ध्यान अपनी ओर कर उनका दुःख दूर कर दिया।

सुत-सुत देखि जसोदा फूली।
हरषित देखि दूध की दँतियाँ, प्रेममगन तन की सुधि भूली॥
बाहिर तैं तब नंद बुलाए, देखौ धौं सुंदर सुखदाई।
तनक-तनक-सी दूध-दँतुलिया, देखौ, नैन सफल करौ आई॥
आनँद सहित महर तब आए, मुख चितवन दोउ नैन अघाई।
सूर स्याम किलकत द्विज देख्यौ, मनौ कमल पर बिज्जु जमाई॥

यशोदा जी श्रीकृष्ण का सुन्दर मुखड़ा देखकर फूली न समायीं। दूध के दांत देखकर आनंदित हो गईं और पुत्र प्रेम में इतनी मग्न हो गईं कि उन्हें किसी बात की कोई सुधि ही न रही। उन्होंने नंदबाबा को बुलाया कि देखो यह सुखदायक दृश्य। कान्हा के छोटे-छोटे दूध के दांत देखकर अपनी आंखों को सफल करो। अति आनंदित होकर नंदबाबा वहां आए और पुत्र का सुंदर मुखड़ा देखकर उनके दोनों नेत्र धन्य हो गए। सूरदास कहते हैं कि हंसते समय श्याम के दांत यूं लग रहे थे जैसे कमल के फूल पर बिजली को मढ़ दिया गया हो।

हरि किलकत जसुमति की कनियाँ।
मुख मैं तीनि लोक दिखराए, चकित भई नँद-रनियाँ॥
घर-घर हाथ दिवावति डोलति, बाँधति गरैं बघनियाँ।
सूर स्याम की अद्‌भुत लीला नहिं जानत मुनिजनियाँ॥

भगवान कृष्ण यशोदा जी की गोद में किलकारी मार रहे हैं। मुंह खोलकर उन्होंने तीनों लोक दिखला दिए, जिसे देखकर यशोदा आश्चर्य में पड़ गईं। किसी ने कुछ कर न दिया हो, यह सोचकर घर-घर जाकर कान्हा के सिर पर आशीष भरे हाथ धरवाती फिरती हैं तथा गले में बघनखिया आदि ताबीज बांधती हैं। सूरदास कहते हैं कि श्यामसुंदर की लीला विचित्र है। उनकी लीला को तो सिद्धजन भी नहीं समझ पाते हैं।

हरि कौ मुख माइ, मोहि अनुदिन अति भावै।
चितवत चित नैननि की मति-गति बिसरावै॥
ललना लै-लै उछंग अधिक लोभ लागैं।
निरखति निंदति निमेष करत ओट आगैं॥
सोभित सुकपोल अधर, अलप-अलप दसना।
किलकि-किलकि बैन कहत, मोहन, मृदु रसना॥

नासा, लोचन बिसाल, संतत सुखकारी।
सूरदास धन्य भाग, देखति ब्रजनारी।।

एक गोपी कहती है कि सखी! कन्हैया का मुखड़ा नित-प्रतिदिन मुझे तो बहुत ही अच्छा लगता है। उस पर नजर पड़ते ही यह मन आंखों की बुद्धि-गति को भ्रमित कर देता है अर्थात मन शांत और आंखें पलक झपकाना ही भूल जाती हैं। यशोदा के लला को कितनी ही बार गोद में लेने के बाद भी गोद में लिए रहने का लोभ साथ नहीं छोड़ता अर्थात दिल करता है कि हमेशा ही लला को अपनी गोद में लिए रहें। गोपी कान्हा के मुख को निहारते हुए अपनी आंखों की पलकों की आलोचना करती हैं कि ये निगोड़ी पलकें बाज नहीं आती आगे आकर गिर-गिरकर ओट कर देती हैं, जिससे कान्हा की छवि ठीक से दिख नहीं पाती। गोपाल के सुन्दर गाल, गुलाबी होंठ और छोटे-छोटे दांत उनके सौंदर्य को और भी अधिक बढ़ा रहे हैं। किलक-किलक कर अपनी कोमल जीभ से मोहन कुछ कह रहा है। खूबसूरत नाक, बड़ी-बड़ी आंखें सदा ही सुखदायक हैं। सूरदास कहते हैं कि व्रज की स्त्रियों का भाग्य धन्य है, जिन्हें गोपाल को गोद में लेने का सुख प्राप्त हुआ है।

लालन, वारी या मुख ऊपर।
माई मोरहि दीठि न लागै, तातैं मसि-बिंदा दियौ भ्रू पर।।
सरबस मैं पहिलैं ही वारयौ, नान्हीं-नान्हीं दँतुली दू पर।
अब कहा करौं निछावरि, सूरज सोचति अपनैं लालन जू पर।।

यशोदा कहती हैं कि हे लाल! मैं तेरे ऊपर स्वयं को वारती हूं। सखीं! मेरी ही नजर मेरे लाल को न लग जाए, इस शंका से इसकी भौंहों पर काजल का टीका लगा दिया है। इसके नन्हें-नन्हें दांतों पर तो पहले से ही मैंने अपना सब कुछ वार दिया है। अब अपने लला पर क्या न्यौछावर करूं बस यही सोचा करती हूं।

आजु भोर तमचुर के रोल।
गोकुल मैं आनंद होत है, मंगल-धुनि महराने टोल।।
फूले फिरत नंद अति सुख भयौ, हरषि मँगावत फूल-तमोल।
फूली फिरति जसोदा तन-मन, उबटि कान्ह अन्हवाइ अमोल।।
तनक बदन, दोउ तनक-तनक कर, तनक चरन, पोंछति पट झोल।
कान्ह गरैं सोहति मनि-माला, अंग अभूषन अँगुरिनि गोल।।

सिर चौतनी, डिठौना दीन्हौ, आँखि आँजि पहिराइ निचोल।
स्याम करत माता सौं झगरौ, अटपटात कलबल करि बोल॥
दोउ कपोल गहि कै मुख चूमति, बरष-दिवस कहि करति कलोल।
सूर स्यम ब्रज-जन-मोहन बरष-गाँठि कौ डोरा खोल॥

आज सुबह-सुबह थोड़ा अंधेरा रहते ही लोगों की चहलकदमी बढ़ गई है। पूरे गोकुल में आनंद-ही-आनंद है। नंदबाबा के गांव में मंगलगान हो रहा है। नन्दबाबा आनंदित होकर टहल रहे हैं, उन्हें बड़ा ही सुख मिल रहा है। वे हर्षित होकर फूल और पान मंगवा रहे हैं। यशोदा भी तन-मन हर्षित हुई घूम-फिर रही हैं। अपने अनमोल धन कृष्ण को उबटकर नहलाया और इसके बाद उनके छोटे शरीर, छोटे-छोटे हाथ तथा छोटे-छोटे पांव मुलायम कपड़े से पोंछ रही हैं। कन्हैया के गले में मणियों की माला खिल रही है। अंगों में आभूषण हैं और उंगलियों में अंगूठी है। उनके सिर पर चौकोर टोपी यशोदा ने पहनाई, नजर न लगे इसलिए डिठौना माथे पर लगाया, आंखों में काजल लगाया, इसके बाद ढीला-ढाला आरामदायक कुर्ता पहनाया। कन्हैया माता यशोदा से झगड़ रहे हैं। नहाना, वस्त्रादि पहनना उन्हें ठीक नहीं लग रहा है, जिससे माता से हाथ छुड़ाकर भाग जाने की कोशिश करते हैं, भूमि पर लेट जाने का प्रयास करते हैं और बाल सुलभ अस्फुट स्वर में बोलते हैं। यशोदा उनको शांत करने के लिए उनके दोनों गाल पकड़कर मुख-चूम लेती हैं। और कहती हैं कि आज तेरी वर्षगांठ है। ऐसे यशोदा अपना वात्सल्य प्रकट कर रही हैं। सूरदास कहते हैं कि आनंद के धाम श्रीकृष्ण व्रजवासियों के मन को मोहने वाले हैं। आज उनकी वर्षगांठ का धागा खोलने की रस्म अदा की गई है।

खेलत नँद-आँगन गोबिंद।
निरखि-निरखि जसुमति सुख पावति, बदन मनोहर इंदु॥
कटि किंकनी चंद्रिका मानिक, लटकन लटकत भाल।
परम सुदेस कंठ केहरि-नख, बिच-बिच बज्र प्रवाल॥
कर पहुँची, पाइनि मैं नूपुर, तन राजत पट पीत।
घुटुरुनि चलत, अजिर महँ बिहरत, मुख मंडित नवनीत॥
सूर बिचित्र स्याम कै रसना कहत न आवैं।
बाल दसा अवलोकि सकल मुनि, जोग बिरति बिसरावैं॥

गोपराज नंद के आंगन में गोविन्द खेल रहे हैं। उनको खेलते हुए देख-देखकर यशोदा सुख की अनुभूति कर रही है। उनका चन्द्रमा के समान सुन्दर मुख अत्यंत मनोहारी है। गोविन्द की कमर में किंकिणी है। माथे पर चंद्रिका है। माथे पर मणिका की लटकन झूल रही है। गले में बघनखा सुशोभित हो रहा है। गले में जो माला है उसके बीच-बीच में हीरे और मूंगे गुथे हैं। हाथ में पहुंची है, पांवों में घुंघरू हैं और शरीर पर पीतांबर सुशोभित हो रहा है। बाल-कृष्ण आंगन में घुटनों के बल चल रहे हैं। बाल-क्रीड़ा से आंगन शोभा दे रहा है। उनके मुख में मक्खन लगा हुआ है। सूरदास कहते हैं कि श्यामसुंदर की विचित्र लीलाओं का वर्णन जीभ से करना असंभव है। उनकी बाल्यावस्था की क्रीड़ा को देखने के लिए सभी मुनिजन योग, वैराग्य, ध्यान आदि साधनाएं भुला बैठे हैं।

खीझत जात माखन खात।
अरुन लोचन, भौंह टेढ़ी, बार-बार जँभात।।
कबहुँ रुनझुन चलत घुटुरुनि, धूरि धूसर गात।
कबहुँ झुकि कै अलक खैंचत, नैन जल भरि जात।।
कबहुँ तोतरे बोल बोलत, कबहुँ बोलत तात।
सूर हरि की निरखि सोभा, निमिष तजत न मात।।

कन्हैया माखन खाते-खाते खीझ गए हैं। आंखें लाल हो गयीं है, भौंहे टेढ़ी हो गयी हैं और मुंह खोल कर बार-बार जम्हाई ले रहे हैं। कभी घुंघरू को बजाते हुए घुटनों के बल चलते हैं। उनका शरीर धूल से मटमैला हो गया है, कभी झुककर अपने बाल खींचते हैं, जिससे आंखों में आंसू आ जाते हैं, कभी तुतलाते हैं और कभी बाबा-बाबा बोलते हैं।

सूरदास कहते हैं कि भगवान कृष्ण की यह शोभा देखकर यशोदा पलकें भी नहीं झपकाती हैं।

(माई) बिहरत गोपाल राइ, मनिमय रचे अंगनाइ,
लरकत पररिंगनाइ, घुटुरुनि डोलै।
निरखि-निरखि अपनो प्रति-बिंब, हँसत किलकत औ,
पाछैं चितै फेरि-फेरि मैया-मैया बोलै।।
जौं अलिगन सहित बिमल जलज जलहिं धाइ रहै,
कुटिल अलक बदन की छबि, अवनी परि लोलै।

सूरदास छबि निहारि, थकित रहीं घोष नारि,
तन-मन-धन देतिं वारि, बार-बार ओलै।।

सखि! गोपाल मणिजड़ित आंगन में बाल-क्रीड़ा कर रहे हैं। आंगन में सरकते - लड़खड़ाते हुए घुटनों के बल चलते हैं। मणि जड़ित आंगन में अपना प्रतिबिंब देख-देखकर हंसते हैं और किलकते हैं। पीछे मुड़-मुड़कर देखते हैं और मैया-मैया बोलते हैं। जैसे अपने चारों तरफ उड़ते भौरों के साथ निर्मल कमल जल की धार पर बहता चला जाता है, वैसे ही घुंघराले बालों से ढके मुख का सौंदर्य मणिजड़ित आंगन में प्रतिबिंबित हो रहा है अर्थत कृष्ण के साथ-साथ उनका प्रतिबिंब भी भाग रहा है। सूरदास कहते हैं कि बाल-कृष्ण की इस छवि को देखकर व्रज की स्त्रियां अचंभित हैं और उनका शरीर शिथिल पड़ गया है। कन्हैया पर उनका तन, मन, धन सब अर्पित है। वे मोहित-सी बार-बार कन्हैया की बाल क्रीड़ा देखने आ जाती हैं।

बाल बिनोद खरो जिय भावत।
मुख प्रतिबिंब पकरिबे कारन हुलसि घुटुरुवनि धावत।।
अखिल ब्रह्मंड-खंड की महिमा, सिसुता माहिं दुरावत।
सब्द जोरि बोल्यौ चाहत हैं, प्रगट बचन नहिं आवत।।
कमल-नैन माखन माँगत हैं, करि-करि सैन बतावत।
सूरदास स्वामी सुख-सागर, जसुमति-प्रीति बढ़ावत।

गोविन्द का बाल विनोद हृदय को अच्छा लगता है। अपने मुख की छाया पकड़ने के लिए उत्साहित हो घुटनों के बल गोविन्द दौड़ते हैं। अखिल ब्रह्माण्ड की महिमा अपनी शिशुता में वे छिपए हुए है। शब्दों को जोड़ कर गोविन्द कुछ कहना चाहते हैं लेकिन शब्दो ंको जोड़कर स्पष्ट रूप में बोल नहीं पाते है। कमल-नैन यानी कमलवत आंखों वाले कृष्ण माखन मांगना चाहते हैं और इशारा कर-करके बता रहे है। सूरदास कहते है। कि मेरे स्वामी सुख-सागर हैं। वे अपनी बाल-लीला से यशोदा के वात्सल्य में और अधिक वृद्धि कर रहे हैं।

मैं बलि स्याम, मनोहर नैन।
जब चितवत मो तन करि अँखियनि, मधुप देत मनु सैन।।
कुंचित, अलक, तिलक गोरोचन, ससि पर हरि के ऐन।
कबहुँक खेलत जात घुटुरुवनि, उपजावत सुख चैन।।

कबहुँक रोवत-हँसत बलि गई, बोलत मधुरे बैन।
कबहुँक रोवत-हँसत बलि गई, बोलत मधुरे बैन।
कबहुँक ठाढ़े होत टेकि कर, चलि न सकत इक गैन।।
देखत बदन करौं न्यौछावरि, तात-मात सुख-दैन।
सूर बाल-लीला के ऊपर, बारौं कोटिक मैन।।

यशोदा कहती हैं कि गोविन्द के मनोहर नयनों पर स्वयं को न्यौछावर करती हूं। जब वह मेरी ओर आंखें कर मुझे निहारता है तब यूं जान पड़ता है मानो भौंरे कोई इशारा कर रहे है। गोविन्द के मुख पर घुंघराले बाल बिखरे पड़े हैं और माथे पर गोरोचन का तिलक है। कभी घुटनों के बल चलते हुए खेलते हैं और सुख-चैन की अनुभूति कराते हैं, कभी रोते हैं, कभी हंसते हैं। यशोदा कहती है कि मैं तो उसकी मधुर बोली पर बलि-बलि जाती हूं। कभी हाथ को टेककर खड़े हो जाते हैं लेकिन एक डग भी नहीं चल नहीं पाते हैं। लला का मुख देखकर मैं उस पर बलि-बलि जाती हूं। वह माता-पिता कों सुख देने वाला है। सूरदास कहते हैं कि गोविन्द की इस बाल-क्रीड़ा पर मैं करोड़ों कामदेव को समर्पित करता हूं।

किलकत कान्ह घुटुरुवनि आवत।
मनिमय कनक नंद कै आँगन, बिंब पकरिबैं धावत।।
कबहुँ निरखि हरि आपु छाहँ कौं, कर सौं पकरन चाहत।
किलकि हँसत राज द्वै दतियाँ, पुनि-पुनि तिहिं अवगाहत।।
कनक-भूमि पद कर-पग छाया, यह उपमा इक राजति।
करि-करि प्रतिपद प्रति मनि बसुधा, कमल बैठकी साजति।।
बाल-दसा-सुख निरखि जसोदा, पुनि-पुनि नंद बुलावति।
अँचरा तर लै ढाँकि, सूर के प्रभु कौं दूध पियावति।।

कान्हा नुपूर की आवाज करते हुए और किलकारी मारते हुए आ रहे हैं। नंदबाबा के मणि व स्वर्णजड़ित आंगन में गोविन्द अपनी छाया पकड़ने के लिए दौड़ लगा रहे हैं। कभी कान्हा स्वयं की छाया देखकर हाथ से उस छाया को पकड़ने के लिए पूरे आंगन में दौड़ रहे हैं। गोविन्द किलकारी लेकर हंसते हैं तब आगे के दांत उनके मुख-सौन्दर्य को और बढ़ा देते हैं। वे बार-बार प्रतिबिंब को हाथ में लेना चाहते हैं। कनक व मणिजड़ित आंगन में गोविन्द के हाथ-पाव की छाया, ऐसी दिखती है कि यह उपमा उसकी शोभ्ज्ञाा को चौगुनी कर देती है।

यूं लगता है मानो स्वर्णजड़ित आंगन में गोविन्द के हर पांव पर हर मणि में कमल उत्पन्न होकर उनके बैठने के लिए आसन बिछाती है। गोविन्द की बाल लीला देखकर यशोदा नंद बाबा को बार-बार पुकारती हैं। सूरदास कहते हैं कि मेरे प्रभु को मैया आंचल से ढककर स्तन पान कराती हैं अर्थात दूध पिलाती हैं।

नंद-धाम खेलत हरि डोलत।
जसुमति करति रसोई भीतर, आपुन किलकत बोलत॥
टेरि उठी जसुमति मोहन कौं, आवहु काहैं न धाइ।
बैन सुनत माता पहिचानी, चले घुटुरुवनि पाइ॥
लै उठाइ अंचल गहि पोंछै, धूरि भरी सब देह।
सूरज प्रभु जसुमति रज झारति, कहाँ भरी यह खेह॥

नंदबाबा के महल में गोविन्द बाल-क्रीड़ा करते फिर रहे हैं। यशोदा जी रसोई में हैं और खाना बना रही हैं। भगवान कृष्ण अपने-आपसे ही बोलते जा रहे हैं और किलकारी मार रहे हैं। तभी रसोई से निकलकर यशोदा ने गोविन्द को आवाज दिया-'लला! तू दौड़कर मेरे पास क्यों नहीं आ रहा। आवाज सुनकर तुरंत ही गोविन्द ने पहचान लिया कि मैया की आवाज है। वे बुला रही है। गोविन्द घुटनों को घसीटते हुए चल दिए। यशोदा ने दौड़कर उन्हें अपने अंक में समेट लिया और अपने आंचल से उनके शरीर पर लगी धूल को झाड़ने लगीं। सूरदास कहते हैं कि गोविन्द के शरीर पर लगी धूल को झाड़ते हुए यशोदा पूछती है कि लला, यह धूल कहां पर लगाई। देख तो तेरा शरीर धूल से मैला हो गया है।

धनि जसुमति बड़भागिनी, लिए कान्ह खिलावै।
तनक-तनक भुज पकरि कै, ठाढ़ौ होन सिखावै॥
लरखरात गिरि परत हैं, चलि घुटुरुनि धावैं।
पुनि क्रम-क्रम भुज टेकि कै, पग द्वैक चलावें॥
अपने पाइनि कबहिं लौं, मोहिं देखन धावै।
सूरदास जसुमति इहै बिधि सौं जु मनावै॥

माता यशोदा का धन्य भाग्य है, वे बहुत भाग्यवान हैं, जो कन्हैया को गोद में लेकर बड़े प्यार से खिला रही हैं। कन्हैया की छोटी-छोटी बांहों को पकड़कर उन्हें खड़ा होना सिखला रही हैं। कन्हैया खड़ा नहीं हो पा रहे हैं, लड़खड़ा कर

गिर पड़ते हैं, फिर घुटनों के बल दौड़ने लगते हैं। लेकिन यशोदा हार नहीं मानती हैं। उनका हाथ पकड़कर वे उन्हें धीरे-धीरे पैर रखकर एक-दो डग चलाती हैं। फिर कहती हैं कि देखती हूं कब मेरा लला अपने पांवों पर चलकर मुझे देखने दौड़कर आता है। सूरदास कहते हैं कि यशोदा मैया इस तरह से कन्हैया को खड़ा होकर चलने के लिए प्रेरित करती है।

हरिकौ बिमल जस गावति गोपंगना।
मनिमय आँगन नदराइ कौ, बाल गोपाल करैं तहँ रँगना।।
गिरि-गिरि परत घुटुरुवनि रेंगत, खेलत हैं दोउ छगना-मगना।
धूसरि धूरि दुहूँ तन मंडित, मातु जसोदा लेति उछँगना।।
बसुधा त्रिपद करत नहिं आलस तिनहिं कठिन भयो देहरी उलँघना।
सूरदास प्रभु ब्रज-बधु निरखति, रुचिर हार हिय सोहत बधना।।

गोपों की पत्नियां यानी गोपियां कन्हैया के पवित्र यश का गुणगान कर रही हैं। नंदबाबा का जो आंगन है, वह मणिजड़ित है, वहां पर बालक रूप में श्रीकृष्ण तरह-तरह की बाल क्रीड़ा करते हैं। कभी घुटनों के बल सरकते हैं, कभी उठकर गिर पड़ते हैं। दोनों भाई बलराम-कृष्ण नाना विधि से खेल रहे हैं। धूल में सने हुए दोनों के शरीर अत्यंत ही सुन्दर लग रहे हैं, माता यशोदा लाड़वश उन्हें गोद में ले लेती हैं। जिन प्रभु को वामनावतार में पूरी पृथ्वी तीन डग में नापने में तनिक भी आलस्य नहीं हुआ, उन्हीं प्रभु के लिए देहरी लांघना कठिन हो गया है। सूरदास कहते हैं कि मेरे स्वामी हृदय पर सुन्दर हार सुशोभित हो रहा है और व्रज की गोपियां उनकी इस शोभा को देख-देखकर आनंदित हो रही हैं।

चलन चहत पाइनि गोपाल।
लए लाइ अँगुरी नंदरानी, सुंदर स्याम तमाल।।
डगमगात गिरि परत पानि पर, भुज भ्राजत नँदलाल।
जनु सिर पर ससि जानि अधोमुख, धुकत नलिनि नमि नाल।।
धूरि-धौत तन, अंजन नैननि, चलत लटपटी चाल।
चरन रनित नूपुर-ध्वनि, मानौ बिहरत बाल मराल।।
लट लटकनि सिर चारु चखौड़ा, सुठि सोभा सिसु भाल।
सूरदास ऐसौ सुख निरखत, जग जीजै बहु काल।।

गोपाल अपने पैरों पर खड़ा होकर चलना चाहते हैं। तमाल के समान सुन्दर घनश्याम को यशोदा ने अपनी अंगुली पकड़ा दी है ताकि उन्हें चलने में

सुविधा हो। घनश्याम डगमगाकर हाथों पर गिर पड़ते हैं। ऐसे में उनकी बाहें यूं लगती हैं मानो अपने माथे पर चन्द्रमा को जानकर कमल अपनी नाल लटकाकर नीचे मुंह करके झुक गये हैं। कान्हा के शरीर में धूल लगी है, आंखों में काजल है, लटपटी चाल है, पांवों से घुंघरुओं की मधुर आवाज यूं हो रही है मानो बाल-हंस आपस में खेल रहे हैं। कन्हैया के माथे पर घुंघराले बाल लटक रहे हैं, दोनों भौंहों के मध्य में सुन्दर काजल का टीका लगा हुआ है, जिससे शिशु रूप कान्हा की शोभा और भी अधिक मनोहर हो गई है। सूरदास कहते हैं कि ऐसे आनंददायक रूप को देखने के लिए तो संसार में बहुत काल तक जिंदा रहने की जरूरत है। यह रूप तो यूं ही मोक्षदाता है।

सिखवति चलन जसोदा मैया।
अरबराइ कर पानि गहावत, डगमगाइ धरनी धरै पैया॥
कबहुंक सुंदर वदन बिलोकति, उन आनंद भरि लेति बलैया।
कबहुंक कुल देवता मनावति, चिरजीवहु मेरौ कुंवर कन्हैया॥
कबहुंक बल कौं टेरि बुलावति, इहिं आंगन खेलौ दोउ भैया।
सूरदास स्वामी की लीला, अति प्रताप बिलसत नंदरैया॥

यशोदा मैया घनश्याम को खड़ा होकर चलना सिखा रही हैं। जब उनके पांव डगमगाने लगते हैं तब यशोदा झट से अपना हाथ उन्हें पकड़ा देती हैं। घनश्याम बड़ी मुश्किल से लड़खड़ाते पांव धरती पर धर रहे हैं। कभी कृष्ण के सुंदर पांव देखकर मैया आनंदित होकर बलैयां लेती हैं, कभी कुलदेवता को मनाती हैं कि मेरा कुंवर कन्हैया की लम्बी उम्र हो। कभी आवाज देकर बलदाऊ को बुलाती हैं और कहती हैं कि तुम दोनों भाई आंगन में ही खेलो। सूरदास कहते हैं कि यह मेरे प्रभु की लीला की ही कृपा है कि नंद राज का यश और धन बढ़ गया है।

भावत हरि कौ बाल-बिनोद।
स्याम-राम-मुख निरखि-निरखि, सुख -मुदित रोहिनी, जननि जसोद॥
आँगन-पंक-राग तन सोभित, चल नूपुर-धुनि सुनि मन मोद।
परम सनेह बढ़ावत मातनि, रबकि-रबकि हरि बैठत गोद॥
आनँद-कंद, सकल सुखदायक, निसि-दिन रहत केलि-रस ओद।
सूरदास प्रभु अंबुज-लोचन, फिरि-फिरि चितवत ब्रज-जन-कोद॥

गोविन्द को बाल-विनोद बहुत ही अच्छा लगता है। श्याम और बलराम के मुख को देख-देखकर रोहिणी और यशोदा मैया अत्यंत ही सुख-आनंद की अनुभूति करती हैं। आंगन के कीचड़ से सने श्याम-बलराम के शरीर अत्यंत ही सुंदर लग रहे हैं। चलते हैं तो घुंघरुओं की मधुर आवाज होती है, जिसे सुनकर हृदय आनंद से भर जाता है। श्याम उछल-उछलकर यशोदा मैया की गोद में बैठकर उनके स्नेह में और भी अधिक वृद्धि करते हैं। आनंदकंद श्रीकृष्ण सब प्रकार के सुखों के दाता हैं, जो रात-दिन बाल-विनोद और बाल-क्रीड़ा के रस से सराबोर रहते हैं। सूरदास कहते हैं कि कमलनयन प्रभु श्रीकृष्ण बार-बार घूम-घूम कर व्रज के लोगों की तरफ देखते हैं।

सूच्छम चरन चलावत बल करि।
अटपटात, कर देति सुंदरी, उठत तबै सुजतन तन-मन धरि॥
मृदु पद धरत धरनि ठहरात न, इत-उत भुज जुग लै-लै भरि-भरि।
पुलकित सुमुखी भई स्याम-रस ज्यौं जल मैं दाँची गागरि गरि॥
सूरदास सिसुता-सुख जलनिधि, कहँ लौं कहौं नाहिं कोउ समसरि।
बिबुधनि मनतर मान रमत ब्रज, निरखत जसुमति सुख छिन-पल धरि॥

गोविन्द अपने छोटे-छोटे पांवों को हिम्मत करके चलाते हैं। चलने के लिए पूरी शक्ति भी लगाते हैं। उनके पांव जब डगमगाते हैं, तब यशोदा मैया अपना हाथ पकड़ा देती हैं, फिर साहस करके वे शरीर-मन को दृढ़ कर खड़े हो जाते हैं। गोविन्द अपने कोमल पांव धरती पर धरते लेकिन वे टिकते नहीं हैं किन्तु यशोदा मैया इधर-उधर बांहें कर और बाहों को पकड़कर उन्हें गिरने नहीं देती हैं। सुंदर मुख वाला यशोदा मैया गोविन्द के बाल विनोद के रस में डूबी मन-ही-मन प्रसन्न हैं जैसे पानी में कच्ची गागर गिरकर गल गयी हो। सूरदास कहते हैं कि गोविन्द तो बाल विनोद के सुख के सिंधु हैं। कहां तक कहूं, कोई भी तो ऐसा नहीं है कि गोविन्द से उसकी तुलना की जा सकती है। देवताओं को भी मन से ही जानकर गोविन्द व्रज में बाल विनोद कर रहे हैं, जिसे यशोदा मैया हर पल, हर घड़ी देख-देखकर कर आनंदित रही हैं।

बाल-बिनोद आँगन की डोलिनि।
मनिमय भूमि नंद कैं आलय, बलि-बलि जाउँ तोतरे बोलनि॥
कठुला कंठ कुटिल केहरि-नख, बज्र-माल बहु लाल अमोलनि।
बदन सरोज तिलक गोरोचन, लट लटकनि मधुकर-गति डोलनि॥

कर नवनीत परस आनन सौं, कछुक खात, कछु लग्यो कपोलनि।
कहि जन सूर कहाँ लौं बरनौं, धन्य नंद जीवन जग तोलनि॥

नंदबाबा के भवन के मणिजड़ित आंगन में बाल-विनोद करते हुए गोविन्द के चलने और तुतलाने पर मैं बलि-बलि जाऊं। गोविन्द के गले में तिरछे नाखूनों वाला बघनखा है, जिसमें बहुत सारे बेशकीमती लाल गुंथे हैं। कमल के समान खिला-खिला मुख है, माथे पर गोरोचन का तिलक है, केश-राशि लटकी हुई है और जब हिलती है तो लगता है कि भौंरे मंडरा रहे हैं। हाथ में मक्खन लेकर मुख में ले जाते हैं, कुछ खाते हैं और कुछ गालों में लगाते हैं। सूरदास कहते हैं कि कहां तक वर्णन करूं, नंदबाबा का तो यह जन्म ही धन्य हो गया है। संसार में उनकी तुलना किसी से भी नहीं है, वह अपनी तुलना स्वयं ही हैं।

गहे अँगुरिया ललन की, नँद चलन सिखावत।
अरबराइ गिरि परत हैं, कर टेकि उठावत॥
बार-बार बकि स्याम सौं कछु बोल बुलावत।
दुहुँघाँ द्वै दँतुली भई, मुख अति छबि पावत॥
कबहुँ कान्ह-कर छाँड़ि नंद, पग द्वैक रिंगावत।
कबहुँ धरनि पर बैठि कै, मन मैं कछु गावत॥
कबहुँ उलटि चलैं धाम कौं, घुटुरुनि करि धावत।
सूर स्याम-मुख लखि महर, मन हरष बढ़ावत॥

नंदबाबा गोविन्द की अंगुली थामकर उन्हें चलना सिखा रहे हैं। वे डगमगा कर गिर पड़ते हैं, तब नंदबाबा अपने हाथ से पकड़कर उन्हें उठाते हैं। वे पहले कुछ बोलते हैं फिर गोविन्द से भी वैसा ही बुलवाते हैं, ऐसा वे बार-बार कर रहे हैं। गोविंद के मुख में ऊपर-नीचे के दो दांत निकल आए हैं, जिससे मुख की शोभा अत्यंत ही मनोहारी हो गई है। कभी गोविन्द नंदबाबा का हाथ छोड़ देते हैं और दो कदम यूं ही चलते हैं। कभी धरती पर बैठकर गोविन्द मन-ही-मन कुछ गुनगुनाते हैं। कभी मुड़कर घर की ओर घुटनों के बल दौड़ पड़ते हैं । सूरदास कहते हैं कि गोविन्द के मुख को देखकर नंदबाबा मन-ही-मन बहुत ही प्रसन्न होते हैं।

कान्ह चलत पग द्वै-द्वै धरनी।
जो मन मैं अभिलाष करति ही, सो देखति नँद-घरनी॥

रुनुक-झुनुक नूपुर पग बाजत, धुनि अतिहीं मन-हरनी।
बैठि जात पुनि उठत तुरतहीं सो छबि जाइ न बरनी॥
ब्रज-जुवती सब देखि थकित भइँ, सुंदरता की सरनी।
चिरजीवहु जसुदा कौ नंदन सूरदास कौं तरनी॥

गोविन्द अब धरती पर दो-दो कदम चल लेते हैं। यशोदा मैया के मन में जो अभिलाषा थी, वह अब पूरी हो रही है। गोविन्द के चलने पर पांवों में घुंघरू रूनझुन बजते हैं, यह मधुर ध्वनि बरबस ही मन को आकर्षित करने वाली है। गोविन्द अचानक ही बैठ जाते हैं और फिर तुरंत ही उठ खड़े होते हैं, जो छवि अवर्णनीय ही है। व्रज की युवतियां यह शोभा देखकर आश्चर्यचकित हो गई है सूरदास कहते हैं कि भवसागर से पार उतारने वाले यशोदा नंदन दीर्घायु हों।

चलत स्यामघन राजत, बाजति पैंजनि पग-पग चारु मनोहर।
डगमगात डोलत आँगन मैं, निरखि बिनोद मगन सुर-मुनि-नर॥
उदित मुदित अति जननि जसोदा, पाछैं फिरति गहे अँगुरी कर।
मनौ धेनु तृन छाँड़ि बच्छ-हित, प्रेम द्रवित चित स्रवत पयोधर॥
कुंडल लोल कपोल बिराजत, लटकति ललित लटुरिया भ्रू पर।
सूर स्याम-सुंदर अवलोकत बिहरत बाल-गोपाल नंद-घर॥

गोविन्द चलते समय बहुत ही सुन्दर दिखते हैं, हर पग के रखने के साथ सुन्दर पैंजनी मधुर ध्वनि निकाल रही है। गोविंद आंगन में डगमगाते हुए चलते हैं। गोविन्द की इस बाल लीला को देखकर सुर, मुनि, नर अत्यंत ही हर्षित हो रहे हैं। यशोदा मैया बहुत ही प्रसन्न हैं, वे गोविन्द की अंगुली पकड़े पीछे-पीछे घूम रही हैं, मानो बछड़े के प्रेम में गाय ने घास चरना छोड़ दिया हो। यशोदा मैया का हृदय प्रेम से नम हो गया है और स्तनों से दूध निकल रहा है। गोविन्द के गालों पर हिल रहे कुंडल सौंदर्य को और बढ़ा रहे हैं, भौंहों पर सुन्दर केश-राशि लटक रही है। नंद भवन में बाल-गोविंद को बल विनोद करते हुए सूरदास अपनी आंखों से जी भरकर देख रहे हैं। यह छवि अत्यंत ही अद्भुत और सुखदायक है। इस शोभा का वर्णन नहीं किया जा सकता, बस देखा जा सकता है।

भीतर तैं बाहर लौं आवत।
घर-आँगन अति चलत सुगम भए, देहरि अँटकावत॥

गिरि-गिरि परत, जात नहिं उलँघी, अति स्रम होत नघावत।
अहुँठ पैग बसुधा सब कीनी, धाम अवधि बिरमावत।
मन ही मन बलबीर कहत हैं, ऐसे रंग बनावत।
सूरदास प्रभु अगनित महिमा, भगतनि कैं मन भावत॥

गोविन्द अब नंद भवन से बाहर स्वयं चलकर आ जाते हैं। घर-आंगन में चलना-फिरना अब उनके लिए आसान हो गया है लेकिन वे अभी देहरी को लांघ नहीं पाते हैं। देहरी को पार करते समय गिर-गिर पड़ते हैं, पर उसे पार नहीं कर पाते हैं। देहरी को पार करने में अत्यंत ही मेहनत करनी पड़ती है। गोविन्द की यह लीला देखकर बलराम जी मन-ही-मन कहते हैं कि वामन के वेश में तो इन्होंने तीन पग में ही धरती को नाप दिया था और इस समय ऐसी लीला कर रहे हैं कि घर की देहली इन्हें बाहर जाने से रोक रही है। सूरदास कहते हैं कि मेरे प्रभु की महिमा अगणित है, वह भक्तों के मन को भाती है।

चलत देखि जसुमति सुख पावै।
ठुमुकि-ठुमुकि पग धरनी रेंगत, जननी देखि दिखावै॥
देहरि लौं चलि जात, बहुरि फिरि-फिरि इत हीं कौं आवै।
गिरि-गिरि परत बनत नहिं नाँघत सुर-मुनि सोच करावै॥
कोटि ब्रह्मंड करत छिन भीतर, हरत बिलंब न लावै।
ताकौं लिये नंद की रानी, नाना खेल खिलावै॥
तब जसुमति कर टेकि स्याम कौ, क्रम-क्रम करि उतरावै।
सूरदास प्रभु देखि-देखि, सुर-नर-मुनि बुद्धि भुलावै॥

गोविन्द को अपने पैरों से चलते-फिरते हुए देखकर यशोदा मैया को अत्यंत ही सुख मिल रहा है। गोविन्द ठुमुक-ठुमुक कर पांव धरती पर रखकर चलते हैं और मैया को दिखाकर कहते हैं कि देखो, अब मैं स्वयं चलने लगा हूं। देहली तक चले जाते हैं, फिर मुड़-मुड़ कर घर की तरफ आ जाते हैं। देहली को पार करने की कोशिश में गिर-गिर पड़ते हैं, देहली को लांघ नहीं पाते। उनकी यह लीला देवता व मुनियों को भी शंका में डाल देती है कि प्रभु यह क्या कर रहे हैं? करोड़ों ब्रह्मांड की रचना जो पल भर में कर डालते हैं और पलक झपकते ही उनको नष्ट भी कर देते हैं, उन्हें साथ लेकर यशोदा मैया तरह-तरह से खेल खिलाती हैं। यह प्रभु की कैसी लीला है? यशोदा से जब उनका बार-बार गिरना देखा नहीं गया तब वे गोविन्द का आकर हाथ पकड़ लेती हैं

और धीरे-धीरे देहली को पार करना सिखाती हैं। सूरदास कहते हैं कि मेरे प्रभु को देख-देखकर देवता, मनुष्य, मुनि भी अपना विवेक खो बैठते हैं अर्थात अपनी सुधबुध खोकर उनकी लीलाओं पर मोहित हो जाते हैं।

साँवरे बलि-बलि बाल-गोबिंद। अति सुख पूरन परमानंद॥
तीनि पैड जाके धरनि न आवै। ताहि जसोदा चलन सिखावै॥
जाकी चितवनि काल डराई। ताहि महरि कर-लकुटि दिखाई॥
जाकौ नाम कोटि भ्रम टारै। तापर राई-लोन उतारै॥
सेवक सूर कहा कहि गावै। कृपा भई जो भक्तिहिं पावै॥

सांवरे! बाल-गोविंद! तुम पर बार-बार न्यौछावर। तुम सब प्रकार के सुखों को देने वाले, पूर्ण ब्रह्म और परम-आनंद के दाता हो। जिसके तीन पद भी धरती नहीं हुई, उसे यशोदा मैया चलना सिखा रही है। जिस दृष्टि से काल भयभीत हो जाता है, उसे यशोदा ने हाथ में डंडा लेकर दिखाया। जिसका नाम लेने से करोड़ो भ्रम दूर हो जाते हैं, उस पर राई-नमक मैया उतारती हैं ताकि लला को बुरी नजर न लगे। सूरदास कहते हैं कि यह सेवक आपके गुणों को कहां तक गाएं? आपकी कृपा मुझ पर हो जाए....आपकी भक्ति मुझे मिल जाए तो मुझ पर आपका बड़ा उपकार होगा। तभी मैं स्वयं को धन्य समझूंगा।

सो बल कहा भयौ भगवान?
जिहिं बल मीन-रूप जल थाह्यौ, लियौ निगम, हति असुर-परान॥
जिहिं बल कमठ-पीठि पर गिरि धरि, सजल सिंधु मथि कियौ बिमान।
जिहिं बल रूप बराह दसन पर, राखी पुहुमी पुहुप समान॥
जिहिं बल हिरनकसिप-उर फारयौ, भए भगत कौं कृपानिधान।
जिहिं बल बलि बंधन करि पठयौ, बसुधा त्रैपद करी प्रमान॥
जिहिं बल बिप्र तिलक दै थाप्यौ, रच्छा करी आप बिदमान।
जिहिं बल रावन के सिर काटे, कियौ बिभीषन नृपति निदान॥
जिहिं बल जामवंत-मद मेटयौ, जिहिं बल भू-बिनती सुनि कान।
सूरदास अब धाम-देहरी चढ़ि न सकत प्रभु खरे अजान॥

मेरे गोविन्द! आपको वह बल कहां चला गया? जिस बल से मत्स्य रूप में आकर समुद्र के जल की थाह ले ली और हयग्रीव का वध कर वेदों की रक्षा की, जिस बल से कछुआ का रूप धरकर अपनी पीठ पर सुमेरू पहाड़ को

बैठा लिया और समुद्र-मंथन का कार्य संपन्न करवा कर देवताओं को स्वर्ग वापस दिलवाया। जिस बल से वाराह रूप में आकर धरती को फूल की मानिंद अपने दांतों पर उठा लिया, जिस बल से हिरण्यकशिपु की छाती फाड़ी और भक्त प्रह्लाद के लिए दयानिधान बन गये। जिस बल से धरती को तीन पदों में नाप दिया और राजा बलि को बांधकर पाताल भेज दिया, जिस बल से परशुराम वेश में ब्राह्मणों के अस्तित्व और मान की रक्षा की और उन्हें पृथ्वी का राज्य देकर निर्भय कर दिया। जिस बल से रावण के सिर काटे और विभीषण को लंकाधिपति बना दिया। जिस बल से जामवंत का मद तोड़ा, और जिस बल से धरती माता की विनती सुनकर धरती का भार दूर करने के के लिए जन्म लिया, मेरे गोविन्द? आपका वह बल इस समय कहां है? सूरदास कहते हैं कि गोविन्द! आप वास्तव में ही एकदम से भोले, मासूम और अनजान बालक बन गए हैं और घर की देहली भी लांघ नहीं पा रहे हैं।

देखो अद्भुत अबिगत की गति, कैसो रूप धरयौ है (हो)!
तीनि लोक जाकें उदर-भवन, सो सूप कैं कोन परयौ है (हो)!
जाकैं नाल भए ब्रह्मादिक, सकल जोग ब्रत साध्यौ (हो)!
ताकौ नाल छीनि ब्रज-जुवती बाँटि तगा सौं बाँध्यौ (हो)!
जिहिं मुख कौं समाधि सिव साधी आराधन ठहराने(हो)!
सो मुख चूमति महरि जसोदा, दूध-लार लपटाने (हो)!
जिन स्रवननि जन की बिपदा सुनि, गरुड़ासन तजि धावै (हो)!
तिन स्रवननि ह्वै निकट जसोदा, हलरावै अरु गावै (हो)!
बिस्व-भरन-पोषन, सब समरथ, माखन-काज अरे हैं (हो)!
रूप बिराट कोटि प्रति रोमनि, पलना माँझ परे हैं (हो)!
जिहिं भुज बल प्रह्लाद उबरायौ, हिरनकसिप उर फारे (हो)!
सो भुज पकरि कहति ब्रजनारी, ठाढ़े होहु लला रे (हो)!
जाकौ ध्यान न पायौ सुर-मुनि, संभु समाधि न टारी (हो)!
सोई सूर प्रगट या ब्रज मैं, गोकुल-गोप-बिहारी (हो)!

देखो गोविन्द की अद्भुत और अविज्ञात लीला। इन्होंने बालक का कैसा रूप धरा है। तीनों लोक जिसके उदर-भवन में रहते हैं, वे गोविन्द छोटे से सूप के कोने में कैसे लेटे हुए थे। जिसके नाभि से निकले कमल-नाल से ब्रह्म देव प्रकट हुए और ब्रह्मदेव से सभी देवता प्रकट हुए, जिन्होंने सारे योग और व्रतों

का साधा, उन्हीं गोविन्द के नाभि-नाल को व्रज की स्त्रियों ने काट कर धागे से बांधा। सिज मुख की एक झलक पाने के लिए सदाशिव समाधि में बैठे रहते हैं, दूध और बार से लपटाए, उस मुख को यशोदा रानी चूमती हैं। जिन कानों से सुर, नर, मुनि की विपदा सुनकर गोविन्द गरुड़ासन को छोड़कर दौड़ पड़ते हैं, उन कानों के पस अपना मुख ले जाकर मैया लोरी गाती हैं और उन्हीं कानों पर थपकी देती हैं। जो गोविंद विश्व के भरण-पोषण करने में सब प्रकार से समर्थ हैं, वही माखन के लिए जिद कर रहे हैं। जिन प्रभु ने विराट स्वरूप के रोम-रोम में करोड़ों ब्रह्माण्ड हैं, वे पालने में असहाय बालक रूप में लेटे हुए हैं। जिन्होंने अपने बाहुबल से प्रह्लाद की रक्षा की और हिरण्यकशिपु की छाती को फाड़ दिया, आज उसी भुजा को पकड़कर व्रज की स्त्रियां कहती हैं कि लला, जरा ठहर तो जा रे। जिसको सुर-मुनि कोटि ध्यान लगाने के बाद भी प्राप्त नहीं कर पाते हैं, सदाशिव समाधि से ध्यान नहीं हटाते हैं, गोकुल में उसी गोविन्द ने रासलीला करने के लिए अवतार लिया है।

आनँद-प्रेम उमंगि जसोदा, खरी गुपाल खिलावै।
कबहुँक हिलकै-किलकै जननी मन-सुख-सिंधु बढ़ावै॥
दै करताल बजावति, गावति, राग अनूप मल्हावै।
कबहुँक पल्लव पानि गहावै, आँगन माँझ रिंगावै॥
सिव, सनकादि, सुकादि, ब्रह्मादिक खोजत अंत न पावैं।
गोद लिए ताकौं हलरावैं तोतरे बैन बुलावै॥
मोहे सुर, नर, किन्नर, मुनिजन, रवि रथ नाहिं चलावै।
मोहि रहीं ब्रज की जुवती सब, सूरदास जस गावै॥

आनंद और प्रेम से आनंदित यशोदा मैया खड़ी होकर गोविन्द को खाना खिला रही हैं। गोविंद कभी उछले हैं, कभी किलकते हैं, यह देखकर माता यशोदा के मन में सुख सागर की बढ़ोतरी हो रही है। यशोदा मैया ताल देती हैं, तथा सुन्दर राग में गाते हुए गोविन्द को दुलारती हैं। कभी अपने कोमल हाथ पकड़ाकर गोविन्द को आंगन में चलाती हैं। शिव, सनकादि, शुकदेवादि, ब्रह्मादि खोजकर भी जिसका अंत नहीं पाते हैं, यशोदा उन्हीं गोविन्द को अंक में समेटकर नाना विधि से खेलाती है और तोतली आवाज में बोलने के लिए कहती हैं। देवता, मनुष्य, किन्नर, मुनिजन सब मंत्र-मुग्ध होकर गोविन्द की बाल-लीला देख रहे हैं, रवि रथ चलाना भूलकर गोविन्द की बाल लीलाओं में मग्न हैं।

सूरदास कहते हैं कि व्रज की सभी गोपियां गोविंद की इस बाल-लीला पर मोहित हैं, जिस बाल-लीला का गुणगान सुर, नर, मुनिजन कर रहे हैं।

हरि हरि हँसत मेरौ माधैया।
देहरि चढ़त परत गिरि-गिरि, कर-पल्लव गहति जु मैया॥
भक्ति-हेत जसुदा के आगैं, धरनी चरन धरैया।
जिनि चरननि छलियौ बलि राजा, नख गंगा जु बहैया॥
जिहिं सरूप मोहे ब्रह्मादिक, रबि-ससि कोटि उगैया।
सूरदास तिन प्रभु चरननि की, बलि-बलि मैं बलि जैया॥

हरि-हरि! मेरे गोविन्द हंस रहे हैं। देहली पर चढ़ने की कोशिश में बार-बार गिर पड़ते हैं, यशोदा मैया उनके कोमल हाथों को थामकर गिरने से रोकती हैं। गोविन्द भक्त के प्रेम में आकर यशोदा मैया के सामने धरती पर पांव रख रहे हैं, जिन पांवों से पृथ्वी को तीन पग में नापकर बलि के गर्व को तोड़ा तथा अपने पांवों के नाखूनों से गंगा जी को उत्पन्न किया। जिनके स्वरूप पर ब्रह्मादि मोहित हैं, जिन पांवों से करोड़ों रवि-चन्द्र प्रकाशित होते हैं। सूरदास कहते हैं कि अपने प्रभु गिरधारी के उन चरणकमलों पर बलि-बलि जाऊं।

झुनक स्याम की पैजनियाँ।
जसुमति-सुत कौ चलन सिखावति, अँगुरी गहि-गहि दोउ जनियाँ॥
स्याम बरन पर पीत झँगुलिया, सीस कुलहिया चौतनियाँ।
जाकौ ब्रह्मा पार न पावत, ताहि खिलावति ग्वालिनियाँ॥
दूरि न जाहु निकट ही खेलौ, मैं बलिहारी रेंगनियाँ।
सूरदास जसुमति बलिहारी, सुतहिं खिलावति लै कनियाँ॥

गोविन्द की पैंजनी रुनझुन कर रही है। रोहिणी और यशोदा मैया दोनों गोविन्द की उंगली पकड़कर चलना सिखा रही हैं। श्याम रंग पर पीला कुर्ता है और माथे पर चौकोर टोपी सुशोभित हो रही है। जिसका आदि-अंत ब्रह्मा नहीं जानते हैं, ग्वालिनियां बड़े प्रेम से अपनी गोद में लेकर खेला रही हैं। यशोदा मैया कहती हैं कि दूर न जाना, यहीं पास में ही खेलो। लला, मैं तेरे घुटनों के बल चलने पर न्यौछावर हूं। सूरदास कहते हैं कि यशोदा मैया अपने पुत्र पर बलिहारी हैं और वे उन्हें गोद में लेकर दुलार रही हैं, खिला रही हैं।

चलत लाल पैजनि के चाइ।
पुनि-पुनि होत नयौ-नयौ आनँद, पुनि-पुनि निरखत पाइ॥
छोटौ बदन छोटियै झिंगुली, कटि किंकिनी बनाइ।
राजत जंत्र-हार, केहरि-नख पहुँची रतन-जराइ॥
भाल तिलक पख स्याम चखौड़ा जननी लेति बलाइ।
तनक लाल नवनीत लिए कर सूरज बलि-बलि जाइ॥

गोविन्द पैंजनी की ध्वनि सुन-सुनकर बड़े चाव से चलते हैं। उन्हें नया-नया आनंद बार-बार होता है और वे बार-बार अपने पांव में बंधी पैंजनी को देखते हैं। गोविन्द का मुख छोटा-सा है, कुर्ता छोटा है और कमर में छोटी-सी करधनी है। उनके गले में यंत्र गुंथा हार और बेघनखा है। भुजाओं में रत्नजड़ित पहुंची है, माथे पर तिलक है तथा काजल का टीका है, यशोदा मैया उनकी बलैया लेती हैं, गोविन्द के हाथ में मक्खन लगा हुआ है, सूरदास उनकी इस शोभा पर बलि-बलि जाते हैं।

मैं देख्यौं जसुदा कौ नंदन खेलत आँगन बारौ री।
ततछन प्रान पलटि गयौ मेरौ, तन-मन ह्वै गयौ कारौ री॥
देखत आनि सँच्यौ उर अंतर, दै पलकनि कौ तारौ री।
मोहिं भ्रम भयौ सखी उर अपनैं, चहुँ दिसि भयौ उज्यारौ री॥
जौ गुंजा सम तुलत सुमेरहिं, ताहू तैं अति भारौ री।
जेसैं बूँद परत बारिधि मैं, त्यौं गुन ग्यान हमारौ री॥
हौं उन माहँ कि वै मोहिं महियाँ, परत न देह सँभारौ री।
तरु मैं बीज कि बीज माहिं तरु, दुहुँ मैं एक न न्यारौ री॥
जल-थल-नभ-कानन, घर-भीतर, जहँ लौं दृष्टि पसारौ री।
तित ही तित मेरे नैननि आगैं निरतत नंद-दुलारौ री॥
तजी लाज कुलकानि लोक की, पति गुरुजन प्यौसारौ री।
जिनकी सकुच देहरी दुर्लभ, तिन मैं मूँड़ उघारौ री॥
टोना-टामनि जंत्र मंत्र करि, ध्यायौ देव-दुआरौ री!।
सासु-ननद घर-घर लिए डोलति, याकौ रोग बिचारौ री!॥
कहौं कहा कछु कहत न आवै, औ रस लागत खारौ री।
इनहिं स्वाद जो लुब्ध सूर सोइ जानत चाखनहारौ री॥

एक गोपी कहती हे मैंने यशोदानंद श्याम को आज आंगन में बाल-विनोद

करते देखा, उसी समय मेरा कायाकल्प हो गया, मेरा तन-मन भी सांवरे के रंग में रंग गया। उस पर जैसे ही मेरी नजर पड़ी मैंने उसे अपने हृदय में बसा लिया और पलकों में उसकी सूरत रखकर उसमें ताला लगा दिया। लेकिन सखि, मैं भ्रमित हो गयी कि मैंने हृदय में बसाया तो सांवरे को और हृदय में उजाला कैसे हो गया। जैसे गुंजा से सुमेरू की तुलना हो। श्याम तो मुझसे बहुत महान हैं। जैसे बूंद समुद्र में गिरकर अपना अस्तित्व खो देती है, वैसे ही मेरे गुण-ज्ञान सब उसमें ही मिल गए। न मालूम वे मुझमें हैं या मैं उनमें हूं। मैं तो अब अपनी देह को भी संभाल नहीं पा रही। वृक्ष में बीज है या बीज में वृक्ष है, इन दोनों बातों में उलझने से क्या लाभ? जल, थल, नम, वन, घर-बाहर जहां तक देखो वहां तक मेरी आंखों के सामने वह बस सांवरा ही है। लोकलाज, कुल की मर्यादा का बंधन मैंने तोड़ दिया है। पति, गुरुजन, ससुर आदि के सामने मैं लाजवश देहली नहीं देखती थी, उनके सामने मैं सिर से आंचल हटाकर घूमती हूं। सास, ननद मुझे घर-घर लिए घूमती फिरती हैं और सबसे यही कहती हैं कि बताओ इसको कौन-सा रोग हुआ है। टोना-टोटका करती हैं। मंत्र का जाप करती हैं, ताबीज बांधती हैं और देवताओं की पूजा-अराधना करती हैं। मैं कहां तक कहूं, कुछ कहते नहीं बन पड़ रहा। संसार की सारी चीजें मुझे पीड़ादायक ही लगती हैं। सूरदास कहते हैं कि मैं तो श्याम-रस के स्वाद का लोभी हूं। जो इस रस को चखता है वही इसका मर्म जानता है, दूसरा तो श्याम-रस में डूबे हुए को रोगी ही समझता है।

जब तैं आँगन खेलत देख्यौ, मैं जसुदा कौ पूत री।
तब तैं गृह सौं नातौं टूटयौ, जैसें काँचौं सूत री॥
अति बिसाल बारिज-दल-लोचन, राजति काजर-रेख री।
इच्छा सौं मकरंद लेत मनु अलि गोलक के बेष री॥
स्रवन सुनत उतकंठ रहत हैं, जब बोलत तुतरात री।
उमँगै प्रेम नैन-मग ह्वै कै, कापै रोक्यौ जात री॥
दमकति दोउ दूध की दँतियाँ, जगमग जगमग होति री॥
मानौ सुंदरता-मंदिर मैं रूप-रतन की ज्योति री॥
सूरदास देखैं सुंदर मुख, आनँद उर न समाइ री।
मानौ कुमद कामना-पूरन, पूरन इंदुहिं पाइ री॥

जब से आंगन में गोविन्द को खेलते हुए देखा है तब से ही घर से नाता ऐसे टूट गया है जैसे कच्चा धागा टूट जाता है। गोविन्द के विशाल कमल दल नयनों में काजल की रेखा ऐसी शोभित हो रही है जैसे नेत्र-गोलक का रूप धर कर भौंरे बड़े चाव से मकरंद का पान कर रहे हैं गोविंद जब तुतला कर बोलते हैं, तब कान उस मधुर आवाज को सुनने के लिए व्याकुल हो जाते हैं और आंखों के रास्ते से प्रेम प्रकट होने लगता है। भला कौन इन प्रेम के आंसुओं को रोक सकता है। गोविन्द के आगे के दूध के दांत यूं दमकते हैं और जगमगाते हैं मानो सौंदर्य मंदिर में रूप-रतन की ज्योति जल रही हो। सूरदास कहते हैं कि गोविन्द का सुन्दर मुख देखकर हृदय में आनंद समाता नहीं है मानो पूनम के चांद को पाकर कुमुदिनी की अभिलाषा पूरी हो गई हो।

जसोदा, तेरौ चिरजीवहु गोपाल।
बेगि बढ़ै बल सहित बिरध लट, महरि मनोहर बाल॥
उपजि परयौ सिसु कर्म-पुन्य-फल, समुद-सीप ज्यौं लाल।
सब गोकुल कौ प्रान-जीवन-धन, बैरिन कौ उर-साल॥
सूर कितौ सुख पावत लोचन, निरखत घुटुरुनि चाल।
झारत रज लागे मेरी अँखियनि रोग-दोष-जंजाल॥

यशोदा मैया! तुम्हारे गोपाल की उम्र लम्बी हो। तुम्हारा गोविन्द बलराम के साथ तीव्र गति से बड़ा हो और इसकी लम्बी आयु हो। कई जन्मों का ही यह फल है कि ऐसा लाल तुम्हें मिला है मानो सीप में मोती की जगह लाल मिल गया हो। यह गोविन्द पूरे गोकुल प्राण, जीवन और धन है और दुश्मनों के हृदय का कांटा है। सूरदास कहते हैं कि गोविन्द का घुटनों के बल चलना देखकर आंखें कितना तृप्त और धन्य हो जाती हैं। असीम सुखों का आनंद मिलता है। गोविन्द के सारे दोष, रोग, जंजाल मेरी इन आंखों को लग जाए ताकि गोविन्द का कुछ बुरा ही न हो।

मैं मोही तेरैं लाल री।
निपट निकट ह्वै कै तुम निरखौ, सुंदर नैन बिसाल री॥
चंचल दृग अंचल-पट-दुति-छबि, झलकत चहुँ दिसि झाल री।
मनु सेवाल कमल पर अरुझे, भँवत भ्रमर भ्रम-चाल री॥
मुक्ता-बिद्रुम-नील-पीत-मनि, लटकत लटकन भाल री।
मानौ सुक्र-भौम-सनि-गुरु मिलि, ससि कैं बीच रसाल री॥

उपमा बरनि न जाइ सखी री, सुंदर मदन-गोपाल री।
सूर स्याम के ऊपर वारै तन-मन-धन ब्रजबाल री।।

गोपी यशोदा मैया से कहती हैं कि यशोदा मैया! मैं तो तुम्हारे गोविन्द पर मोहित हो गई हूं। बिल्कुल नजदीक आकर गोविन्द के विशाल नयन को तो देखो। गोविन्द की चंदल आंखें हैं, तुम्हारे आंचल से झलकता इसका मुख अत्यंत ही सुन्दर लग रहा है और इसके मुख के चारों तरफ केश राशि यूं लाक रही है जैसे सेवाल में फंसे कमल पर भौंरे मंडरा रहे हों। मोती, मूंगा, नीलम तथा फिरोजा के माणिक्य से शोभित लटकन माथे पर यूं झूल रही है, जैसे शुक्र, सूर्य, शनि, गुरु मिलकर चन्द्रमा के मध्य इकट्ठा होकर विराजमान हों। हे सखि! गोविन्द के सौंदर्य की उपमा का बखान नहीं हो सकता। सूरदास कहते हैं कि सुंदर गोविंद के ऊपर गोकुल की स्त्रियां अपना तन, मन, धन वार देती हैं।

कल बल कै हरि आरि परे।
नव रँग बिमल नवीन जलधि पर, मानहुँ द्वै ससि आनि अरे।।
जे गिरि कमठ सुरासुर सर्पहिं धरत न मन मैं नैंकु डरे।
ते भुज भूषन-भार परत कर गोपिनि के आधार धरे।।
सूर स्याम दधि-भाजन-भीतर निरखत मुख मुख तैं न टरे।
बिबि चंद्रमा मनौ मथि काढ़े, बिहँसनि मनहुँ प्रकास करे।।

गोविन्द तुतलाते हुए उछल रहे हैं। दही का मटका थामे वे ऐसे दिख रहे हैं मानो नये रंग के पवित्र क्षीरसागर दो चन्द्रमा आकर ठहर गया हों। जिस प्रभु ने समुद्र मंथन के समय मंदराचल पर्वत को, कच्छप को, देवताओं, दैत्यों और वासुकि नाग को धारण करते समय मन में थोड़ा-सा भी भय नहीं आने दिया आज वही प्रभु की भुजा आभूषण के भार से गिरी जा रही है और उन्हें गोपियों की भुजा का सहारा लेना पड़ रहा है। सूरदास कहते हैं कि दही के मटके के अंदर अपनी छाया देखकर गोविन्द यशोदा मैया के मुख के पास से अपना मुख नहीं हटा रहे हैं। यूं जान पड़ता है जैसे क्षीरसागर को मथकर दो चंद्रमा बाहर निकल आए हैं। गोविंद का विहंसना ही जैसे चंद्रमा की रोशनी हो रहा है।

जब दधि-मथनी टेकि अरै।
आरि करत मटुकी गहि मोहन, वासुकि संभु डरे।।
मंदर डरत, सिंधु पुनि काँपत, फिरि जनि मथन करै।
प्रलय होइ जनि गहौं मथानी, प्रभु मरजाद टरै।।

सुर अरु असुर ठाढ़े सब चितवत, नैननि नीर ढरै।
सूरदास मन मुग्ध जसोदा, मुख दधि-बिंदु परै॥

जब गोविंद मथनी पकड़कर हठ कर बैठे तब वे मटका थामकर अत्यंत ही रोमांचित थे लेकिन सदाशिव और वासुकि भयभीत थे, मंदराचल डर गया, सागर थरथराने लगा कि प्रभु दोबारा समुद्र मंथन न शुरु कर दें। वे सब मन-ही-मन विनती करने लगे कि मथनी न पकड़िए। प्रलय न कहीं हो जाए, ऐसे तो संसार का अस्तित्व ही मिट जाएगा। देवता और असुर खड़े-खड़े देख रहे हैं और उनकी आंखों से आंसू बह रहे हैं। सूरदास कहते हैं कि देवता और असुरों के लिए यह भय का कारण भले ही हो, पर गोकुल में इस तरह का कोई भय नहीं है। दही मथने से गोविंद के मुख पर दही के जो छींटे आकर पड़े हैं इस छवि को देखकर यशोदा मैया मंत्रमुग्ध हैं।

जब मोहन कर गही मथानी।
परसत कर दधि-माट, नेति, चित उदधि, सैल, बासुकि भय मानी॥
कबहुँक तीनि पैग भुव मापत, कबहुँ देहरि उलँघि न जानी।
कबहुँक सुर-मुनि ध्यान न पावत, कबहुँ खिलावति नंद की रानी।
कबहुँक अमर-खीर नहिं भावत, कबहुँक दधि-माखन रुचि मानी।
सूरदास प्रभु की यह लीला, परति न महिमा सेष बखानी॥

जब गोविन्द ने दही की मथनी अपने हाथ में ली तब मटके तथा रस्सी में उनके हाथ लगते ही क्षीरसागर, मन्दराचल, वासुकि के मन में भय उत्पन्न हो गया। कभी तो वे तीन पग में संसार को नाप लेते हैं, और कभी देहली लांघनी नहीं जानते। कभी तो सुर-मुनि कठोर तप के बाद भी इनका आदि-अंत नहीं पाते और कभी यशोदा मैया इन्हें पालने में झुलाती-खेलाती हैं। कभी तो देवताओं की खीर इन्हें नहीं भाती और कभी दही-माखन भाता है। सूरदास कहते हैं कि मेरे प्रभु की तो यह लीला है। उनकी महिमा का बखान तो शेषनाग भी स्वयं नहीं कर पाते।

जब दधि-रिपु हरि हाथ लियौ।
खगपति-अरि डर, असुरनि-संका, बासर-पति आनंद कियौ॥
बिदुखि-सिंधु सकुचत, सिव सोचत, गरलादिक किमि जात पियौ?
अति अनुराग संग कमला-तन, प्रफुलित अँग न समात हियौ॥

एकनि दुख, एकनि सुख उपजत, ऐसौ कौन बिनोद कियौ।
सूरदास प्रभु तुम्हरे गहत ही एक-एक तैं होत बियौ॥

जब गोविन्द ने मथनी हाथ में पकड़ी तब वासुकि नाग भयभीत हो गए, असुरों के मन में शंका हो गई लेकिन सूर्य को प्रसन्नता हुई कि अब सृष्टि का विनाश होगा और मेरा अब यह रात-दिन का घूमना बंद होगा। दु:खित सागर डर गया, शिवजी सोच में पड़ गए कि एक बार फिर मुझे विषपान करना पड़ेगा। उस बार तो किसी तरह से विषपान कर लिया था। लेकिन लक्ष्मी जी यह सोचकर आनंदित हो रही हैं, उनका अंग-अंग मुस्करा उठा है कि श्रीहरि से फिर मेरा विवाह होगा। प्रभु मेरा फिर से वरण करेंगे। उनका अंग खुशी के मारे फूले नहीं समाता है। प्रभु ने यह कैसा विनोद किया है, एक को खुशी हो रही है और एक को दु:ख हो रहा है ? सूरदास कहते हैं कि मेरे प्रभु! आपके हाथ में मथनी आते ही एक-एक करके एक अलग ही तरह के समुद्र मंथन का दृश्य सामने आ गया है। आपका यह कैसा बाल विनोद है?

नंद जू के बारे कान्ह, छाँड़ि दै मथनियाँ।
बार-बार कहति मातु जसुमति नँदरनियाँ॥
नैंकु रहौ माखन देउँ मेरे प्रान-धनियाँ।
आरि जनि करौ, बलि-बलि जाउँ हौं निधनियाँ॥
जाकौ ध्यान धरैं सबै, सुर-नर-मुनि जनियाँ।
ताकौ नँदरानी मुख चूमै लिए कनियाँ॥
सेष सहस आनन गुन गावत नहिं बनियाँ।
सूर स्याम देखि सबै भूलीं गोप-धनियाँ॥

यशोदा मैया बार-बार कहती हैं कि नंदराज के दुलारे कन्हैया, मथनी को छोड़ दो। मेरे मानधन, जरा ठहर जाओ। तुझे अभी माखन निकालकर देती हूं। जिद न करो। मैं भिखारिन तुझ पर बार-बार न्यौछावर हूं। जिसका सुर, नर, मुनि सब ध्यान लगाया करते हैं, उसी को अंक में समेट कर यशोदा मैया उसका मुख चूम रही हैं शेष नाम जिसके गुणों का बखान अपने हजार मुखों से नहीं कर पाते हैं, उसी गोविन्द को देखकर व्रज की स्त्रियां अपनी सुध-बुध खो बैठी है।

जसुमति दधि मथन करति, बैठे बर धाम अजिर,
ठाढ़े हरि हँसत नान्हि दँतियनि छबि छाजै।

चितवत चित लै चुराइ, सोभा बरनि न जाइ,
मनु मुनि-मन-हरन-काज मोहिनी दल साजै॥
जननि कहति नाचौ तुम, दैहों नवनीत मोहन,
रुनक-झुनक चलत पाइ, नूपुर-धुनि बाजै।
गावत गुन सूरदास, बढ़यौ जस भुव-अकास,
नाचत त्रैलोकनाथ माखन के काजै॥

यशोदा मैया पवित्र नंद-भवन में बैठकर दही मथ रही हैं। गोविन्द उनके पास में ही खड़े हैं और हंस रहे हैं। उनके छोटे-छोटे दांतों की शोभा देखने लायक है। देखते ही वे मन को वश में कर लेते हैं। यह शोभा अवर्णनीय है। यूं लगता है जैसे मुनियों का मन वश में करने के लिए सुन्दर अप्सराओं का दल सुसज्जित हुआ है यशोदा मैया लला से कहती हैं कि मेरे गोविन्द, नाचकर दिखाओ, तब तुम्हें मक्खन दूंगी। गोविन्द ने नाचना शुरू कर दिया। चलने से पांव में बंधे घुंघरू रुनझुन बजने लगे। सूरदास गोविन्द के गुणों की प्रंशसा करते हैं कि गोविन्द! आपका भक्तों के प्रति यह स्नेह पृथ्वी और आकाश में आपकी सुकीर्ति के रूप में मशहूर हो गया है कि भक्तवत्सल भगवान माखन के लिए नृत्य कर रहे हैं। आप धन्य हैं त्रिलोकीनाथ।

(एरी) आनँद सौं दधि मथति जसोदा, घमकि मथनियाँ घूमै।
निरतत लाल ललित मोहन, पग परत अटपटे भू मैं॥
चारु चखौड़ा पर कुंचित कच, छबि मुक्ता ताहू मैं।
मनु मकरंद-बिंदु लै मधुकर, सुत प्यावन हित झूमै॥
बोलत स्याम तोतरी बतियाँ, हँसि-हँसि दतियाँ दूमै।
सूरदास वारी छबि ऊपर, जननि कमल-मुख चूमै॥

गोपिया आपस में बातें कर रही हैं कि सखि! यशोदा मैया अति हर्षित-मन से दही मथ रही हैं। उनकी मथनी घर्र-घर्र करती हुई घूम रही है। मनभावन गोविन्द नृत्य कर रहे हैं। धरती पर उनके पांव उलटे सीधे पड़ रहे हैं। उनके माथे पर काजल का टीका है, जिस पर घुंघराली केशराशि लटक रही है और उसमें मोती सुशोभित हो रही है। यह शोभा देखकर यूं लगता है मानो भौंरा फूलों का रस चूसकर उसे अपने पुत्र को पिलाने के लिए झूम रहे हैं। गोविन्द तोतली आवाज में बात करते हैं और हंस-हंस कर दोनों दांत दिखा रहे हैं। सूरदास कहते हैं कि गोविन्द के सौंदर्य पर मोहित हुई यशोदा मैया उनके कमल-मुख को चूम लेती हैं।

त्यौं-त्यौं मोहन नाचै ज्यौं-ज्यौं रई-घमरकौ होइ (री)।
तैसियै किंकिनि-धुनि पग-नूपुर, सहज मिले सुर दोइ (री)॥
कंचन कौ कठुला मनि-मोतिनि, बिच बघनहँ रह्यौ पोइ (री)॥
देखत बनै, कहत नहिं आवै, उपमा कौं नहिं कोइ (री)॥
निरखि-निरखि मुख नंद-सुवन कौ, सुर-नर आनँद होइ (री)।
सूर भवन कौ तिमिर नसायौ, बलि गइ जननि जसोइ (री)॥

दही मथने की आवाज जैसे जैसे बढ़ती जा रही है, वैसे-वैसे गोविन्द नृत्य कर रहे हैं। कमर की करधनी और पांवों के घुंघरू दोनों के बजने के स्वर आपस में घुल-मिल गये हैं। गोविन्द के गले में सोने का कठला है, मणि और मोतियों की माला के मध्य में बघनखा गुंथा हुआ है। यह शोभा देखते बन रही है। कहना मुश्किल है, इसकी कोई उपमा नहीं हो सकती। देवता और मनुष्य गोविन्द का मुख देख-देखकर मन-ही-मन आनंदित हो रहे हैं। सूरदास कहते हैं कि गोविन्द अपनी दिव्य रोशनी से भवन के अंधकार को दूर कर चुके हैं यशोदा मैया गोविन्द की इस छवि पर न्यौछावर हैं।

गोद खिलावति कान्ह सुनी, बड़भागिनि हो नँदरानी।
आनँद की निधि मुख जो लाल कौ, छबि नहिं जाति बखानी॥
गुन अपार बिस्तार परत नहिं कहि निगमागम-बानी।
सूरदास प्रभु कौं लिए जसुमति, चितै-चितै मुसुकानी॥

सुना है कि बड़भागिन यशोदा मैया कान्हा को गोद में लेकर खिलाती हैं। गोविन्द का मुख आनंद की निधि है, जिसकी छवि का बखान नहीं किया जा सकता। गोविन्द के गुण अपरंपार है। शास्त्र-वेद भी उनके विस्तार का निर्धारण नहीं कर सकते हैं। सूरदास कहते हैं कि मेरे ऐसे गोविन्द को अपनी गोद में लेकर यशोदा मैया मन-ही-मन मुस्करा रही हैं। उनकी प्रसन्नता का कोई अंत नहीं।

प्रात समय दधि मथति जसोदा,
अति सुख कमल-नयन-गुन गावति।
अतिहिं मधुर गति, कंठ सुघर अति,
नंद-सुवन चित हितहि करावति॥
नील बसन तनु, सजल जलद मनु,
दामिनि बिवि भुज-दंड चलावति।

चंद्र-बदन लट लटकि छबीली,
मनहुँ अमृत रस ब्यालि चुरावति॥
गोरस मथत नाद इक उपजत,
किंकिनि-धुनि सुनि स्रवन रमावति।
सूर स्याम अँचरा धरि ठाढ़े,
काम कसौटी कसि दिखरावति॥

सुबह की बेला में यशोदा मैया दही भी मथ रही हैं और अपने कमल-नयन गोविन्द का गुणगान भी कर रही हैं। अत्यंत ही सधे हुए गले से मधुर आवाज में गोविंद में मन को लगाए हुए वे गा रही हैं। यशोदा मैया के शरीर पर नीला परिधान यूं लग रहा है मानो जल भरे बादल हों। यशोदा मैया बिजली की गति से भी तेज दोनों बांहों को चला रही हैं। उनके चन्द्रमुख पर सुंदर केशराशि यूं लटकी हुई है मानो सर्पिनियां अमृतरस को चुरा रही हों। दही मथते समय बस मथनी की ही आवाज हो रही है और उस आवाज को सुनकर उनके कान आनंदित हो रहे हैं अर्थात उनके सुर उस ध्वनि से मिल गये हैं। सूरदास कहते हैं कि गोविन्द मैया का आंचल थामकर खड़े हैं मानो कामदेव को चुनौती दे रहे हों कि क्या वह इतना खूबसूरत है?

कहन लागे मोहन मैया-मैया।
नंद महर सौं बाबा-बाबा, अरु हलधर सौं भैया॥
ऊँचे चढ़ि-चढ़ि कहति जसोदा, लै लै नाम कन्हैया।
दूरि खेलन जनि जाहु लला रे, मारैगी काहु की गैया॥
गोपी-ग्वाल करत कौतूहल, घर-घर बजति बधैया।
सूरदास प्रभु तुम्हरे दरस कौ, चरननि की बलि जैया॥

गोविन्द 'मैया-मैया' बोलने लगे हैं और नंदबाबा को 'बाबा-बाबा' कहने लगे हैं। बलराम को भैया कहने लगे हैं। यशोदा मैया ऊंची अटारी पर चढ़कर बोलती हैं कि कन्हैया! दूर खेलने मत जाना। किसी की गाय मार देगी गोपी-ग्वाल आपस में विनोद करते हैं और घर-घर बधाव बज रहा है। सूरदास कहते हैं कि मेरे प्रभु! मैं आपका दर्शन पाने के लिए आपके चरणकमलों पर बलि-बलि जाऊं।

माखन खात हँसत किलकत हरि, पकरि स्वच्छ घट देख्यौ।
निज प्रतिबिंब निरखि रिस मानत, जानत आन परेख्यौ॥

मन मैं माख करत, कछु बोलत, नंद बबा पै आयौ।
वा घट मैं काहू कै लरिका, मेरौ माखन खायौ।।
महर कंठ लावत, मुख पोंछत चूमत तिहि ठाँ आयौ।
हिरदै दिए लख्यौ वा सुत कौं, तातैं अधिक रिसायौ।।
कह्यौ जाइ जसुमति सौं ततछन, मैं जननी! सुत तेरौ।
आजु नंद सुत और कियौ, कछु कियौ न आदर मेरौ।।
जसुमति बाल-बिनोद जानि जिय, उहीं ठौर लै आई।
दोउ कर पकरि डुलावन लागी, घट मैं नहिं छबि पाई।।
कुँवर हँस्यौ आनंद-प्रेम बस, सुख पायौ नँदरानी।
सूर प्रभु की अद्‌भुत लीला जिन जानी तिन जानी।।

गोविन्द माखन खाते हुए हंसते जा रहे हैं, किलकारी मारते जा रहे हैं, तभी पानी से भरा एक घड़ा पकड़ कर गोविन्द ने देखा। अपनी छाया उसमें देखकर खीझ गए और उन्हें लगा कि कोई दूसरा उनके जैसा ही माखन चोर है। मन में ईर्ष्या करते हुए, कुछ बोलते हुए वे नंदबाबा के पास आ गए और कहने लगे–उस घड़े में किसका लड़का है, जिसने मेरा माखन खा लिया है? नंदबाबा ने गोविन्द को गले से लगा लिया, मुख पोंछा, चूमा और वहां पर चले आए। गोविंद को गोद में लिए नंदबाबा ने उस घड़े में झांका तो यह छवि घड़े में देखकर वो और भी अधिक क्रोधित हो गए। उस समय यशोदा मैया से आकर कहा कि मैया, मैं तेरा बेटा हूं। आज नंदबाबा ने तो किसी दूसरे को अपना बेटा बना लिया। मेरा जरा-सा भी आदर नहीं किया। यशोदा इस बाल विनोद को सुनकर गोविन्द को उस घड़े के पास ले आयीं और दोनों हाथ से घड़े को पकड़ कर हिलाते-डुलाने लगीं, इससे घड़े में गोविन्द की छवि नजर नहीं आयी। यह देखकर गोविंद आनंदित होकर प्रेमवश हंस दिए। यशोदा भी उनके साथ-साथ हंस पड़ीं। सूरदास कहते हैं कि प्रभु की लीला अद्‌भुत है। जो उन्हें जानते हैं, वे ही उन्हें जान पाते हैं।

बेद-कमल-मुख परसति जननी, अंक लिए सुत रति करि स्याम।
परम सुभग जु अरुन कोमल-रुचि, आनंदित मनु पूरन-काम।।
आलंबित जु पृष्ठ बल सुंदर परसपरहि चितवत हरि-राम।
झाँकि-उझकि बिहँसत दोऊ सुत, प्रेम-मगन भइ इकटक जाम।।
देखि सरूप न रही कछू सुधि, तोरे तबहिं कंठ तैं दाम।
सूरदास प्रभु-सिसु-लीला-रस, आवहु देखि नंद सुख-धाम।।

यशोदा मैया ने गोविन्द को गोद में लिया है और उनके वेदमय कमल-मुख को अपने दोनों हाथों से स्पर्श कर रही हैं। गोविन्द का मुख बहुत सुंदर है, सूर्य के समान लाल और बहुत मुलायम है, जिसे प्रेमवश छूकर मैया मन-ही-मन प्रसन्न हो रही हैं, मानो उनके सारे मनोरथ पूरे हो गए। मैया की पीठ के सहारे सुनकर बलराम जी बैठे हैं। बलराम और गोविन्द एक-दूसरे को देख रहे हैं। झांक कर, झुक कर दोनों एक-दूसरे को देख-देखकर विहंस रहे हैं। यह सुन्दर मनोहर दृश्य मैया आनंद में डूबी प्रहर भर से निश्‍चिंत भाव से देख रही हैं। उन्हें अपनी सुध नहीं है, तभी दोनों ने खेलते-खेलते मैया के गले में जो माला थी, उसे तोड़ दी। सूरदास कहते हैं कि मेरे गोविन्द की बाल-लीला जो देखना चाहते हैं, वे नंदबाबा के आनंदमय भवन में आ जाएं।

सोभा मेरे स्यामहि पै सोहै।
बलि-बलि जाउँ छबीले मुख की, या उपमा कौं को है।।
या छबि की पटतर दीबे कौं सुकबि कहा टकटोहै?
देखत अंग-अंग प्रति बानक, कोटि मदन-मन छोहै।।
ससि-गन गारि रच्यौ बिधि आनन, बाँके नैननि जोहै।
सूर स्याम-सुंदरता निरखत, मुनि-जन कौ मन मोहै।।

शोभा तो मेरे गोविन्द पर ही खिलती है। उनके छबीले मुख पर बलि-बलि जाऊं, जिसके सौंदर्य की उमपा दी जा सके, वैसा सौंदर्य किसके पास है? किसी के भी पास ऐसा सौंदर्य नहीं है। इस छवि की तुलना में दूसरी छवि को रखने के लिए कवि बेकार में ही इधर-उधर हाथ मारता है। गोविन्द के अंग-अंग की शोभा देखकर करोड़ों कामदेवाओं का मन मंत्र-मुग्ध हो जाता है। यूं जान पड़ता है जैसे ब्रह्मा ने अनेक चंद्रमाओं को निचोड़कर गोविंद के मुख की रचना की है। गोविन्द बांके नयनों से देख रहा है । सूरदास कहते हैं कि गोविन्द के सौंदर्य को देखकर मुनियों का मन भी उनके वश में नहीं रहता है।

बाल गुपाल! खेलौ मेरे तात।
बलि-बलि जाउ मुखारबिंद की, अमिय-बचन बोलौ तुतरात।।
दुहुँ कर माट गाह्यौ नँदनंदन, छिटकि बूँद-दधि परत अघात।
मानौ गज-मुक्ता मरकत पर, सोभित सुभग साँवरे गात।।
जननी पै माँगत जग-जीवन, दै माखन-रोटी उठि प्रात।
लोटत सूर स्याम पुहुमी पर, चारि पदारथ जाकैं हाथ।।

मेरे बाल गोपाल, तुम खेलो। माता यशोदा कहती हैं कि मैं तुम्हारे कमलवत् मुख पर न्यौछावर हूं। तुतलाकर अमृत-वचन बोलो। गोविन्द ने दोनों हाथ से दही के मटके को पकड़ रखा है और दही मथने के काण दही के छींके उनके मुख पर पड़ रहे हैं। ये छींटे उनके श्याम वर्ण पर यूं सुंदर लग रहे हैं मानो नीलम पर गजमुक्ता सुशोभित हो रहा हो। जगत के स्वामी गोविन्द सुबह-सुबह मैया से माखन-रोटी मांग रहे हैं। सूरदास कहते हैं कि धर्म, अर्थ, काम, मोक्ष—ये चारों पदार्थ जिस गोविन्द के हाथ में हैं, वे माखन-रोटी के लिए खीझकर आंगन में लोट रहे हैं।

पलना झूलौ मेरे लाल पियारे।
सुसकनि की वारी हौं बलि-बलि, हठ न करहु तुम नंद-दुलारे॥
काजर हाथ भरौ जनि मोहन ह्वैहैं नैना अति रतनारे।
सिर कुलही, पग पहिरि पैजनी, तहाँ जाहु जहँ नंद बबा रे॥
देखत यह विनोद धरनीधर, माता पिता बलभद्र ददा रे।
सुर-नर-मुनि कौतूहल भूले, देखत सूर सबै जु कहा रे॥

यशोदा मैया कहती हैं कि मेरे लाल! पालने में झूलो। तेरे इस सिसकने पर मैं न्यौछावर हूं। हे नंददुलारे! तुम हठ न करो। मेरे मोहन! आंखों को मल-मलकर हाथ काजल से गंदा मत करो। आंखें इस तरह से मलने से लाल हो जाएंगी। सिर पर टोपी और पांवों में पैंजनी डालकर वहां जाओ, वहां नंदबाबा बैठे हैं। पृथ्वीधर के इस विनोद को यशोदा, नंदबाबा और बलराम देख रहे हैं। सूरदास कहते हैं कि देव, मनुष्य, मुनि इस बाल-विनोद को देखकर सब कुछ भूल-भाल गए। सब देखते हैं कि गोविंद यह क्या कर रहे हैं?

क्रीड़त प्रात समय दोउ बीर।
माखन माँगत, बात न मानत, झँखत जसोदा-जननी तीर॥
जननी मधि, सनमुख संकर्षन खैंचत कान्ह खस्यो सिर-चीर।
मनहुँ सरस्वति संग उभय दुज, कल मराल अरु नील कँठीर॥
सुंदर स्याम गही कबरी कर, मुक्त-माल गही बलबीर।
सूरज भष लैबे अप-अपनौ, मानहुँ लेत निबेरे सीर॥

सुबह की अमृत बेला में दोनों भाई राम-बलराम खेल रहे हैं। माखन मांग रहे हैं और यशोदा मैया से झगड़ा कर रहे हैं तथा उनकी कोई भी बात सुनने को

तैयार नहीं है। यशोदा मैया मध्य में हैं, बलदाऊ उनके सामने हैं और पीछे से गोविन्द को खींचने से मैया के सिर से आंचल खिसक गया है। यूं जान पड़ता है जैसे सरस्वति के साथ बाल-हंस और बाल-मयूर-ये दोनों बाल-क्रीड़ा कर रहे हों। गोविन्द पकड़कर खींच रहे हैं और मोतियों की माला पकड़कर बलराम खींच रहे है। सूरदास कहते हैं कि मानो अपना-अपना भोजन सर्प और मोती लेने के लिए दोनों मोर और हंस अपने-अपने हिस्से का आहार खींच रहे हों। बलराम हंस है तो गोविन्द मोर हैं।

कनक-कटोरा प्रातहीं, दधि घृत सु मिठाई।
खेलत खात गिरावहीं, झगरत दोउ भाई।।
अरस-परस चुटिया गहैं, बरजति है माई।
महा ढीठ मानैं नहीं, कछु लहुर-बड़ाई।।
हँसि कै बोली रोहिनी, जसुमति मुसुकाई।
जगन्नाथ धरनीधरहिं, सूरज बलि जाई।।

सुबह-सुबह ही सोने के कटोरे में दही, मक्खन और मिठाइयां लेकर गोविन्द-बलराम खेल रहे हैं, खा रहे हैं और गिराते जा रहे हैं तथा आपस में झगड़ भी रहे हैं। मौका देखकर एक-दूसरे की चोटियां भी पकड़ लेते हैं। यशोदा मैया उनको ऐसा करने से मना कर रही हैं। इतने में हंसकर रोहिणी मैया बोलीं कि ये दोनों महा ढीठ हैं। छोटे-बड़े का कुछ भी अंतर नहीं समझे। इस पर यशोदा मैया मुस्करा पड़ीं। सूरदास कहते हैं कि मैं तो जगन्नाथ गोविंद ओर धरणीधर बलदाऊ पर न्यौछावर हूं।

गोपालराइ दधि माँगत अरु रोटी।
माखन सहित देहि मेरी मैया, सुपक सुकोमल रोटी।।
कत हौ आरि करत मेरे मोहन, तुम आँगन मैं लोटी?
जो चाहौ सो लेहु तुरतहीं, छाँड़ौ यह मति खोटी।।
करि मनुहारि कलेऊ दीन्हौ, मुख चुपरयौ अरु चोटी।
सूरदास कौ ठाकुर ठाढ़ौ, हाथ लकुटिया छोटी।।

गोविन्द दही और रोटी मांगते हैं। मैया! माखन के साथ मुलायम रोटी और दही दे। यशोदा मैया कहती हैं कि तुम क्यों हठ करते हो मेरे मोहन। तुम आंगन में क्यों लोट जाते हो, यह गंदी आदत छोड़ दो। जो चाहिए, उसे अभी लो लेकिन

यह खोटी आदत छोड़ दो। मनुहार कर के माता ने भोजन दिया, फिर मुख और बालों में तेल लगाया और चोटी गूंथी। सूरदास कहते हैं कि मेरे ठाकुर भोजन करने के उपरान्त हाथ में लकुटी लेकर खड़े हैं।

हरि-कर राजत माखन-रोटी।
मनु बारिज ससि बैर जानि जिय, गह्यौ सुधा ससुधौटी॥
मेली सजि मुख-अंबुज भीतर, उपजी उपमा मोटी।
मनु बराह भूधर सह पुहुमी धरी दसन की कोटी॥
नगन गात मुसकात तात ढिग, नृत्य करत गहि चोटी।
सूरज प्रभु की लहै जु जूठनि, लारनि ललित लपोटी॥

गोविन्द के हाथ में माखन-रोटी देखकर अच्छा लग रहा है मानो कमल ने चंद्रमा से अपना बैर समझकर चन्द्रमा से अमृत पात्र अपने हाथ में ले लिया है। हाथ में रोटी लेकर गोविंद ने दांतों से काटने के लिए कमलवत् मुख में रोटी डाली, इससे उनके मुख का सौंदर्य और बढ़ गया मानो गोविन्द ने पहाड़ों सहित धरती को अपने दांतों के अग्र भाग पर टांग रखा हो। नग्न-शरीर गोविन्द नंदबाबा के सामने मुस्कान लेते हुए अपनी चोटी पकड़कर नाचने में मस्त हैं। सूरदास कहते हैं कि मुझे अपने गोविन्द की अनुपम लार से सना जूठन कहीं मिल जाता तो मैं धन्य हो जाता।

दो भैया मैया पै माँगत, दै री मैया, माखन रोटी।
सुनत भावती बात सुतनि की, झूठहिं धाम के काम अगोटी॥
बल जू गह्यौ नासिका-मोती, कान्ह कुँवर गहि दृढ़ करि चोटी।
मानौ हंस-मोर भष लीन्हें, कबि उपमा बरनै कछु छोटी॥
यह छबि देखि नंद-मन-आनँद, अति सुख हँसत जात हैं लोटी।
सूरदास मन मुदित जसोदा, भाग बड़े, कर्मनि की मोटी॥

कृष्ण-बलराम दोनों भाई यशोदा मैया से देरे मैया माखन-रोटी' मांग रहे हैं मैया दोनों भाइयों की बातें सुन रही हैं और उनकी आवाज को सुनने के लिए झूठे ही घर के काम में व्यस्त हैं। इससे खीझकर बलराम ने नाक की मोती पकड़ ली है और कन्हैया ने चोटी कसकर पकड़ ली मानो हंस और मोर ने अपने-अपने आहार ले लिए हों। कवि ने इस छवि को जो उपमा दी है, वह कम ही है। यह दृश्य देखकर नंदबाबा मन-ही-मन आनंदित हैं

और अत्यंत सुख के साथ हंसते-हंसते लौट गए। सूरदास कहते हैं कि यशोदा मैया भी मन-ही-मन बहुत ही आनंदित हैं। वे बहुत ही भाग्यशालिनी हैं। उनके कर्म बहुत ही पवित्र हैं, जिन्हें यह सुख मिला हुआ है।

तनक दै री माइ, माखन तनक दै री माइ।
तनक कर पर तनक रोटी, मागत चरत चलाइ॥
कनक-भू पर रतन रेखा, नेति पकरयौ धाइ।
कँप्यौ गिरि अरु सेष संक्यौ, उदधि चल्यौ अकुलाइ॥
तनक मुख की तनक बतियाँ, बोलत हैं तुतराइ।
जसोमति के प्रान-जीवन, उर लियौ लपटाइ॥
मेरे मन कौ तनक मोहन, लागु मोहि बलाइ।
स्याम सुंदर नँद-कुँवर पर, सूर बलि-बलि जाइ॥

गोविन्द स्वयं चलकर मैया के पास आकर अपने छोटे हाथ पर छोटे-सी रोटी मांगते हैं और कहते हैं कि मैया जरा-सा मक्खन भी दे दो। सोने की भूमि पर जैसे नीलमरत्न की रेखा हो इस तरह से गोविन्द ने दौड़कर मथनी की रस्सी थाम ली। भगवान समुद्र-मंथन कहीं न करें, यह सोचकर मंदराचल कांप गया और शेषनाग चिंतित हो गए। समुद्र अकुला गया। गोविंद छोटे से मुख से छोटी-छोटी बात तुतलाकर बोलते हैं। गोविन्द यशोदा के मन-प्राण हैं। मैया ने उन्हें अपने हृदय से लगा लिया। मैया यशोदा कहती हैं कि मेरे मन को मुग्ध करने वाले मेरे नन्हे मुन्ने लाल। तुम्हारी सारी बलैया मुझे लग जाए। सूरदास कहते हैं कि मैं तो गोविन्द पर बलि-बलि जाऊं।

नैकु रहौ, माखन द्यौं तुम कौं।
ठाढ़ी मथति जननि दधि आतुर, लौनी नंद-सुवन कौं॥
मैं बलि जाउँ स्याम-घन-सुंदर, भूख लगी तुम्हैं भारी।
बात कहूँ की बूझति स्यामहि, फेर करत महतारी॥
कहत बात हरि कछू न समुझत, झूठहिं भरत हुँकारी।
सूरदास प्रभु के गुन तुरतहिं, बिसरि गई नँद-नारी॥

यशोदा मैया कहती हैं कि मेरे लाल गोविंद। जरा सब्र करो। मैं तुम्हें अभी माखन निकाल कर देती हूं। गोविंद को माखन देने के लिए खड़ी-खडी ही यशोदा दही मथने लगीं। फिर वे उनसे कहती हैं कि तुम्हें बहुत भूख लगी

है। मेरे श्याम धन सुंदर मैं तुम पर न्यौछावर हूं। यशोदा इस तरह से श्याम से बात कर रही है लेकिन श्याम कुछ समझते नहीं हैं। उन्हें तो भूख लगी है। बस झूठे ही 'हां-हूं' किए जा रहे हैं। सूरदास कहते हैं कि मेरे प्रभु के गुण और महिमा को यशोदा भुलाकर बस दही मथने में ही मग्न हो गयीं।

बातनिहीं सुत लाइ लियौ।
तब लौं मथि दधि जननि जसोदा, माखन करि हरि हाथ दियौ॥
लै-लै अधर परस करि जेंवत, देखत फूल्यौ मात-हियौ।
आपुहिं खात प्रसंसत आपुहि, माखन-रोटी बहुत प्रियौ॥
जो प्रभु सिव-सनकादिक दुर्लभ, सुत हित जसुमति-नंद कियौ।
यह सुख निरखत सूरज प्रभु कौ, धन्य-धन्य पल सुफल जियौ॥

यशोदा मैया ने गोविन्द को अपनी बातों में लगा लिया। इसी बीच यशोदा ने दही मथ लिया और गोविंद के हाथ पर माखन रख दिया। गोविन्द माखन होंठों से लगाकर खाने लगे। यशोदा मैया यह देखकर मन-ही-मन आनंदित हो रही है। गोविन्द स्वयं खा भी रहे हैं और प्रंशसा भी स्वयं ही कर रहे हैं। उन्हें माखन-रोटी बहुत ही प्रिय है। जो प्रभु शिव-सनकादि ऋषियों के लिए भी दुर्लभ हैं, उसी प्रभु को अपना बेटा बनाकर यशोदा व नंदबाबा लाड़-प्यार कर रहे हैं। सूरदास कहते हैं कि प्रभु की बाल-लीला देखकर मैं स्वयं को धन्य मानता हूं। बस जीवन का यही उद्देश्य है कि गोविन्द की बाल-लीला देखने को मिले।

दधि-सुत जामे नंद-दुवार।
निरखि नैन अरुझयौ मनमोहन, रटत देहु कर बारंबार॥
दीरघ मोल कह्यौ ब्यौपारी, रहे ठगे सब कौतुक हार।
कर ऊपर लै राखि रहे हरि, देत न मुक्ता परम सुढार॥
गोकुलनाथ बए जसुमति के आँगन भीतर, भवन मँझार।
साखा-पत्र भए जल मेलत, फूलत-फरत न लागी बार॥
जानत नहीं मरम सुर-नर-मुनि, ब्रह्मादिक नहिं परत बिचार।
सूरदास प्रभु की यह लीला, ब्रज-बनिता पहिरे गुहि हार॥

नंदबाबा के द्वार पर मोती उग आए हैं। व्यापारी मोतियों का हार बेचने आया था। गोविन्द हार देखकर रीझ गए और कहने लगे कि मेरे हाथ में दो। लेकिन व्यापारी ने बहुत अधिक दाम बताया, सब लोग आश्चर्य से हार को देखकर ठगे से रह गए। गोविन्द ने हार को अपने हाथ में ले लिया और वे उस मोतियों के सुन्दर हार को देने के लिए तैयार न हुए। गोकुलनाथ यानी गोविंद ने आंगन में और भवन में हार तोड़कर मोतियों को बो दिए। गोविंद के जल देते ही मोतियां अंकुरित हो आयीं और उनमें डालियां तथा पत्ते निकल आए और फूल फलने में देर न लगी। सूरदास कहते हैं कि मेरे प्रभु की इस लीला का भेद सुर, नर, मुनि, ब्रह्मा आदि नहीं जान पाए लेकिन व्रज की स्त्रियों ने तो उन मोतियों को गुंथकर मालाएं भी बनायीं और उन्हें गले में धारण भी किया।

कजरी कौ पय पियहु लाल, जासौं तेरी बेनि बढ़ै।
जैसें देखि और ब्रज-बालक, त्यौं बल-बैस चढ़ै॥
यह सुनि कै हरि पीवन लागे, ज्यों-त्यों लयौ लढ़ै।
अँचवत पय तातौ जब लाग्यौ, रोवत जीभि डढ़ै॥
पुनि पीवतहीं कच टकटोरत, झूठहिं जननि रढ़ै।
सूर निरखि मुख हँसति जसोदा, सो सुख उर न कढ़ै॥

यशोदा मैया गोविंद को समझा रही हैं, कि लला! कजरी गाय का दूध पियो, इससे तेरी चोटी बढ़ेगी। जैसे व्रज के दूसरे बालक हैं, वैसे ही तुम्हारा भी बल और आयु बढ़ जाएगी। इतना सुनना था कि गोविन्द दूध पीने लगे। जैसे-जैसे मैया ने लाड़-दुलार जताया वैसे-वैसे दूध पीने की इच्छा भी बढ़ती ही गई। लेकिन जब दूध गरम लगा तब जीभ जल जाने से खीझ गए। इसके बाद चोटी टटोलने लगे कि चोटी बढ़ी भी है या मैया यूं ही कह रही हैं। सूरदास कहते हैं कि यशोदा मैया गोविंद का मुख देखकर हंस रही हैं। यह सुख उनके हृदय से बाहर नहीं हो पा रहा।

मैया, कबहिं बढ़ैगी चोटी?
किती बार मोहि दूध पियत भइ, यह अजहूँ है छोटी॥
तू जो कहति बल की बेनी ज्यौं, ह्वैहै लाँबी-मोटी।
काढ़त-गुहत-न्हवावत जैहै नागिनि-सी भुइँ लोटी॥

काँचौ दूध पियावति पचि-पचि, देति न माखन-रोटी।
सूरज चिरजीवौ दोउ भैया, हरि-हलधर की जोटी।।

गोविंद कह रहे हैं कि मैया! मेरी चोटी कब बढ़ेगी? मुझे दूध पीते कितने दिन हो गए लेकिन यह आज भी छोटी ही है। तू जो कहती है कि यह बलराम की चोटी जैसी लंबी और मोटी हो जाएगी और कंघी करते, गूंथते, नहाते नागिन के समान धरती में लोटने लगेगा। तू तो मुझे बार-बार कच्चा दूध पिलाती है और मखन-रोटी देती नहीं है। सूरदास कहते हैं कि कृष्ण-बलराम की जोड़ी परम कल्याणकारी है। दोनों भाई दीर्घायु हों।

मैया, मोहि बड़ौ करि लै री।
दूध-दही-घृत-मखन-मेवा, जो माँगौ सो दै री।।
कछू हौंस राखै जनि मेरी, जोइ-जोइ मोहि रुचै री।
होउँ बेगि मैं सबल सबनि मैं, सदा रहौं निरभै री।।
रंगभूमि मैं कंस पछारौं, घीसि बहाऊँ बैरी।
सूरदास स्वामी की लीला, मथुरा राखौं जै री।।

गोविन्द कहते हैं कि मैया, मुझे बड़ा कर दो। दूध, दही, घी, माखन, मेवा जो भी मैं मांगू मुझे दे दो। मेरा कोई भी इच्छा अधूरी मत रखो, जो-जो मुझे अच्छा लगे दे दो, जिससे मैं शीघ्र ही सबसे अधिक बलवान हो जाऊं और सबसे ही निर्भय होकर रहूं। रणभूमि में मैं कंस को पछाड दूं और उस बैरी को घसीट कर समाप्त कर दूं और मथुरा को जीत सकूं। मैया कुछ ऐसा भोजन मुझे दिया करो। सूरदास कहते हैं कि यह तो मेरे प्रभु की लीला ही है।

हरि अपनैं आँगन कछु गावत।
तनक-तनक चरननि सौं नाचत, मनहीं मनहि रिझावत।।
बाँह उठाइ काजरी-धौरी गैयनि ठेरि बुलावत।
कबहुँक बाबा नंद पुकारत, कबहुँक घर मैं आवत।।
माखन तनक आपनैं कर लै, तनक बदन मैं नावत।
कबहुँ चितै प्रतिबिंब खंभ लौनी लिए खवावत।।
दुरि देखति जसुमति यह लीला, हरष अनंद बढ़ावत।
सूर स्याम के बाल-चरित्र, नित-नितहीं देखत भावत।।

गोविंद अपने आंगन में कुछ गा रहे हैं। छोटे-छोटे पैरों से नाच रहे हैं और स्वयं को मन-ही-मन रिझा रहे हैं। बांह उठाकर कभी कजरी, धौरी आदि गायों को नाम लेकर बुला रहे हैं, कभी नंदबाबा को पुकार रहे हैं कभी घर में आते हैं। अपने हाथ पर थोड़ा माखन लेकर अपने छोटे से मुख में डालते हैं। कभी मणियुक्त खम्भे में अपनी छाया देखकर मक्खन उसे चटाते हैं। दूर खड़ी यशोदा मैया यह लीला देख रही हैं। उनके हर्ष की कोई सीमा नहीं है। सूरदास कहते हैं कि श्याम की बाल-लीला पल-पल देखने में मन को भाती है।

आजु सखी, हौं प्रात समय दधि मथन उठी अकुलाइ।
भरि भाजन मनि-खंभ निकट धरि, नेति लई कर जाइ॥
सुनत शब्द तिहिं छिन समीप मम हरि हँसि आए धाइ।
मोह्यौ बाल-बिनोद मोद अति, नैननि नृत्य दिखाइ॥
चितवनि चलनि हरयौ चित चंचल, चितै रही चित लाइ।
पुलकत मन प्रतिबिंब देखि कै, सबही अंग सुहाइ॥
माखन-पिंड बिभागि दुहूँ कर, मेलत मुख मुसुकाइ।
सूरदास-प्रभु-सिसुता को सुख, सकै न ह्रदय समाइ॥

यशोदा मैया अपनी किसी सखी से कहती हैं कि सखि! आज प्रातः होते ही मैं दही मथने के लिए उठ गई और मटके में दही डालकर मणिमय खम्भे के नजदीक मटका रखकर मैंने मथनी की रस्सी हाथ में ले ली। दही मथने की घर्र-घर्र की आवाज होते ही गोविन्द मुस्कराता हुआ मेरे पास आ गया। मुझे अपनी चंचल आंखों का नृत्य दिखलाकर और बाल सुलभ विनोद से उसने मुझे मंत्रमुग्ध कर दिया। उस चंचल श्याम ने अपने देखने के अंदाज और चलने के ढंग से मेरे मन को अपने वश में कर लिया। मणिमय खम्भे में अपनी छाया देखकर पुलकित हो उठा। उसके अंग-प्रत्यंग बहुत ही सुंदर दिख रहे थे। मैंने उसके दोनों हाथों पर माखन के दो गोले बनाकर रख दिए और वह उन्हें मुस्कराकर उसने मुख में डाल दिया।

सूरदास कहते हैं कि प्रभु की बाल-लीला का सुख मेरे हृदय में कितना भी चाहने पर समाता नहीं है। दिन-दिन उनकी बाल-लीला निखरती ही जा रही है।

बलि-बलि जाउँ मधुर सुर गावहु।
अब की बार मेरे कुँवर कन्हैया, नंदहि नाचि दिखावहु॥

तारी देहु आपने कर की, परम प्रीति उपजावहु।
आन जंतु धुनि सुनि कत डरपत, मो भजु कंठ लगावहु॥
जनि संका जिय करौ लाल मेरे, काहे कौं भरमावहु।
बाँह उचाइ काल्हि की नाईं धौरी धेनु बुलावहु॥
नाचहु नैकु, जाउँ बलि तेरी, मेरी साध पुरावहु।
रतन-जटित किंकिनि पग-नूपुर, अपनैं रंग बजावहु॥
कनक-खंभ प्रतिबिंत सिसु इक, लवनी ताहि खवावहु।
सूर स्याम मेरे उर तैं कहुँ टारे नैंकु न भावहु॥

यशोदा मैया कहती हैं कि मेरे गोविन्द! मैं तुझ पर बार-बार न्यौछावर हूं। मधुर सुर में कुछ गाओ न। इस बार हे मेरे लाल! नंदबाबा को नाचकर दिखाओ। अपने हाथ से ही ताली बजाओ और हृदय में अथाह प्रेम उत्पन्न कर दो। तुम किसी दूसरे जीव की आवाज सुनकर क्यों भयभीत होते हो, अपनी बांहें मेरे गले में डाल दो। मेरे लाल! अपने हृदय में किसी भी तरह की शंका न करो। व्यर्थ के भ्रम में क्यों पड़ रहे हो। कल की ही तरह बांह उठाकर आज भी घौरी गाय को बुलाओ। मैं तुम पर न्यौछावर हूं, जरा नाचो और मेरी साध पूरी कर दो। रत्नजड़ित करधनी और पांव की पैंजन अपने ही रंग में बजाओ। सोने के खम्भे में एक शिशु की छाया है, उसे माखन खिला दो। सूरदास कहते है कि मेरे गोविन्द मेरे हृदय से जरा-सा भी अलग हो जाएं, यह मुझे थोड़ा-सा भी पसंद नहीं।

जसुमति जबहिं कह्यौ अन्हवावन, रोइ गए हरि लोटत री।
तेल-उबटनौ लै आगैं धरि, लालहिं चोटत-पोटत री॥
मैं बलि जाउँ न्हाउ जनि मोहन, कत रोवत बिनु काजैं री।
पाछैं धरि राख्यौ छपाइ कै उबटन-तेल-समाजैं री॥
महरि बहुत बिनती करि राखति, मानत नहीं कन्हैया री।
सूर स्याम अतिहीं बिरुझाने, सुर-मुनि अंत न पैया री॥

यशोदा मैया ने जब नहाने के लिए कहा तो गोविन्द रोने लगे और जमीन पर लेट गए। तेल-उबटन लाकर रख लिए और गाविन्द को पुचकारने-दुलारने लगीं। मैं तुम पर बलि जाऊं, तुम मत स्नान करो, पर अकारण ही क्यों रो रहे हो? फिर मैया ने उबटन, तेल और अन्य सामान अपने पीछे छुपाकर रख लिया और तरह-तरह से समझाने लगीं लेकिन गोविंद मानने को तैयार नहीं हैं। सूरदास

कहते हैं कि जिस गोविंद का आदि-अंत सुर-मुनि नहीं जानते, वे ही गोविंद यशोदा के समझाने में आ गए हैं।

ठाढ़ी अजिर जसोदा अपनैं, हरिहि लिये चंदा दिखरावत।
रोवत कत बलि जाउँ तुम्हारी, देखौ धौं भरि नैन जुड़ावत॥
चितै रहै तब आपुन ससि-तन, अपने कर लै-लै जु बतावत।
मीठौ लगत किधौं यह खाटौ, देखत अति सुंदर मन भावत॥
मन-हीं-मन हरि बुद्धि करत हैं, माता सौं कहि ताहि मँगावत।
लागी भूख, चंद मैं खैहौं, देहि-देहि रिस करि बिरुझावत॥
जसुमति कहति कहा मैं कीनौं, रोवत मोहन अति दुख पावत।
सूर स्याम कौं जसुमति बोधति, गगन चिरैयाँ उड़त दिखावत॥

यशोदा मैया अपने आंगन में खड़ी गोविन्द को गोद में लिए चंदा को दिखला रही हैं—मेरे मानधन! मैं तुम पर न्यौछावर हूं। तुम रोते क्यों हो। देखो तो सही, भर नयन देखने से यह चंद्रमा आंखों को ठंडक पहुंचाता है। अब गोविन्द स्वयं चंद्रमा को देखने लगे और अपने हाथों से इशारा कर-करके बताने लगे। फिर अपने मन में सोचने लगते हैं कि यह चन्द्रमा स्वाद में कैसा है - मीठा या खट्टा? देखने में तो बहुत ही सुन्दर और मनभावन है। मन-ही-मन यह सोचकर वे मैया से चन्द्रमा को मांगने लगे– 'मुझे भूख लगी है। मैं चन्द्रमा को खाऊंगा। तू मुझे लाकर दो।' यह कहकर गोविन्द झगड़ने लगे। जिद करने लगे। यशोदा मैया कहती हैं कि यह मैंने क्या कर दिया, अब तो यह मेरा मोहन और रोने लगा और पहले से भी अधिक दुखी हो गया। सूरदास कहते हैं कि गोविन्द को मैया नाना प्रकार से समझाती हैं और आकाश में उड़ी चिड़ियों को दिखाती हैं।

किहिं बिधि करि कान्हहि समुझैहौं?
मैं ही भूलि चंद दिखरायौ, ताहि कहत मैं खैहौं!
अनहोनी कहुँ भई कन्हैया, देखी-सुनी न बात।
यह तो आहि खिलौना सब कौ, खान कहत तिहि तात!
यहै देत लवनी नित मोकौं, छिन-छिन साँझ-सवारे।
बार-बार तुम माखन माँगत, देउँ कहाँ तैं प्यारे?
देखत रहौ खिलौना चंदा, आरि न करौ कन्हाई।
सूर स्याम लिए हँसति जसोदा, नंदहि कहति बुझाई॥

अब मैं किसी विधि से गोविन्द को समझाऊं? मुझसे ही गलती हो गई कि मैंने इसको चांद दिखलाया। अब तो यह उसको खाने की हठ कर रहा है। यशोदा मैया कान्हा को समझाती हैं कि कन्हैया! तू यह क्या मांग रहा है। यह संभव नहीं है। मैंने तो ऐसा न कभी देखा है और न ही सुना है कि किसी ने चांद को खाया है। चन्द्रमा तो सबका खिलौना है और तुम कान्हा उसे खाने को कह रहे हो। चन्द्रमा ही तो नित सांझ-सवेरे पल-पल पर मुझे माखन देता है और वही माखन तुम बार-बार मांगते हो। जब तुम चांद को ही खा जाओगे तो लला, मैं तुम्हें माखन कहां से दूंगी? कन्हैया, जिद मत करो। इसे बस देखते रहो, चन्द्रमा बस एक खिलौना है। सूरदास कहते हैं कि यशोदा मैया गोविन्द को गोद में लिए हंस रही हैं और साथ नंदबाबा से भी कह रही है कि कान्हां चन्द्रमा को खाने के लिए मांग रहा है।

बार-बार जसुमति सुत बोधति, आउ चंद तोहि लाल बुलावै।
मधु-मेवा-पकवान-मिठाई, आपुन खैहै, तोहि खवावै।।
हाथहि पर तोहि लीन्है खेलै नैकु नहीं धरनी बैठावै।
जल-बासन कर लै जु उठावति, याही मैं तू तन धरि आवै।।
जल-पुटि आनि धरनि पर राख्यौ, गहि आन्यौ वह चंद दिखावै।
सूरदास प्रभु हँसि मुसुक्याने, बार-बार दोऊ कर नावै।।

यशोदा मैया गोविन्द को शांत करने के लिए बार-बार कहती हैं कि चांद! तुम आओ, मेरा लाल तुम्हें बुला रहा है। मेरा लाला मधु, मेवा, पकवान, मिठाई स्वयं भी खायेगा और तुझे भी खिलाएगा। हाथ पर ही तुझे लेकर खेलेगा, जरा-सा भी तुझे धरती पर नहीं बैठाएगा। अब यशोदा मैया पानी का बर्तन उठाकर कहती हैं तुम इस बर्तन में शरीर धारण करके आ जाओ। इसके बाद वह बर्तन गोविंद के सामने रखकर दिखाने लगीं–'लला! वह चांद, देख मैं तेरे लिए पकड़ लायी।' सूरदास कहते हैं कि उस बर्तन में चंद्रमा की छाया को देखकर मेरे गोविंद मुस्करा पड़े और दोनों हाथ पानी में डालने लगे।

मैया री मैं चंद लहौंगौ।
कहा करौं जलपुट भीतर कौ, बाहर ब्यौंकि गहौंगौ।।
यह तौ झलमलात झकझोरत, कैसें कै जु लहौंगौ?
वह तो निपट निकटहीं देखत, बरज्यौ हौं न रहौंगौ।।

तुम्हरौ प्रेम प्रगट मैं जान्यौ, बौराएं न बहौंगौ।
सूरस्याम कहे कर गहि ल्याऊँ ससि-तन-दाप दहौंगौ॥

गोविंद हठ करते हुए कहते हैं कि मैया! मैं तो चांद को ही लूंगा। जल में जो चन्द्रमा है, उसका मैं क्या करूंगा, मैं तो बाहर जो आसमान में चंद्रमा है, उसे उचककर पकड़ूंगा। जल में जो चंद्रमा है, यह तो पानी में हाथ डालकर पकड़ने की कोशिश करने पर झल-मलाकर हिलने लगता है। हाथ में आता ही नहीं। मैं भला इसे कैसे हाथ में ले सकता हूं। मैंने तुम्हारे प्रेम को तो प्रत्यक्ष जान लिया, अब मैं तुम्हारे बहलाने-फुसलाने में नहीं आऊंगा। सूरदास कहते हैं कि गोविंद कह रहे हैं–मैं चंद्रमा को हाथ में पकड़कर ले आऊंगा और चन्द्रमा का जो दूर रहने का अभिमान है, उसे नष्ट कर दूंगा।

मैया, मैं तो चंद-खिलौना लैहौं।
जैहौं लोटि धरनि पर अबहीं, तेरी गोद न ऐहौं॥
सुरभी कौ पय पान न करिहौं, बेनी सिर न गुहैहौं।
ह्वैहौं पूत नंद बाबा कौ, तेरौ सुत न कहैहौं॥
आगैं आउ, बात सुनि मेरी, बलदेवहि न जनैहौं।
हँसि समुझावति, कहति जसोमति, नई दुलहिया दैहौं॥
तेरी सौं, मेरी सुनि मैया, अबहिं बियाहन जैहौं।
सूरदास ह्वै कुटिल बराती, गीत सुमंगल गैहों॥

गोविन्द कह रहे हैं कि मैया! मैं तो चंद-खिलौना ही लूंगा। मुझे तुम चंद-खिलौना नहीं देगी तो मैं अभी जीमन पर लोट जाऊंगा और तुम्हारी गोद में नहीं आऊंगा। गाय का दूध नहीं पियूंगा और अपनी चोटी भी नहीं गुंथवाऊंगा। मैं नंदबाबा का पुत्र कहलाऊंगा, तेरा पुत्र नहीं कहलाऊंगा। तब यशोदा मैया कहती हैं कि इधर आ, मेरी बात सुन, बलराम को न बताना। मैं तुझे नई दुल्हनियां दूंगी। मैया के यह कहते ही गोविंद कहने लगे कि तेरी सौंगध, सुन। तू मेरी मैया है। मैं अभी ब्याह करने जाऊंगा। सूरदास कहते हैं कि गोविंद! मैं आपका कुटिल बाराती बनूंगा और सुंदर मंगलगीत गाऊंगा।

सुनि सुत, एक कथा कहौं प्यारी।
कमल-नैन मन आनँद उपज्यौ, चतुर-सिरोमनि देत हुँकारी॥

दसरथ नृपति हती रघुबंसी, ताकैं प्रगट भए सुत चारी।
तिन मैं मुख्य राम जो कहियत, जनक-सुता ताकी बर नारी॥
तात-बचन लगि राज तज्यौ तिन, अनुज-घरनि सँग गए बनचारी।
धावत कनक-मृगा के पाछैं, राजिव-लोचन परम उदारी॥
रावन हरन सिया कौ कीन्हौ, सुनि नँद-नंदन नींद निवारी।
चाप-चाप करि उठे सूर-प्रभु, लछिमन देहु, जननि भ्रम भारी॥

'सुनो गोविंद! एक बहुत ही प्यारी कथा तुम्हें सुनाती हूं।' यशोदा मैया की बात सुनकर कमलनयन श्रीकृष्ण के मन में अत्यंत ही आनंद उत्पन्न हो गया। चतुर-शिरोमणि श्रीकृष्ण 'हूं-हूं' करने लगे। मैया कथा सुनाने लगीं–'राजा दशरथ नामक एक रघुवंशी राजा थे, उनके चार पुत्र पैदा हुए। उनमें जो सबसे बड़ा था, उसका नाम राम था। राजा जनक की पुत्री सीता उनकी पतिव्रता पत्नी थी। पिता के वचन का मान रखने के लिए राम, लक्ष्मण, सीता ने राज्य का त्याग कर दिया। राम-लक्ष्मण व पत्नी सीता के साथ वन चले गए। एक दिन कमलनयन और परम उदार राम स्वर्ण मृग का शिकार करने के लिए उसके पीछे भाग रहे थे तभी लंकापति रावण ने सीता का हरण कर लिया. .., इतना सुनना था कि गोविंद नींद से जाग गए और कहने लग - 'लक्ष्मण! धनुष...धनुष दो।' सूरदास कहते हैं कि यशोदा मैया को यह सुनकर बहुत ही भ्रम हुआ। वह कुछ समझ न सकीं।

जागिए, ब्रजराज-कुँवर, कमल-कुसुम फूले।
कुमुद-बृंद सकुचित भए, भृंग लता भूले॥
तमचुर खग शेर सुनहु, बोलत बनराई।
राँभति गो खरिकनि मैं, बछरा हित धाई॥
बिधु मलीन रबि-प्रकास गावत नर-नारी।
सूर स्याम प्रात उठौ, अंबुज-कर-धारी॥

यशोदा मैया कन्हैया से कहती हैं कि व्रजराज कुंवर। जागो! कमल के फूल खिल गए हैं, कुमुदिनियों का दल मुरझा गया और भौरे लताओं पर मंडराना भूल गए अर्थात कमल दलों पर मंडराने लगे। मुर्गे ओर चिड़ियों का मधुर शोर सुनो, जो जंगलों में बोलने लगे हैं, गाएं रम्भाने लगी हैं और बछड़ों के लिए दौड़ रही हैं, चन्द्रमा मलीन पड़ गया है, सूर्य की किरणें चारों तरफ फैल गई हैं। स्त्री-पुरुष भजन-कीर्तन करने लगे हैं। सूरदास कहते हैं कि हे

अंबुज-कर-धारी अर्थात कमल के समान हाथों वाले गोविंद! सुबह हो गयी है। उठ जाओ।

प्रात समय उठि, सोवत सुत कौ बदन उघारयौ नंद।
रहि न सके अतिसय अकुलाने, बिरह निसा कैं द्वंद॥
स्वच्छ सेज मैं तैं मुख निकसत, गयौ तिमिर मिटि मंद।
मनु पय-निधि सुर मथत फेन फटि, दयौ दिखाई चंद॥
धाए चतुर चकोर सूर सुनि, सब सखि-सखा सुछंद।
रही न सुधि सरीर अरु मन की, पीवत किरनि अमंद॥

सुबह-सुबह उठकर नंदबाबा ने सोये हुए पुत्र के मुख से वस्त्र हटाकर देखा। उनसे पुत्र का मुंह देखे बिना रहा न जा सका, रात में जो अलगाव हुआ था उससे वे बहुत व्याकुल हो रहे थे। उज्ज्वल वस्त्र से मुंह बाहर होते ही सुबह का जो थोड़ा-बहुत अंधेरा था, वह छंट गया। यूं जान पड़ा जैसे देवासुर द्वारा समुंद्र मंथन से जो फेन उत्पन्न हो गया है उसके बुझ जाने से चन्द्रमा दिखने लगा हो। सूरदास कहते हैं कि गोविन्द जाग गए, यह सुनते ही चतुर चकोर की तरह सब गोप-गोपियां नंद भवन की तरफ दौड़ पड़े। उन्हें अपने न मन का और न शरीर का कोई ध्यान रहा। सब गोविंद के सुन्दर उज्ज्वल मुख की किरणों का पान अपनी सुध-बुध खोकर करने लगे।

प्रात भयौ, जागौ गोपाल।
नवल सुंदरीं आई, बोलत तुमहि सबै ब्रजबाल॥
प्रगटयौ भानु, मंद भयौ उड़पति, फूले तरुन तमाल।
दरसन कौं ठाढ़ी ब्रजवनिता, गूँथि कुसुम बनमाल॥
मुखहि धोइ सुंदर बलिहारी, करहु कलेऊ लाल।
सूरदास प्रभु आनँद के निधि, अंबुज-नैन बिसाल॥

यशोदा मैया कहती हैं कि सुबह हो गई। जागो गोपाल। व्रज की सारी सुन्दर युवा गोपियां तुम्हारे दर्शन के लिए आ गई हैं। हे व्रजबाल! तुम्हें सभी पुकार रही हैं। सूर्य आकाश में निकल आया है, चंद्रमा मलीन पड़ गया है। तमाल के तरुण पेड़ खिल उठे हैं। व्रज की स्त्रियां तुम्हारे दर्शन के लिए खड़ी हैं और सब के ही हाथों फूलों की गुंथी हुई मालाएं हैं। मेरे सुखनंदन! उठो, मुख को धोकर नाश्ता करो। सूरदास कहते हैं कि मेरे प्रभु आनंद के स्वामी हैं और उनके मन-नयन विशाल हैं।

जागौ, जागौ हो गोपाल।
नाहिन इतौ सोइयत सुनि सुत, प्रात परम सुचि काल॥
फिरि-फिरि जात निरखि मुख छिन-छिन, सब गोपनि के बाल।
बिन बिकसे कल कमल-कोष तैं मनु मधुपनि की माल॥
जो तुम मोहि न पत्याहु सूर-प्रभु, सुंदर स्याम तमाल।
तौ तुमहीं देखौ आपुन तजि निद्रा नैन बिसाल॥

यशोदा मैया कहती हैं कि गोपाल! जागो! जागो! सुनो पुत्र! सुबह का समय बहुत ही पावन व स्वच्छ होता है। इस समय सोना ठीक नहीं होता। तुम्हारे मुख को बार-बार, पल-पल देखकर ग्वाल-बाल लौट-लौट जा रहे हैं। सब गोपियों के बालक जाग गए हैं। यूं जान पड़ता है जैसे बिना खिले सुंदर कमल-कोष को देख-देखकर भौंरों का दल लौट-लौ जा रहा हो। तमाल के समान श्याम वर्ण वाले मेरे लला! तुम्हें मुझ पर विश्वास नहीं है तो स्वयं तुम ही अपनी निद्रा से जकर अपने विशाल नयनों से देखो कि भोर हो गयी है कि नहीं।

तुम जागौ मेरे लाड़िले, गोकुल-सुखदाई।
कहति जननि आनंद सौं, उठौ कुँवर कन्हाई॥
तुम कौं माखन-दूध-दधि, मिस्त्री हौं ल्याई।
उठि कै भोजन कीजिऐ, पकवान-मिठाई॥
सखा द्वार परभात सौं, सब टेर लगाई।
वन कौं चलिऐ साँवरे, दयौ तरनि दिखाई॥
सुनत बचन अति मोद सौं जागे जदुराई।
भोजन करि बन कौं चले, सूरज बलि जाई॥

यशोदा मैया कहती हैं कि मेरे लाडले! हे गोकुल-सुखदायक। तुम जागो। मेरे कुंवर कन्हाई उठो। तुम्हारे लिए मैं माखन, दूध, दही, मिश्री लेकर आई हूं। पकवान, मिठाई उठकर खाओ। सुबह से ही तुम्हारे सब सखा तुम्हें पुकार रहे हैं कि कान्हा! दिन निकल आया है। वन को चलो। मैया का वचन सुनकर यदुनंदन अति हर्षित मन से उठे और खाना खाकर वन को चल दिए। सूरदास गोविंद पर न्यौछावर है।

भोर भयौ जागौ नँद-नंद।
तात निसि बिगत भई, चकई आनंदमई,

तरनि की किरन तैं चंद भयौ नंद।।
तमचूर खग रोर, अलि करैं बहु सोर,
बेगि मोचन करहु, सुरभि-गल-फंद।
उठहु भोजन करहु, खोरी उतारि धरहु,
जननि प्रति देहु सिसु रूप निज कंद।।
तीय दधि-मथन करैं, मधुर धुनि श्रवन परैं,
कृष्न जस बिमल गुनि करति आनंद।
सूरप्रभु हरि-नाम उधारत जग-जननि,
गुननि कौं देखि कै छकित भयौ छंद।।

यशोदा मैया अपने गोविंद को जगाती हुई कह रही हैं कि हे नंद कुमार। जागो भोर हो गई। हे लाल! रात बीत गई। चकई आनंदित हो रही है। सूर्य के प्रकाश से चंद्रमा तेजही न हो गया है। मुर्गे बांग दे रहे हैं और चिड़िया शोर मचा रही है। भौंरों के गुंजन से शोर हो रहा है अब तुम उठकर गायों की गर्दन से रस्सियां खोल दो। उठकर भोजन करो। कल की लगी चंदन को धो लो। अपनी मैया को अपने आनंदायक बाल-मुख का दर्शन कराओ। ब्रज की स्त्रियां दही मथ रही हैं, उसकी मधुर ध्वनि कानों में पड़ रही हैं। कृष्ण! वे तुम्हारे विमल यश का गुणगान करती हुई आनंद मना रही हैं। सूरदास कहते हैं कि मेरे प्रभु का नाम लेने मात्र से ही लोगों का उद्धार हो जाता है। उनके गुणों व उनकी लीलाओं को देखकर वेद भी चकित रह जाते हैं। कन्हैया के गुणों का वर्णन करना उनके भी वश की बात नहीं है।

कौन परी मेरे लालहि बानि।
प्रात समय जागन की बिरियाँ सोवत है पीतांबर तानि।।
संग सखा व्रज-बाल खरे सब, मधुबन धेनु चरावन जान।
मातु जसोदा कब की ठाढ़ी, दधि-ओदन भोजन लिये पान।।
तुम मोहन! जीवन-धन मेरे, मुरली नैकु सुनावहु कान।
यह सुनि स्रवन उठे नँदनंदन, बंसी निज माँग्यौ मृदु बानि।।
जननी कहति लेहु मनमोहन, दधि ओदन घृत आन्यौ सानि।
सूर सु बलि-बलि जाउँ बेनु की, जिहि लाल जगे हित मानि।।

यशोदा मैया कहती हैं कि मेरे लाल को न जाने यह कौन-सी आदत पड़ गई है। सुबह जागने के समय यह पीतांबर ओढ़कर सोता है। साथ के सब मित्र व्रज

के बालक मधुवन में गाय चराने जाने के लिए खड़े हैं। यशोदा मैया न जाने कब से दही-भात तथा पानी लेकर खड़ी हैं। उनसे चुप न रहा गया तो वह बोलीं-'मोहन! तुम मेरे जीवन और धन हो। जरा मुरली की धुन मुझे सुनाओ। मैं भी जरा अपने कानों से सुनूं कितनी मीठी धुन निकालता है। कानों से यह सुनते ही गोविंद उठकर बैठ गए और बोले कि मैया मेरी बांसुरी तो लाओ। यशोदा हंस पड़ीं-लो मनमोहन! कही, भात, घी मानकर लायी हूं, इससे पहले खा लो। सूरदास कहते हैं कि इस बांसुरी पर मैं बार-बार न्यौछावर हूं, जिसके नाम लेने मात्र से ही गोविन्द जाग गए।

जागिये गुपाल लाल! ग्वाल द्वार ठाढ़े।
रैनि-अंधकार गयौ, चंद्रमा मलीन भयौ,
तारागन देखियत नहिं करत भृंग-माल,
प्रफुलित बन पुहुप डाल, कुमुदिनि कुँभिलानी।
गंध्रबगन गान करत, स्नान दान नेम धरत,
हरत सकल पाप, बदत बिप्र बेद-बानी॥
बोलत, नँद बार-बार देखैं मुख तुव कुमार,
गाइनि भइ बड़ी बार बृंदाबन जैबैं।
जननि कहति उठौ स्याम, जानत जिय रजनि ताम,
सूरदास प्रभु कृपाल, तुम कौं कछु खैबैं॥

जागो, गोपाल! ग्वाल द्वार पर खड़े हैं रात का अंधेरा चला गया, चन्द्रमा मलीन पड़ गया, तारागण आसमान में कहीं नजर नहीं आ रहे और सूर्य की किरणों चारों तरफ बिखर गई हैं। कमल-दल बिखिल गए हैं, भौंरों का समूह मधुर गुंजार कर रहा है, वन में वृक्षों की डालियों पर फूल खिल गए हैं और कुमुदिनी कुम्हला गयी है। गंधर्व गण गा रहे हैं । स्नान, दान, नियम, धर्म आदि का पालन करके अपने सारे पाप दूर करते हुए ब्राह्मण गण वेद पढ़ रहे हैं नंदबाबा बार-बार कहते हैं कि कुंवर, जागो, तुम्हारा मुख तो देखें, गायों को वृंदावन में जाने में देर हो गई। यशोदा मैया कहती हैं कि उठो श्याम! तुम्हारे मन में अभी तक रात का अंधेरा ही बसा हुआ है। सूरदास कहते हैं कि मेरे कृपानिधान प्रभु! आपको कुछ खाना भी तो है। अब तो जाग जाइए, तभी तो वृंदावन गायों को लेकर जाएंगे।

खेलत स्याम ग्वालनि संग।
सुबल हलधर अरु श्रीदामा, करत नाना रंग॥

हाथ तारी देत भाजत, सबै करि करि होड़।
बरजै हलधर, स्याम। तुम जनि, चोट लागै गोड़।।
जब कह्यौ मैं दौरि जानत, बहुत बल मो गात।
मेरी जोरी है श्रीदामा, हाथ मारे जात।।
उठे बोलि तबै श्रीदामा, जाहु तारी मारि।
आगैं हरि पाछैं श्रीदामा, धरयौ स्याम हँकारि।।
जानि कै मैं रह्यौ ठाढ़ौ छुवत कहा जु मोहि।
सूर हरि खीझत सखा सौं, मनहिं कीन्हौ कोह।।

गोविन्द ग्वाल बालों के साथ खेल रहे हैं। सुबल, बलराम और सुदामा तरह-तरह की क्रीड़ा कर रहे हैं। सभी आपस में होड़ कर ताली देकर भागते हैं। बलराम मना कर रहे हैं कि श्याम! तुम मत दौड़ो। तुम्हारे पांव में चोट लग जाएगी। इस पर श्रीकृष्ण कहते हैं कि मैं दौड़ना जानता हूं। मेरे शरीर में बहुत बल है। मेरी जोड़ी श्रीदामा से है। वह मेरे हाथ पर ताली मारकर भागता है। यह सुनकर श्रीदामा बोल पड़े कि ठीक है तुम मेरे हाथ पर ताली मारकर भागो। श्री कृष्ण श्री दामा के हाथ पर ताली मारकर श्रीकृष्ण भागे। श्री आगे-आगे श्याम भागे और पीछे-पीछे श्रीदामा छूने के लिए भागे। श्रीदामा ने हुंकार भरते हुए कृष्ण को पकड़ लियां श्रीकृष्ण बोले कि मैं तो जान-बूझकर खड़ा हो गया, ऐसे में मुझे छूने से क्या लाभ। सूरदास कहते हैं कि श्रीकृष्ण खीझकर अपने सखा से झगड़ा कर रहे हैं।

सखा कहत हैं स्याम खिसाने।
आपुहि-आपु बलकि भए ठाढ़े, अब तुम कहा रिसाने?
बीचहिं बोलि उठे हलधर तब याके माइ न बाप।
हारि-जीत कछु नैकु न समुझत, लरिकनि लावत पाप।।
आपुन हारि सखनि सौं झगरत, यह कहि दियौ पठाइ।
सूर स्याम उठि चले रोइ कै, जननी पूछति धाइ।।

सब सखा कहने लगे कि घनश्याम। तुम झगड़ा क्यों करने लगे? तुम स्वयं ही तो खेलने के लिए तैयार हुए और अब तुम क्रोधित हो रहे हो? तभी बलराम अचानक ही बोल पड़े–'इसकी न तो मैया है और न बाबा ही। यह हार-जीत को जरा-सा भी नहीं समझता। व्यर्थ में ही लड़कों को दोषी ठहरा रहा है। खुद ही हारकर मित्रों से झगड़ रहा है। यह कहकर कृष्ण को घर भेज दिया। सूरदास कहते हैं कि घनश्याम

रोते हुए उठकर चल दिए और जाकर माता यशोदा से पूछने लगे।

मैया मोहि दाऊ बहुत खिझायौ।
मोसौं कहत मोल कौ लीन्हौ, तू जसुमति कब जायौ?
कहा करौं इहि रिस के मारैं खेलन हौं नहिं जात।
पुनि-पुनि कहत कौन है माता को है तेरौ तात॥
गोरे नंद जसोदा गोरी, तू कत स्यामल गात।
चुटुकी दै-दै ग्वाल नवावत, हँसत, सबै मुसुकात॥
तू मोही कौं मारन सीखी, दाउहि कबहुँ न खीझै।
मोहन-मुख रिस की ये बातैं, जसुमति सुनि-सुनि रीझै॥
सुनहु कान्ह, बलभद्र चबाई, जनमत ही कौ धूत।
सूर स्याम मोहि गोधन की सौं, हौं माता तू पूत॥

गोविन्द मैया से शिकायत करते हैं कि मैया!आज बलराम भैया ने मुझे बहुत खीझाया है। मुझसे कहते हैं कि तू खरीदा गया है, यशोदा मैया ने तुझे कब जन्म दिया? क्या करूं? इसी खीझ से मैं खेलने नहीं जाता। बलराम भैया बार-बार कहते हैं कि तेरी कौन माता है और तेरा कौन बाबा हैं। यशोदा मैया गोरी हैं। नंदबाबा गोरे हैं फिर तेरा श्याम वर्ण क्यों है? चुटकी बजा-बजाकर ग्वाल सब मुझे नचाते हैं। सभी मुझ पर हंसते और मुस्कराते हैं। तू केवल मुझे मारना जानती है और बलदाऊ पर कभी नहीं गुस्सा करती है। गोविंद के मुंह से क्रोध भरी बातें सुन-सुन कर यशोदा मैया उन पर रीझ रही हैं फिर वे कहती हैं कि सुनो कान्हा! बलराम तो चुगलखोर है और जन्म से ही धूर्त है। सूरदास कहते हैं कि यशोदा उन्हें विश्वास दिलाती हैं—मैं गायों की सौंगध खाकर कहती हूं, तू ही मेरा पुत्र है और मैं ही तेरी मैया हूं।

मोहन, मानि मनायौ मेरौ।
हौं बलिहारी नंद-नँदन की, नैकु इतै हँसि हेरौ॥
कारौ कहि-कहि तोहि खिझावत, बरज त खरौ अनेरौ।
इंद्रनील मनि तैं तन सुंदर, कहा कहै बल चेरौ॥
न्यारौ जूथ हाँकि लै अपनौ, न्यारी गाइ निबेरौ।
मेरौ सुत सरदार सबनि कौ, बहुते कान्ह बड़ेरौ॥
बन मैं जाइ करो कौतूहल, यह अपनौ है खेरौ।
सूरदास द्वारैं गावत है, बिमल-बिमल जस तेरौ॥

गोविन्द! तू तो मेरा बहुत लाडला पुत्र है। मैं तुझ पर न्यौछावर हूं। जरा इधर हंसकर तो देखो। काला कह-कहकर बलराम तुझे खीझाता है, तुझे खेलने से मना करता है, वह तो वास्तव में बड़ा शैतान है। कौन कहता है कि तुम काले हो? तुम्हारा शरीर तो इन्द्र-नीलमणि के समान सुंदर है। तुम्हारा सेवक बलदाऊ तुम्हें क्या चिढ़ाएगा। तुम अपनी गायों को अलग कर लो और वह अपनी गायों का अलग झुण्ड बना ले। मेरा लाल तो सबका सरदार है। मेरा गोविन्द तो सबमें ही श्रेष्ठ है। तुम वन में जाकर शौक से विनोद करो। यह तुम्हारा ही गांव है। सूरदास कहते हैं कि गोविन्द, मैया सच ही तो कह रही हैं। मैं भी द्वार पर बैठा आपके विमल यश का बखान कर रहा हूं।

खेलन अब मेरी जाइ बलैया।
जबहिं मोहि देखत लरिकन सँग, तबहिं खिझत बल भैया॥
मोसौं कहत तात बसुदेव कौ देवकि तेरी मैया।
मोल लियौ कछु दै करि तिन कौं, करि-करि जतन बढ़ैया॥
अब बाबा कहि कहत नंद सौं, जसुमति सौं कहै मैया।
ऐसैं कहि सब मोहि खिझावत, तब उठि चल्यौ खिसैया॥
पाछैं नंद सुनत हे ठाढ़े, हँसत हँसत उर लैया।
सूर नंद बलरामहि धिरयौ, तब मन हरष कन्हैया॥

गोविन्द कहते हैं कि अब मैं खेलने नहीं जाता। बलदाऊ जब भी मुझे लड़कों के साथ देखते हैं, तभी वे मुझ पर गुस्सा हो जाते हैं। मुझसे कहते हैं कि वासुदेव तुम्हारे पिता हैं और देवकी तुम्हारी मैया हैं। नंदबाबा ने कुछ देकर तुम्हें खरीद लिया है और तुझे पाल-पोस कर बड़ा किया है। अब तू नंद जी को बाबा कहना और यशोद जी को मैया। इस तरह से कहकर सब मुझे चिढ़ाते हैं, तब मैं खीझकर चला आया। पीछे नंदबाबा खड़े-खड़े सुन रहे हैं। उन्होंने हंसते हुए गोविंद को अपने हृदय से लगा लिया। सूरदास कहते हैं कि नंदबाबा ने जब बलदाऊ को ऐसा कहने से मना किया और डांटा, तब कहीं जाकर कान्हा प्रसन्न हुए।

खेलने चलौ बाल गोबिंद!
सखा प्रिय द्वारैं बुलावत, घोष-बालक-बृंद॥
तृषित हैं सब दरस कारन, चतुर! चातक दास।
बरषि छबि नव बारिधर तन, हरहु लोचन-प्यास॥
बिनय-बचननि सुनि कृपानिधि, चले मनहर चाल।

ललित लघु-लघु चरन-कर, उर-बाहु-नैन बिसाल॥
अजिर पद-प्रतिबिंब राजत, चलत, उपमा-पुंज।
प्रति चरन मनु हेम बसुधा, देति आसन कंज॥
सूर-प्रभु की निरखि सोभा रहे सुर अवलोकि।
सरद-चंद चकोर मानौ, रहे थकित बिलोकि॥

कन्हैया के बाल सखा द्वार पर खड़े कह रहे हैं कि बालगोविंद! खेलने चलो। हम तुम्हारी एक झलक पाने के लिए चातक की तरह प्यासे हैं। हे चतुर नवल किशोर, हमें दर्शन दो। अपने नव मेघ रूपी शरीर की छवि बरसा कर हमारी आंखों की प्यास बुझा दो। कृपानिधान गोविन्द! सखाओं के विनय वचन सुनकर मन को मोहने वाली चाल से चल पड़े। उनके छोटे-छोटे पैर-हाथ बड़े ही सुंदर हैं, हृदय, भुजाएं और आंखें बड़ी-बड़ी हैं। आंगन में चलते समय उनके पांवों का प्रतिबिंब यूं सुन्दर लग रहा है मानो उपमाओं का समूह हो। देखने से ऐसा जान पड़ता है जैसे आंगन की मणिमय भूमि प्रत्येक कदम पर चरणों के लिए कमलासन बिछा दे रही हो। सूरदास कहते हैं कि मेरे प्रभु की यह शोभा देखकर देवगण देखते ही रह गए मानो शरद पूर्णिमा के चन्द्र को देखकर चकित अचंभित हों।

खेलन कौं हरि दूरि गयौ री।
संग-संग धावत डोलत हैं, कह धौं बहुत अबेर भयौ री॥
पलक ओट भावत नहिं मोकौं, कहा कहौं तोहि बात!
नंदहि तात-तात कहि बोलत, मोहि कहत है मात॥
इतनी कहत स्याम-घन आए, ग्वाल सखा सब चीन्हे।
दौरि जाइ उर लाइ सूर-प्रभु हरषि जसोदा लीन्हे॥

यशोदा मैया अपनी किसी सखी से कहती हैं कि सखी! मेरा गोविन्द खेलने के लिए दूर चला गया है। बाल सखाओं के संग दिन भर दौड़ता फिरता है। घर से निकले बहुत देर हो गई। वह मेरी पलकों से ओझल हो जाता है तो मुझको कुछ भी भाता नहीं है। मैं कहां तक तुझसे मन की बात कहूं। नंद जी को 'बाबा-बाबा' कहकर बोलता है और मुझको मैया कहता है। मैया यह अभी कह ही रही थीं, तभी घनश्याम अपने बाल सखाओं के साथ आ गए सूरदास कहते हैं कि यशोदा मैया ने हर्षित होकर गोविन्द को अपने हृदय से लगा लिया।

खेलन दूरि जात कत कान्हा?
आजु सुन्यौं मैं हाऊ आयौ, तुम नहिं जानत नान्हा॥
इक लरिका अबहीं भजि आयौ, रोवत देख्यौ ताहि।
कान तोरि वह लेत सबनि के, लरिका जानत जाहि॥
चलौ न, बेगि सवारैं जैये, भाजि आपनैं धाम।
सूर स्याम यह बात सुनतहीं बोलि लिए बलराम॥

मैया कहती है कि कान्हा! तुम दूर खेलने क्यों जाते हो? आज मैं सुना कि हाऊ आया है। तुम अभी छोटे हो, इसीलिए उसे नहीं जानते। एक लड़का अभी भागकर आया है। उसे रोते हुए मैंने देखा। वह जिन्हें बच्चा समझता है, सब बच्चों के कान तोड़ लेता हैं चलो साथ मेरे, सुबह जल्दी ही अपने घर दौड़कर चल चलें। सूरदास कहते हैं कि गोविन्द ने मैया की बातें सुनकर बलराम को बुला लिया।

नंद बुलावत हैं गोपाल।
आवहु बेगि बलैया लेउँ हौं, सुंदर नैन बिसाल॥
परस्यौ थार धरयौ मग जोवत, बोलति बचन रसाल।
भात सिरात तात दुख पावत, बेगि चलौ मेरे लाल॥
हौं वारी नान्हें पाइनि की, दौरि दिखावहु चाल।
छाँड़ि देहु तुम लाल अटपटी, यह गति मंद मराल॥
सो राजा जो अगमन पहुँचै, सूर सु भवन उताल।
जो जैहैं बल देव पहिलै हीं, तौ हँसिहैं सब ग्वाल॥

यशोदा मैया कहती हैं कि गोपाल, नंदबाबा बुला रहे हैं। सुन्दर और विशाल आंखों वाले गोपाल, जल्दी आओ। मैं तुम्हारी सारी बलैया ले लूं। थाल में खाना रखा हुआ है। बाबा खाने पर तुम्हारा इंतजार कर रहे हैं मेरे लाल! जल्दी चलकर आओ। भात ठंडा हो रहा है, यह देखकर तुम्हारे बाबा दु:खी हो रहे हैं। जल्दी आओ। मेरे लाल! हंस के समान अटपटी मंद गति से चलना छोड़ दो। वह राजा होगा, जो पहले घर पहुंच जाएगा। अगर बलराम पहले घर आ गया तो सब ग्वाल बालक तुम्हारी हंसी उड़ाएंगे।

जेंवत कान्ह नंद इकठौरे।
कछुक खात लपटात दोउ कर, बालकेलि अति भोरे॥

बरा-कौर मेलत मुख भीतर, मिरिच दसन टकटौरे।
तीछन लगी नैन भरि आए, रोवत बाहर दौरे॥
फूँकति बदन रोहिनी ठाढ़ी, लिए लगाइ अँकोरे।
सूर स्याम कौं मधुर कौर दै कीन्हे तात निहोरे॥

कान्हा और नंदबाबा एक साथ भोजन कर रहे हैं। बाल क्रीड़ा में अत्यंत भोले बने हुए कुछ खाना नीचे गिराते हैं और कुछ खाना दोनों हाथों में लपेट लेते हैं और कभी मुंह में बड़ा कौर डाल लेते हैं। तभी दांतों तले मिर्च आ गई। मिर्च तीखी लगते ही आंखों में आंसू भर आए। वह रोते-चिल्लाते हुए बाहर की तरफ दौड़ चले। रोहिणी मैया ने उन्हें गोद में ले लिया और खड़ी-खड़ी ही उनका मुंह फूंकने लगीं। सूरदास कहते हैं कि नन्दबाबा गोविन्द के मुख में मीठा कौर देकर उन्हें चुप कराने लगे।

साँझ भई घर आवहु प्यारे।
दौरत कहा चोट लगिहै कहुँ, पुनि खेलिहौ सकोरे॥
आपुहिं जाइ बाँह गहि ल्याई, खेह रही लपटाइ।
धूरि झारि तातौ जल ल्याई, तेल परसि अन्हवाइ॥
सरस बसन तन पोंछि स्याम कौ, भीतर गई लिवाइ।
सूर स्याम कछु करौ बियारी, पुनि राखौं पौढ़ाइ॥

यशोदा मैया गोविंद से कहती हैं कि मोहन! अब सांझ हो गई। घर आ जाओ, कल सुबह फिर खेलना। जब गोविन्द ने उनकी बातें नहीं सुनीं, तब मैया स्वयं ही जाकर उनकी बांह पकड़कर ले आईं। उनके शरीर पर धूल-मिट्टी लगी हुई थी। धूल को झाड़कर गुनगुना पानी ले आई, तेल लगाकर उन्हें नहलवाया। मुलायम वस्त्र में उनका शरीर पोंछा फिर उन्हें भीतर लेकर गईं। सूरदास कहते हैं कि मैया ने उनसे कहा कि श्याम कुछ खाना खा लो तब तुम्हें सुला दूं।

बल-मोहन दोउ करत बियारी।
प्रेम सहित दोउ सुतनि जिंवावति, रोहिनि अरु जसुमति महतारी॥
दोउ भैया मिलि खात एक सँग, रतन-जटित कंचन की थारी।
आलस सौं कर कौर उठावत, नैननि नींद झमकि रही भारी॥
दोउ माता निरखत आलस मुख-छबि पर तन-मन डारतिं बारी।
बार-बार जमुहात सूर-प्रभु, इहि उपमा कबि कहै कहा री॥

बलराम और मोहन दोनों खाना खा रहे हैं। रोहिणी और यशोदा मैया प्रेम पूर्वक दोनों पुत्रों को खाना खिला रही हैं। दोनों भाई मिलकर एक साथ खाना खा रहे हैं। खाना रत्नजड़ित सोने की थाल में परोसा गया है। दोनों अलसाए हाथों से कौर उठा रहे हैं। उनकी आंखों में गहरी नींद छायी है। दोनों मांएं पुत्रों के अलसाए मुख की शोभा को देख रही हैं और उन पर अपना तन-मन बारती हैं। सूरदास कहते हैं कि मेरे प्रभु गोविन्द बार-बार जम्हाई ले रहे हैं। इस शोभा की उपमा भला कोई कवि किस चीज की शोभा से दे सकता है। अकथनीय है यह शोभा।

कीजै पान लला रे यह लै आई दूध जसोदा मैया।
कनक-कटोरा भरि लीजै, यह पय पीजै, अति सुखद कन्हैया॥
आछैं औटयौ मेलि मिठाई, रुचि करि अँचवत क्यौं न नन्हैया।
बहु जतननि ब्रजराज लड़ैते, तुम कारन राख्यौ बल भैया॥
फूँकि-फूँकि जननी पय प्यावति, सुख पावति जो उर न समैया।
सूरज स्याम-राम पय पीवत, दोऊ जननी लेतिं बलैया॥

मैया कन्हैया के पास आकर कहती हैं कि लला, सोने के कटोरा में दूध भर कर लायी हूं। पियो मेरे लाल। कन्हैया! यह दूध परम सुखदायक है। इसे अच्छी तरह से औटाकर इसमें मीठा डाला है। मेरे नन्हे कन्हैया, इसे प्रेमपूर्वक क्यों नहीं पी रहे हो? ब्रजराज के लाडले लाल! बड़ी मिन्नत करके तुम्हारे साथ दूध पीने के लिए बलराम को मैंने रोककर रखा है। मैया यशोदा मुंह से फूंक-फूंक कर दूध पिला रही हैं और इसमें उन्हें महाआनंद की अनुभूति हो रही है। सूरदास कहते हैं कि कृष्ण-बलराम दूध पी रहे हैं और दोनों माताएं बलैया ले रही हैं।

बल-मोहन दोऊ अलसाने।
कछु-कछु खाइ दूध अँचयौ, तब जम्हात जननी जाने॥
उठहु लाल! कहि मुख पखरायौ, तुम कौं लै पौढ़ाऊँ।
तुम सोवो मैं तुम्हें सुवाऊँ, कछु मधुरैं सुर गाऊँ॥
तुरत जाइ पौढ़े दोउ भैया, सोवत आई निंद।
सूरदास जसुमति सुख पावति पौढ़े बालगोबिंद॥

कृष्ण-बलराम दोनों भाई को आलस्य हो गया है। थोड़ा-बहुत खाना खाकर उन्होंने दूध पी लिया। मैया ने समझ लिया कि इन्हें अब जम्हाई आ रही है।

'उठो लाल!' कहकर मैया ने उनका मुंह धुलवाया और कहा कि आओ तुम्हें शैय्या पर लेटा दूं। तुम सोओ, मैं तुम्हें सुला रही हूं और साथ ही कुछ मधुर सुर में गा भी रही हूं। दोनों भाई शैय्या पर जाकर पड़ गए और लेटते ही नींद आ गई। सूरदास कहते हैं कि बाल गोविन्द को ऊंघते हुए देखकर यशोदा मैया आनंदित हो रही हैं।

भोर भयौ मेरे लाड़िले, जागौ कुँवर कन्हाई।
सखा द्वार ठाढ़े सबै, खैलौ जदुराई।।
मोकौं मुख दिखराइ कै, त्रय-ताप नसावहु।
तुव मुख-चंद चकोर-दृग मधु-पान करावहु।।
तब हरि मुख-पट दूरि कै, भक्तनि सुखकारी।
हँसत उठे प्रभु सेज तैं, सूरज बलिहारी।।

यशोदा मैंया कहती हैं कि सुबह हो गई। मेरे लाडले कुंवर कन्हाई! जागो। ह ेयदुनाथ! तुम्हारे सखा द्वार पर खड़े तुम्हारा उठने का इंतजार कर रहे हैं। मुझको अपना मुखड़ा दिखलाकर दैहिक, दैविक, भौतिक तीनों तरह के ताप का नाश करो। मेरे नयन तुम्हारे चन्द्रमुख के चकोर हैं, मेरे इन चकोर रूपी नयनों को अपने चन्द्रमुख की मिठास का पान करवाओ। यह सुनकर भक्तवत्सल भगवान गोविंद मुख से वस्त्र हटाकर हंसते हुए शैय्या से उठ खड़े हुए। सूरदास कहते हैं कि मैं अपने प्रभु की इस छवि पर बलि-बलि जाऊं।

भोर भयौ जागो नँदनंदत्त।
संग सखा ठाढ़े जग-बंदन।।
सुरभी पय हित बच्छ पियावैं।
पंछी तरु तजि दहुँ दिसि धावैं।।
अरुन गगन तमचुरनि पुकारयौ।
सिथिल धनुष रति-पति गहि डारयौ।।
निसि निघटी रबि-रथ रुचि साजी।
चंद मलिन चकई रति-राजी।।
कुमुदिनि सकुची बारिज फूले।
गुंजत फिरत अली-गन झूले।।
दरसन देहु मुदित नर-नारी।
सूरज-प्रभु दिन देव मुरारी।।

यशोदा मैया कहती हैं कि नंद नंदन! जागो, सुबह हो गई। हे जग-वंदन! तुम्हारे बाल सखा द्वार पर खड़े हैं। गायें अपने बछड़ों को प्रेमपूर्वक दूध पिला रही हैं। पक्षी पेड़ों को छोड़कर दसों दिशाओं में उड़ने लगे हैं। आसमान में सूर्य को देखकर मुर्गे बोल रहे हैं। कामदेव ने हाथ में लिया हुआ धनुष डोरी उतार कर रख दिया है। रात बीत गई है और सूर्य अपने रथ के साथ आकाश में निकल आए हैं। चन्द्रमा के मलिन पड़ जाने से चकई अपने जोड़े से मिलकर आनंदति हो रही है। कुमुदिनियां मुरझा गई हैं और कमल खिल उठे हैं। गुंजार करते हुए भौंरों का दल फूलों पर झूल रहा है। सूरदास कहते हैं कि मेरे आराध्य देव मुरारी, अब सबको अपना चन्द्रमुख दिखलाओ, जिससे व्रज के नर-नारी प्रसन्न हो उठें।

हरि कौं टेरति है नँदरानी।
बहुत अबार भई कहँ खेलत, रहे मेरे सारँग-पानी?
सुनतहिं टेर, दौरि तहँ आए, कब के निकसे लाल।
जेंवत नहीं नंद तुम्हारे बिनु, बेगि चलौ, गोपाल॥
स्यामहि ल्याई महरि जसोदा, तुरतहिं पाइँ पखारे।
सूरदास प्रभु संग नंद कैं बैठे हैं दोउ बारे॥

गोविंद को यशोदा मैया पुकार रही हैं कि मेरे शांगपानि! बहुत देर हो गई। तुम कहां खेल रहे हो? मैया की आवाज सुनते ही गोविंद दौड़कर मैया के पास आ गए। मैया कहने लगीं कि तुम घर से कबसे निकले हो तुम्हारे बाबा तुम्हारे बिना खाना नहीं खा रहे हैं। मेरे गोपाल! तुम अभी मेरे साथ चलो। गोविन्द को घर लाकर मैया ने तुरंत ही उनके पांव धोए। सूरदास कहते हैं कि नंदबाबा के संग दोनों भाई खाना खाने बैठे हैं।

न्हात नंद सुधि करी स्याम की, ल्यावहु बोलि कान्ह-बलराम।
खेलत बड़ी बार कहुँ लाई, ब्रज भीतर काहू कैं धाम॥
मेरैं संग आइ दोउ बैठैं, उन बिनु भोजन कौने काम।
जसुमति सुनत चली अति आतुर, ब्रज-घर-घर टेरति लै नाम॥
आजु अबेर भई कहुँ खेलत, बोलि लेहु हरि कौं कोउ बाम।
दूँढ़ति फिरि नहिं पावति हरि कौं,अति अकुलानी, तावति घाम॥
बार-बार पछिताति जसोदा, बासर बीति गए जगु जाम।
सूर स्याम कौं कहूँ न पावति, देखे बहु बालक के ठाम॥

स्नान करते समय नंदबाबा ने गोविंद को याद किया और कहने लगे कि कृष्ण और बलराम को भी बुलाकर लाओ। व्रज के अंदर किसी के घर खेलते हुए उन्होंने बड़ी देर कर दी है। मेरे पास आकर दोनों बैठे। उनके बिना भोजन किस काम का। यशोदा रानी यह सुनते ही व्याकुल होकर चल दीं और व्रज के घर-घर में नाम ले-लेकर पुकारने लगीं। वे गोपियों से कहती हैं कि आज खेलते हुए कान्हा को बहुत देर हो गई। कोई उन्हें बुलाकर तो ले आए। गोपियां कान्हा को खोजते हुए घूमती रहीं लेकिन कान्हा को कहीं देख नहीं रही हैं। वे धूप से तपकर अत्यंत ही व्याकुल हो उठीं। यशोदा मैया बार-बार पछता रही हैं कि दिन के दोपहर निकल गए। मेरे कान्हा-बलराम जाने कहां हैं। सूरदास कहते हैं कि उन्होंने बच्चों के खेलने के ढेर सारे स्थान देख लिए लेकिन कहीं भी श्याम उन्हें नहीं मिले।

कोउ माई बोलि लेहु गोपालहि।
मैं अपने कौ पंथ निहारति, खेलत बेर भई नँदलालहि॥
टेरत बड़ी बार भइ मोकौ, नहिं पावति घनस्याम तमालहि।
सिध जेंवन सिरात नँद बैठे, ल्यावहु बोलि कान्ह ततकालहि॥
भोजन करै नंद सँग मिलि कै, भूख लगी ह्वैहै मेरे बालहि।
सूर स्याम-मग जोवति जननी, आइ गए सुनि बचन रसालहि॥

यशोदा मैया कहती हैं कि कोई सखी मेरे गोपाल को तो बुला लाओ। मैं अपने लाल की बाट देख रही हूं। मेरे नंदलाल को खेलते हुए बहुत देर हो गई है। मुझको उसको आवाज देते बहुत देर हो गई लेकिन तमाल के समान उस कृष्णवर्ण को कहीं देख नहीं रही हूं। बना हुआ ताजा भोजन ठंडा हो रहा है। नंदराज खाने पर उनकी राह देख रहे हैं। कान्हा को कहीं से तुरंत ढूंढ़कर ले आओ। मेरे बालक को भूख लगी होगी, वे नन्दबाबा के साथ बैठकर खाना खा लें। सूरदास कहते हैं कि यशोदा मैया कान्हा के आने की राह देख ही रही थीं, तभी गोविंद उनकी प्रेम भरी रसीली बातें सुनकर उनके सामने आ खड़े हुए।

बोलि लेहु हलधर भैया कौं।
मेरे आगैं खेल करौ कछु, सुख दीजै मैया कौं॥
मैं मूँदौं हरि! आँखि तुम्हारी, बालक रहैं लुकाई।
हरषि स्याम सब सखा बुलाए खेलन आँखि-मुँदाई॥

हलधर कह्यौ आँखि को मूँदै, हरि कह्यौ मातु जसोदा।
सूर स्याम लए जननि खिलावति, हरष सहित मन मोदा॥

यशोदा मैया कन्हैया से बोलीं कि कन्हैया! हलधर भैया को भी बुला लो। मेरे सामने ही कोई खेल खेलो और अपनी मैया को भी सुख दो। गोविन्द, मैं तुम्हारी आंखें मूदूं, अन्य बालकों को बुला लाओ। बलराम ने पूछा कि आंखें कौन मूंदेगा? कन्हैया झट से बोले कि मैया यशोदा मेरी आंखें बन्द करेंगी और कौन करेगा। सूरदास कहते हैं कि मैया हर्षित होकर कन्हैया को अपने साथ लेकर खेला रही हैं। वह आज मन से प्रसन्न और आनंदित हैं।

हरि तब अपनी आँखि मुँदाई।
सखा सहित बलराम छपाने, जहँ-जहँ गए भगाई॥
कान लागि कह्यौ जननि जसोदा, वा घर मैं बलराम।
बलदाऊ कौं आवत दैहौं, श्रीदामा सौं काम॥
दौरि-दौरि बालक सब आवत, छुवत महरि कौ गात।
सब आए रहे सुबल श्रीदामा, हारे अब कैं तात॥
सोर पारि हरि सुबलाहे धाए, गह्यौ श्रीदामा जाइ।
दै-दै सौहैं नंद बाबा की, जननी पै लै आइ॥
हँसि-हँसि तारी देत सखा सब, भए श्रीदामा चोर।
सूरदास हँसि कहति जसोदा, जीत्यौ है सुत मोर॥

कान्हा ने तब अपनी आंखें मैया से बंद करवाईं। बलराम सहित सब सखा जहां-तहां भागकर छिप गए। यशोदा मैया ने कान्हा के कान में धीरे से कहा कि उस घर में बलराम छुपा है। कन्हैया बोले—बलदाऊ को आने दूंगा। मुझे तो श्रीदामा से मतलब है। दौड़-दौड़कर सब बालक आ रहे हैं और यशोदा मैया का शरीर छू रहे हैं। सब आ गए। बस सुबल और श्रीदामा ही रह गए। मैया ने यह देखकर कहा कि पुत्र तुम तो इस बार हारते हुए दिख रहे हो। तभी हुंकार भरकर कान्हा सुबल को छूने के लिए दौड़े और जाकर पकड़ लिए श्रीदामा को। नंदबाबा की सौगंध देकर उसे मैया के पास ले आए। ताली देकर हंस-हंसकर सखा सब कहने लगे कि आज से श्रीदामा चोर हुए। सूरदास कहते हैं कि मैया यशोदा हंसकर कहने लगीं कि मेरा पुत्र जीत गया है।

पौढ़िऐ मैं रचि सेज बिछाई।
अति उज्ज्वल है सेज तुम्हारी, सोवत मैं सुखदाई॥
खेलत तुम निसि अधिक गई, सुत, नैननि नींद झँपाई।
बदन जँभात अंग ऐंडावत, जननि पलोटति पाई॥
मधुरैं सुर गावत केदारौ, सुनत स्याम चित लाई।
सूरदास प्रभु नंद-सुवन कौं नींद गई तब आई॥

सांझ ढल जाने के बाद मैया कहती हैं कि 'कन्हैया! मैंने शय्या बहुत करीने से सजाकर लगा दी है। तुम्हारी शय्या बहुत ही साफ-सुथरी है और सोने में आरामदायक व सुखदायक है। तुझे खेलते हुए देर हो गई और आधी रात गुजर गई। मोहन! तुम्हारी आंखें अब नींद से झपक रही हैं। मुख से जम्हाई और शरीर से अंगड़ाई ले रहे हो।' मैया उनके पास बैठीं उनके पांव दबा रही हैं और मीठे सुर में केदारा राग भी गा रही हैं, जिसे श्याम बड़े ध्यान से सुन रहे हैं। सूरदास कहते हैं कि मेरे प्रभु को नींद आ गई।

खेलन जाहु बाल सब टेरत।
यह सुनि कान्ह भए अति आतुर, द्वारैं तन फिरि हेरत॥
बार-बार हरि मातहि बूझत, कहि चौगान कहाँ है।
दधि-मथनी के पाछैं देखौ, लै मैं धरयौ तहाँ है॥
लै चौगान-बटा अपनैं कर, प्रभु आए घर बाहर।
सूर स्याम पूछत सब ग्वालनि, खेलौगे किहिं ठाहर॥

यशोदा मैया कह रही हैं कि मेरे लाल! बालक सब पुकार रहे हैं। खेलने जाओ। इतना सुनते ही कन्हैया अत्यंत ही व्याकुल हो उठे। दरवाजे की ओर ताकने लगे। बार-बार कन्हैया मैया से पूछने भी लगे कि बोलो, मेरी गेंद.... खेलने का बल्ला कहां है? मैया बोलीं कि दही-मथनी के पीछे देखो, वहां उठाकर रख दिया है। अपने हाथ में बल्ला तथा गेंद लेकर कन्हैया घर से बाहर निकल आए। सूरदास कहते हैं कि कन्हैया सब गोप-बालकों से पूछ रहे हैं कि कहां पर जाकर खेलोगे?

खेलत बनैं घोष निकास।
सुनहु स्याम, चतुर-सिरोमनि, इहौं है घर पास॥
कान्ह-हलधर बीर दोऊ, भुजा-बल अति जोर।
सुबल, श्रीदामा, सुदामा, वै भए, इक ओर॥

और सखा बँटाइ लीन्हे, गोप-बालक-बृंद।
चले ब्रज की खोरि खेलत, अति उमँगि नँद-नंद॥
बटा धरनी डारि दीनौ, लै चले ढरकाइ।
आपु अपनी घात निरखत खेल जम्यौ बनाइ॥
सखा जीतत स्याम जाने, तब करी कछु पेल।
सूरदास कहत सुदामा, कौन ऐसौ खेल॥

गोप-सखा कह रहे हैं कि चतुर शिरोमणि श्याम! सुनो! यहां घर नजदीक ही है। गांव के बाहर खुले स्थान में खेलते ही बनेगा। कान्हा और बलराम ये दोनों वीर, जिसकी भुजाओं में अत्यंत ही बल था, एक दल के मुखिया हो गए। सुबल, श्रीदामा, सुदामा दूसरी ओर हो गए। ग्वाल-बालकों के दूसरे दल का भी बंटवारा हो गया। नंद नंदन अति उमंग और उत्साह के साथ व्रज की गालियों में खेलते हुए निकल पड़े। गेंद नीचे रख दिया और उसे लुढ़काते हुए ले चले। सब अपना-अपना मौका देखते थे। इस तरह से खेल जम गया। कन्हैया ने जब सखाओं को जीतते देखा तब कुछ अपने मनमानी करने लगे। सूरदास कहते हैं कि सुदामा बोले कि ऐसा खेल कौन खेलेगा?

आवहु, कान्ह, साँझ की बेरिया।
गाइनि माँझ भए हौ ठाढ़े, कहति जननि, यह बड़ी कुबेरिया॥
लरिकाई कहुँ नैकु न छाँड़त, सोइ रहौ सुथरी सेजरिया।
आए हरि यह बात सुनतहीं, धाइ लए जसुमति महतरिया॥
ले पौढ़ी आँगनहीं सुत कौं, छिटकि रही आछी उजियरिया।
सूर स्याम कछु कहत-कहत ही बस करि लीन्हे आइ निंदरिया॥

यशोदा मैंया कहती है कि कन्हैया! अब आ जाओ। सांझ हो गई। गलत समय में तुम गायों के बीच में खड़े हो। बचपना थोड़ा-सा भी क्यों नहीं छोड़ते। आओ शय्या पर सो जाओ। मैया की बात सुनते ही गोविंद दौड़े आए और यशोदा मैया ने दौड़कर उन्हें गोद में ले लिया और कान्हा को लेकर आंगन में ही पलंग पर लेट गईं। सूरदास कहते हैं कि श्याम मैया से बातें कर ही रहे थे, तभी नींद ने आकर उन्हें घेर लिया और वे सो गए।

खेलत मैं को काको गुसैयाँ।
हरि हारे जीते श्रीदामा, बरबसहीं कत करत रिसैयाँ॥

जाति-पाँति हम ते बड़ नाहीं, नाहीं बसत तुम्हारी छैयाँ।
अति अधिकार जनावत यातैं, जातैं अधिक तुम्हारैं गैयाँ!
रुहठि करै तासौं को खेलै, रहे बैठि जहँ-तहँ सब ग्वैयाँ।
सूरदास प्रभु खेल्यौइ चाहत, दाउँ दियौ करि नंद-दुहैयाँ॥

ग्वाल-सखा कन्हैया से कह रहे हैं कि कन्हैया! खेल में कौन किसका स्वामी होता है। तुम हार गये हो और श्रीदामा जीत गया है। जबर्दस्ती झगड़ क्यों रहे हो? तुम्हारी जाति हमसे बड़ी नहीं है और न ही हम तुम्हारे अधीन है। तुम अत्यधिक अधिकार इसीलिए जताते हो न कि तुम्हारे पास हमसे अधिक गायें हैं। बात-बात पर खीझने-खिझाने वाले के साथ कौन खेलेगा। इतना बोलकर जहां-तहां सब ग्वाल बैठ गए। सूरदास कहते हैं कि कन्हैया तो खेलना चाहते हैं, इसलिए नंदबाबा की सौगंध दिलाकर दांव दे दिया अर्थात झगड़ा न करने की सौगंध लेने पर कान्हा से खेलने के लिए सब सखा तैयार हो गए।

खेलत स्याम पौरि कैं बाहर ब्रज-लरिका सँग जोरी।
तैसेइ आपु तैसेई लरिका, अज्ञ सबनि मति थोरी॥
गावत, हाँक देत, किलकारत, दुरि देखति नँदरानी।
अति पुलकित गदगद मुख बानी, मन-मन महरि सिहानी॥
माटी लै मुख मेलि दई हरि, तबहिं जसोदा जानी।
साँटी लिए दौरि भुज पकरयौ, स्याम लँगरई ठानी॥
लरिकनि कौं तुम सब दिन झुठवत, मोसौं कहा कहौगे।
मैया! मैं माटी नहिं खाई, मुख देखैं निबहौगे॥
बदन उघारि दिखायौ त्रिभुवन, बन घन नदी-सुमेर।
नभ-ससि-रबि मुख भीतरहीं सब सागर-धरनी-फेर॥
यह देखत जननी मन ब्याकुल, बालक-मुख कहा आहि।
नैन उघारि, बदन हरि मुँद्यौ, माता-मन अवगाहि॥
झूठैं लोग लगावत मोकौं, माटी मोहि न सुहावै।
सूरदास तब कहति जसोदा, ब्रज-लोगनि यह भावै॥

गोविंद दरवाजे के बाहर खेल रहे हैं। व्रज के बालकों को भी बुला लिया है। जैसे गोविन्द हैं, वैसे ही सब बालक हैं। सबमें ही थोड़ी ही समझ है। गा रहे हैं, आवाज दे रहे हैं, किलकरी मार रहे हैं और दूर से ही नंदरानी यह सब देख रही हैं। वे अत्यंत ही आनंदित हैं। गला यह दृश्य देखकर भर

आया है। वे मन-ही-मन प्रसन्न हैं। तभी वे देखती हैं कि मिट्टी उठाकर गोविन्द ने मुख में डाल ली। यशोदा मैया छड़ी लेकर दौड़ी आ गई और गोविन्द की बांह पकड़ ली। गोविंद ने चुप्पी साध ली। यशोदा मैया कहने लगीं कि बालकों को तुम हमेशा ही झूठे बना देते हो लेकिन अब मुझसे क्या बहाना करोगे? गोविन्द ने फिर भी अपनी गलती नहीं स्वीकार की–'मैया, मैंने माटी नहीं खाई है।' ठीक है, लेकिन मुख देख लेने के बाद ही तुम्हें मैं छोड़ूंगी। मैया के यह कहते ही त्रिभुवन स्वामी गोविन्द ने अपना मुख खोलकर तीनों लोकों का दर्शन करा दिया। उनके मुख में घने जंगल, नदियां, सुमेरू, आकाश, चन्द्रमा, रवि, समुद्र यानी सारी सृष्टि ही मैया ने देख ली। अब मैया घबरा गईं। उनका मन व्याकुल हो गया–'मेरे बच्चे के मुख में ये सब क्या है?' मैया के मन की दुविधा समझकर गोविन्द ने मुंह बंद कर लिया और माता से कहा –'मैया, अपने नयन तो खोलो। सब मुझे झूठे ही बदनाम करते हैं। मुझे माटी छूना भी पसंद नहीं।' सूरदास कहते हैं कि मैया कहने लगीं– 'व्रज के लोगों को झूठ बोलना अच्छा लगता है। मेरे निर्दोष बालक को झूठे सब बदनाम करते हैं।'

मोहन काहैं न उगिलौ माटी।
बार-बार अनरुचि उपजावति, महरि हाथ लिये साँटी॥
महतारी सौं मानत नाहीं कपट-चतुराई ठाटी।
बदन उघारि दिखायौ अपनौ, नाटक की परिपाटी॥
बड़ी बार भइ, लोचन उघरे, भरम-जवनिका फाटी।
सूर निरखि नँदरानि भ्रमति भइ, कहति न मीठी-खाटी॥

यशोदा मैया गुस्सा करती हुई कहती हैं कि मोहन! तू माटी उगल क्यों नहीं देता? मैया बार-बार माटी के प्रति मोहन को मन में घृणा उत्पन्न करना चाहती हैं। उनके हाथ में छड़ी भी है। लेकिन मैया की बात वे सुन नहीं रहे हैं, उन्होंने कपट भरी चतुराई का रास्ता अपना लिया है। गोविन्द ने अपना मुंह खोलकर दिखाया और नाटक की तरह मैया को पूरे ब्रह्मांड के ही दर्शन करवा दिए। यशोदा मैया इससे भ्रमित हो गईं और काफी समय तक खुले नेत्रों से एकटक गोविंद को निहारती रह गईं। फिर अचानक ही उनका यह भ्रम दूर हो गया। सूरदास कहते हैं कि मैया इस दृश्य को देखकर दुविधा में पड़ गईं और निर्णय न ले सकीं कि क्या सही है और क्या गलत है।

नंदहि कहति जसोदा रानी।
माटी कैं मिस मुख दिखरायौ, तिहूँ लोक रजधानी॥
स्वर्ग, पताल, धरनि, बन, पर्वत, बदन माँझ रहे आनी।
नदी-सुमेर देखि चकित भई, याकी अकथ कहानी॥
चितै रहे तब नंद जुवति-मुख मन-मन करत बिनानी।
सूरदास तब कहति जसोदा गर्ग कही यह बानी॥

मैया नंदबाबा से कहती हैं कि माटी के बहाने कन्हैया ने अपना मुख खोलकर दिखलाया, उसमें माटी तो नजर नहीं आई लेकिन उसके मुख में तीनों लोकों की राजधानियों सहित स्वर्ग, पाताल, धरती, वन, पर्वत सब मैंने देख लिए। मैं तो नदियां और सुमेरू पर्वत को उसके मुख में देखकर अचंभा में पड़ गई। कान्हा की बाते सुनकर नंदबाबा उनका मुख ही निहारते रह गए और मन-ही-मन विचार करने लगे–'यशोदा भी न, बिलकुल ही नासमझ है।' सूरदास कहते हैं कि यशोदा मैया नंदबाबा से बोलीं–'महर्षि गर्ग ने तो यही कहा था कि तुम्हारा गोविन्द श्रीहरि विष्णु का अवतार है।'

कहत नंद जसुमति सौं बात।
कहा जानिए, कह तैं देख्यौ, मेरैं कान्ह रिसात॥
पाँच बरष को मेरौ नन्हैया, अचरज तेरी बात।
बिनहीं काज साँटि लै धावति, ता पाछैं बिललात॥
कुसल रहैं बलराम स्याम दोउ, खेलत-खात-अन्हात।
सूर स्याम कौं कहा लगावति, बालक कोमल-बात॥

नंद बाबा यशोदा रानी से कहते हैं कि न जाने मेरे गोविंद में तुमने क्या ऐसा देख लिया कि उस पर हमेशा गुस्सा करती रहती हो। मेरा नन्हा कन्हैया अभी पांच साल का ही तो है। तुम्हारी बात सुनकर मुझे आश्चर्य होता है। अकारण ही तुम छड़ी लेकर चीखती-चिल्लाती हुई उसके पीछे दौड़ पड़ती हो। मेरे बलराम-श्याम दोनों सकुशल रहें तथा यूं ही खेलते-खाते रहें, मुझे और कुछ भी नहीं चाहिए। कान्हा तो अभी कोमल बालक है। बोलना भी ठीक से नहीं जानता, न मालूम तुम उस पर यह कैसा दोष मढ़ रही हो।

देखौ री! जसुमति बौरानी।
घर-घर हाथ दिवावति डोलति, गोद लिए गोपाल बिनानी॥

जानत नाहिं जगतगुरु माधव, इहिं आए आपदा नसानी।
जाकौ नाउँ सक्ति पुनि जाकी, ताकौं देत मंत्र पढ़ि पानी॥
अखिल ब्रह्मांड उदर गत जाकैं, जाकी जोति जल-थलहिं समानी।
सूर सकल साँची मोहि लागति, जो कछु कही गर्ग मुख बानी॥

गोपियां आपस में बातें करती हैं कि देखो न सखी! यशोदा मैया पगला गई हैं। वे गोपाल को गोद में लिए घर-घर उनको सिर पर बड़े-बूढ़ों का हाथ रखवाती घूम रही हैं। उन्हें यह पता नहीं है कि माधव जगतगुरु हैं, इनके व्रज में आने से ही सारी आपदाएं एक-एक कर समाप्त हो गई हैं। जिनका नाम ही मंत्र है और उस मंत्र में जिसकी शक्ति है, उसी पर मंत्र पढ़ कर सब छींटे मारती हैं। यह कैसी बात हुई? अखिल ब्रह्मांड जिसके पेट में है, जल, थल में जिसकी ज्योति-पुंज का उजाला फैला हुआ है, यशोदा मैया के लला वही ये गोविंद हैं। महर्षि गर्ग ने जो कुछ भी गोविन्द के विषय में कहा था, वह मुझे अक्षरशः सत्य लगता है।

गोपाल राइ चरननि हौं काटी।
हम अबला रिस बाँचि न जानी, बहुत लागि गइ साँटी॥
वारौं कर जु कठिन अति कोमल, नयन जरहु जिनि डाँटी।
मधु, मेवा पकवान छाँड़ि कै, काहैं खात हौ माटी॥
सिगरोइ दूध पियौ मेरे मोहन, बलहि न दैहौं बाँटी।
सूरदास नँद लेहु दोहानी, दुहहु लाल की नाटी॥

यशोदा मैया पछता रही हैं कि अपने राजा बेटा के सामने तो मैं शर्मिंदा हो गई। मैं अबला स्त्री अपने क्रोध पर काबू न रख सकी कान्हा को गुस्से में मैंने छड़ी से कुछ ज्यादा ही पीट दिया। मैं कान्हा के कमलवत् हाथों पर अपने अति कठोर हाथों को लुटा दूं। मेरी आंखें जल जाएं, जिससे घूरते हुए कान्हा को मैंने डांटा-फटकारा। मेरे मानधन! तुम मधु, मेवा, पकवान छोड़कर क्यों माटी खाते हो? तुम एक गाय का सारा दूध पियो। उसमें से मैं बलराम को नहीं दूंगी। यशोदा मैया यह कहते हुए नंदबाबा से कहती हैं कि नंदजी, यह दोहनी लो और मेरे लाल की नाटी गैया को दुह दो। इसका सारा दूध मेरा लाल अकेला ही पियेगा।

मैया री, मोहि माखन भावै।
जो मेवा पकवान कहति तू, मोहि नहीं रुचि आवै॥
ब्रज-जुवती इक पाछैं ठाढ़ी, सुनत स्याम की बात।

मन-मन कहति कबहुँ अपनैं घर, देखौं माखन खात॥
बैठैं जाइ मथनियाँ कैं ढिग, मैं तब रहौं छपानी।
सूरदास प्रभु अंतरजामी, ग्वालिनि-मन की जानी॥

गोविन्द कहते हैं कि मैया! मुझे माखन खाने में अच्छा लगता है। तुम जो मेवा, पकवान खाने को कहती हो, मुझे जरा-सा भी रुचता नहीं है। व्रज की एक युवती पीछे खड़ी श्याम की बात सुन रही थी। वह मन-ही-मन बोली कि कभी मैं कान्हा को अपने घर माखन खाते हुए काश मैं देखती। ये दही के मटके के पास आकर बैठ जाए और मैं छिप्कर यह सुन्दर दृश्य अपलक निहारती रहूं। सूरदास कहते हैं कि मेरे प्रभु अंतर्यामी हैं। उन्होंने ग्वालिन के मन की बात जान ली।

फूली फिरति ग्वालि मन मैं री।
पूछति सखी परस्पर बातैं, पायौ परयो कछू कहुँ तैं री?
पुलकित रोम-रोम, गदगद, मुख बानी कहत न आवै।
ऐसौ कहा आहि सो सखि री, हम कौं क्यौं न सुनावै॥
तन न्यारौ, जिय एक हमारौ, हम तुम एकै रूप।
सूरदास कहै ग्वालि सखिनि सौं, देख्यौ रूप अनूप॥

वह ग्वालिन मन-ही-मन फूली घूमती फिर रही है। सखियां उससे पूछती हैं कि क्या तूने कहीं से गड़ा हुआ धन पा लिया है कि तेरा रोम-रोम पुलकित है, गला गदगद है, जिससे तेरे से कोई कहते नहीं बन पड़ रही है? ऐसी क्या बात है, जिससे तू इतनी खुश है। मन की बात हमको क्यों नहीं बता रही? शरीर अलग है, पर जीव तो मेरा-तेरा एक ही है। हम सब एक ही तो हैं। सूरदास कहते हैं कि इतना पूछने पर वह ग्वालिन बोली कि मैंने एक अद्‌भुत रूप का दर्शन किया है।

गए स्याम तिहि ग्वालिनि कैं घर।
देख्यौ द्वार नहीं कोउ, इत-उत चितै चले तब भीतर॥
हरि आवत गोपी जब जान्यौ, आपुन रही छपाइ।
सूनैं सदन मथनियाँ कैं ढिग, बैठि रहे अरगाइ॥
माखन भरी कमोरी देखत, लै-लै लागे खान।
चितै रहे मनि-खंभ-छाहँ तन, तासौं करत सयान॥
प्रथम आजु मैं चोरी? आयौ, भलौ बन्यौ है संग।

आपु खात, प्रतिबिंब खवावत, गिरत कहत, का रंग?
जौ चाहौ सब देउँ कमोरी, अति मीठौ कत डारत।
तुमहि देत मैं अति सुख पायौ, तुम जिय कहा बिचारत?
सुनि-सुनि बात स्याम के मुख की, उमँगि हँसी ब्रजनारी।
सूरदास प्रभु निरखि ग्वालि-मुख तब भजि चले मुरारी॥

गोविंद तो भक्तवत्सल हैं। उस गोपी का मन तो उन्हें रखना ही था। वह उस ग्वालिन के घर गए। देखा, द्वार पर कोई नहीं है। इधर-उधर देखकर वे अंदर की ओर बढ़ गए। गोविन्द को आते हुए देखकर वह ग्वालिन छिप गई। निर्जन घर में दही के मटके के पास आकर बैठ गए। माखन से लबालब भरा मटका देखकर हाथ में ले-लेकर खाने लगे। सामने के मणियुक्त खम्भे में अपनी छाया देखा तो उससे धीरे-धीरे बात करने लगे कि मैं आज पहली बार ही माखन की चोरी करने आयी हूं। तुम्हारा-मेरा साथ अच्छा रहा। गोविन्द स्वयं भी खा रहे हैं और अपने प्रतिबिंब को भी खिला रहे हैं और जब माखन गिर जाता है तो कहते हैं कि यह तुम्हारा खाने का कौन-सा तरीका है? कहां तो तुम्हें मटके का सारा माखन दे दूं। माखन इतना मीठा है क्यों नीचे गिरा रहे हो? तुम्हें खिलाकर मैं अत्यंत ही सुख पा रहा हूं। लेकिन तुम्हें इस बात का कहां ख्याल है? श्याम के मुख से ऐसी बातें सुन-सुनकर वह व्रजनारी उमंग के मारे हंस दी। सूरदास कहते हैं कि तब मेरे प्रभ उस ग्वालिन का मुख देखते ही भाग गये।

आजु सखी मनि-खंभ-निकट हरि, जहँ गोरस कौं गो री।
निज प्रतिबिंब सिखावत ज्यौं सिसु, प्रगट करै जनि चोरी॥
अरध बिभाग आजु तैं हम-तुम, भली बनी है जोरी।
माखन खाहु कतहिं डारत हौ, छाड़ि देहु मति भोरी॥
बाँट न लेहु, सबै चाहत हौ, यहै बात है थोरी।
मीठौ अधिक, परम रुचि लागै, तौ भरि देउँ कमोरी॥
प्रेम उमगि धीरज न रह्यौ, तब प्रगट हँसी मुख मोरी।
सूरदास प्रभु सकुचि निरखि मुख भजे कुंज की खोरी॥

वह गोपी अपनी सखियों को बताती है कि सखि! आज मेरे घर जहां मणियुक्त खम्भे के निकट गोरस रहता है, वहीं मुरारी आ बैठे। वहां खम्भे में प्रतिबिंबित अपने प्रतिबिंब को समझाने लगे कि मेरी चोरी के विषय में किसी से भी न कहना। तुम्हारी-मेरी

जोड़ी अच्छी है। आज से मेरा-तुम्हारा आधे-आधे का हिस्सा रहा। माखन खाओ। इसे नीचे क्यों गिराते हो? यह भोली बुद्धि छोड़ दो। तुम बांटना नहीं चाहते हो, सारा माखन चाहते हो, यही बात तो तुम्हारी ठीक नहीं है। माखन बहुत ही स्वादिष्ट है। चखकर पहले देखो, तुम्हें स्वादिष्ट लगा तो मैं तुम्हें ही पूरा मटका दे दूंगा। मुरारी की बातें सुनकर मैं प्रेमवश इतनी उमंगित हो उठी कि मुझसे चुप न रहा गया और सहसा मेरी हंसी छूट पड़ी और मैं मुंह मोड़कर हंसने लगी। मेरी हंसी सुनते ही मुरारी सकपका गए और मेरा मुख देखते ही कुंज गली में भाग चले।

प्रथम करी हरि माखन-चोरी।
ग्वालिनि मन इच्छा करि पूरन, आपु भजे ब्रज-खोरी।।
मन मैं यहै बिचार करत हरि, ब्रज घर-घर सब जाउँ।
गोकुल जनम लियौ सुख कारन, सब कैं माखन खाउँ।।
बालरूप जसुमति मोहि जानै, गोपिनि मिलि सुख-भोग।
सूरदास प्रभु कहत प्रेम सौं, ये मेरे ब्रज-लोग।।

गोविन्द ने पहली बार माखन की चोरी की और ग्वालिन के मन की अभिलाषा पूरी कर स्वयं व्रज की गलियों में भाग चले, अब गोविन्द मन-ही-मन यह विचार करने लगे कि मैं व्रज के घर-घर में जाऊंगा और सबका माखन खाऊंगा। मैंने गोकुल में जन्म गोप-गोपियों को सुख देने के लिए ही तो लिया है। यशोदा मैया मुझे नन्हा-सा बालक जानती हैं। गोपियों से मिलकर उनके स्नेह-रस का भोग करूंगा। सूरदास कहते हैं कि प्रभु हृदय से मानते हैं कि व्रज के ये लोग मेरे हैं।

सखा सहित गए माखन-चोरी।
देख्यौ स्याम गवाच्छ-पंथ ह्वै, मथति एक दधि भोरी।।
हेरि मथानी धरी माट तैं, माखन हो उतरात।
आपनु गई कमोरी माँगन, हरि पाई ह्याँ घात।।
पैठे सखनि सहित घर सूनैं, दधि-माखन सब खाए।
छूछी छाँड़ि मटुकिया दधि की, हँसि सब बाहिर आए।।
आइ गई कर लिये कमोरी, घर तैं निकसे ग्वाल।
माखन कर, दधि मुख लपटानौ, देखि रही नँदलाल।।
कहँ आए ब्रज-बालक सँग लै, माखन मुख लपटान्यौ।
खेलत तैं उठि भज्यौ सखा यह, इहिं घर आइ छपान्यौ।।

भुज गहि लियौ कान्ह एक बालक, निकसे ब्रजकी खोरि।
सूरदास ठगि रही ग्वालिनी मन हरि लियौ अँजोरि॥

मोहन सखाओं के साथ माखन चोरी करने गए। मोहन ने खिड़की से झांककर देखा, एक भोली ग्वालिन बैठी दही मथ रही है। माखन अब निकल गया है, यह सोचकर उसने मथनी मटके से निकालकर बाहर रख दिया और स्वयं मटकी मांगने चली गई। मोहन को अच्छा मौका मिल गया। वे सखाओं सहित निर्जन घर में घुस गए और दही-माखन सबने खा लिए। दही की खाली मटकी छोड़कर हंसते हुए सब सखा सहित गोविन्द बाहर आ गए। इसी बीच वह ग्वालिन मटकी लेकर आ गई। उसने देखा कि मेरे घर से ग्वाल सब निकल रहे हैं। हाथ में माखन, मुख में लपटाई दही देखकर वह चकित रह गई। उसने नंदलाल से पूछा कि तुम व्रज के बालकों को साथ लेकर यहां कहां आये हो? मुख में माखन कैसे लगा रखा है? नंदलाल कहने लगे कि मेरा यह सखा खेल से उठकर भाग आया था और इस घर में आकर छिप गया थ। यह कहकर नंदलाल ने एक बालक की बांह पकड़ ली और व्रज की गलियों की ओर बढ़ गए। सूरदास कहते हैं कि ग्वालिन तो ठगी की ठगी रह गई। गोविन्द ने दिन के उजाले में ही उस ग्वालिन का मन चुरा लिया था।

चकित भई ग्वालिनि तन हेरौ।
माखन छाँड़ि गई वैसैहिं, तब तैं कियौ अबेरौ॥
देखै जाइ मटुकिया रीती, मैं राख्यौ कहुँ हेरि।
चकित भई ग्वालिनि मन अपनैं, ढूँढ़ति घर फिरि-फेरि॥
देखति पुनि-पुनि घर के बासन, मन हरि लियौ गोपाल।
सूरदास रस-भरी ग्वालिनी, जानै हरि कौ ख्याल॥

चकित हुई ग्वालिन का मुख तो देखो। वह सोच रही है कि मैं तो दही मथकर माखन वैसे ही छोड़कर गई थी, मेरे लौटने में कुछ देर हो गई है। उसने आकर मटके को खाली देखा तो बुदबुदाई कि मैंने मक्खन निकालकर कहीं और जगह तो नहीं रख दिया। ग्वालिन अपने मन में ही चकित घर में चारों तरफ बार-बार मक्खन ढूंढ़ रही है। वह बार-बार घर के बर्तन झांक कर देख रही है। उसके मन को तो गोपाल ने हर लिया है। अब ठीक-ठीक कुछ भी सोच पाना उसके वश की बात नहीं थी।

सूरदास कहते हैं कि ग्वालिन यह जानकर की गोविन्द का यह खेल है, उनके प्रेम में डूब गई।

ब्रज घर-घर प्रगटी यह बात।
दधि-माखन चोरी करि लै हरि, ग्वाल-सखा सँग खात॥
ब्रज-बनिता यह सुनि मन हरषित, सदन हमारैं आवैं।
माखन खात अचानक पावैं, भुज हरि उरहिं छुवावैं॥
मन-हीं-मन अभिलाष करति सब हृदय धरति यह ध्यान।
सूरदास प्रभु कौं घर तैं लैं दैहौं माखन खान॥

ब्रज में घर-घर यह बात फैल गई कि गोपाल दही-माखन की चोरी करते हैं और ग्वाल सखाओं के साथ खूब मजे से खाते हैं। ब्रज की स्त्रियां यह सुनकर मन-ही-मन बहुत ही खुश हैं कि प्रभु हमारे घर आयें, माखन चुरा कर खाते हम उन्हें अचानक ही देखें और गोपाल की बाहों से अपने हृदय को स्पर्श कराएं। अपने-अपने हृदय में कृष्ण का ध्यान धर कर सब मन-ही-मन यह अभिलाषा कर रही हैं। सूरदास कहते हैं कि सारी गोपियों की यही इच्छा है कि गोविन्द को घर से लेकर हम सब मक्खन खाने को देंगी।

चली ब्रज घर-घरनि यह बात।
नंद-सुत, सँग सखा लीन्हें, चोरि माखन खात॥
कोउ कहति, मेरे भवन भीतर अबहिं पैठे धाइ।
कोउ कहति, मोहि देखि द्वारैं, उतहिं गए पराइ॥
कोउ कहति, किहिं भाँति हरि कौं, देखैं अपने धाम।
हेरि माखन देउँ आछौं, खाइ कितनौ स्याम॥
कोउ कहति, मैं देखि पाऊँ, भरि धरौं अँकवारि।
कोउ कहति, मैं बाँधि राखौं, को सकै निरवारि॥
सूर प्रभु के मिलन कारन, करति बुद्धि बिचार।
जोरि कर बिधि कौं मनावति, पुरुष नंद-कुमार॥

ब्रज के घर-घर में यह बात होने लगी कि नंद नंदन अपने सखाओं के साथ मक्खन चुराकर खाते हैं। कोई गोपी कहती है कि मेरे घर में अभी दौड़कर घुस गये थे। कोई ग्वालिन कहती है कि मुझको द्वार पर देखकर उधर भाग गए। कोई गोपी कहती है कि किसी भी उपाय से गोविंद को मैं अपने घर में देखना चाहती

हूं। मैं अच्छा मीठा माखन दूंगी। श्याम को जितना मन करे पेट भर खाए। कोई गोपी कहती है कि मैं अपने भवन में उन्हें देख लूं तो दोनों भुजाओं में पकड़ कर भर लूं। कोई गोपी कहती है कि मैं बांधकर गोविन्द को रख लूं, फिर देखती हूं उन्हें कौन छुड़ाने आता है। सूरदास कहते हैं कि मेरे प्रभु से मिलने के लिए गोपियां तरह-तरह के विचार बना रही हैं और दोनों हाथ जोड़कर ब्रह्मा से निवेदन करती हैं कि हमें पति के रूप में कृपानिधान गोविंद ही मिले।

गोपालहि माखन खान दै।
सुनि री सखी, मौन ह्वै रहिऐ, बदन दही लपटान दै॥
गहि बहियाँ हौं लैकै जैहौं, नैननि तपति बुझान दै।
याकौ जाइ चौगुनौ लैहौं, मोहि जसुमति लौं जान दै॥
तू जानति हरि कछू न जानत सुनत मनोहर कान दै।
सूर स्याम ग्वालिनि बस कीन्हौ राखति तन-मन-प्रान दै॥

एक गोपी कहती है कि गोपाल को मक्खन खाने दो। हे सखि! सुनो! सब खामोश और शांत ही रहो। गोपाल को मुख में दही लगाने दो ताकि यशोदा को दिखाने में आएगा। जरा इन आंखों की तपन कान्हा को निहार कर कम होने दो, फिर मैं गोपाल की बांह पकड़कर यशोदा के पास ले जाऊंगी। मुझे इन्हें यशोदा के पास ले जाने दो, इसका चौगुना मक्खन उनसे मैं वसूल लूंगी। यह सुनकर एक सखी कहती है कि तू क्या जानती है कि कन्हैया कुछ नहीं जानते हैं, वे कान लगाकर सब सुन रहे हैं। सूरदास कहते हैं कि श्याम ने ग्वालिनों को अपने वश में कर लिया है। वे सब अपना तन, मन, प्राण भी देकर उन्हें अपने पास हर पल रखना चाहती हैं। मक्खन क्या चीज है।

माई! हौं तकि लागि रही।
जब घर तैं माखन लै निकस्यौ, तब मैं बाहँ गही॥
तब हँसि कै मेरौ मुख चितयौ, मीठी बात कही।
रही ठगी, चेटक-सौ लाग्यौ, परि गई प्रीति सही॥
बैठो कान्ह, जाउँ बलिहारी, ल्याऊँ और दही।
सूर स्याम पै ग्वालि सयानी सरबस दै निबही॥

एक गोपी कहती है कि सखी! मैं कृष्ण को लेकर बिल्कुल ही सजग और होशियार थी। वह घर से माखन लेकर जैसे ही निकला, वैसे ही मैंने उसकी

बांहें पकड़ ली। तब उसने हंसकर मेरे मुख को देखा और मीठी-मीठी बातें करने लगा। मैं तो उसकी मधुरवाणी सुनकर ठगी की ठगी रह गई मानो जादू-सा मेरे ऊपर चला गया हो, बस उससे सच्चे मन से प्रीति हो गई। मैं सहसा ही बोल पड़ी-'कन्हैया बैठो, मैं तुम पर न्यौछावर हूं। मैं तुम्हारे लिए और दही लेकर आ रही हूं। सूरदास कहते हैं कि श्याम पर चतुर ग्वालिन ने अपना सब कुछ अर्पण कर दिया और वह भवसागर पार कर गई।

आपु गए हरुएँ सूनैं घर।
सखा सबै बाहिर ही छाँड़े, देख्यौ दधि-माखन हरि भीतर॥
तुरत मथ्यौ दधि-माखन पायौ, लै-लै खात, धरत अधरनि पर।
सैन देइ सब सखा बुलाए, तिनहि देत भरि-भरि अपनैं कर॥
छिटकि रही दधि-बूँद हृदय पर, इत उत चितवत करि मन मैं डर।
उठत ओट लै लखत सबनि कौं, पुनि लै खात लेत ग्वालनि बर॥
अंतर भई ग्वालि यह देखति मगन भई, अति उर आनँद भरि।
सूर स्याम-मुख निरखि थकित भइ, कहत न बनै, रही मन दै हरि॥

कन्हैया स्वयं एक सूने घर में घुस गए। सखाओं को बाहर ही छोड़ दिया। कान्हा ने अंदर दही-माखन देखा। ताजा माखन पाकर होठों पर धर-धर कर खाने लगे। फिर इशारे से सब सखाओं को भी अंदर बुला लिया और उन्हें अपने हाथ से उठा-उठाकर माखन देने लगे। छाती पर दही की बूंदें पड़ रही हैं। डरकर इधर-उधर भी देख लेते हैं। सखाओं की ओट लेकर उठते हैं और सबको देख लेते हैं, फिर खाने लगते हैं और सखाओं के हाथ से लेकर भी माखन खाते हैं। अंदर छिपी हुई ग्वालिन सब देख रही है। वह सच्चे हृदय से आनंदित हो रही है। सूरदास कहते हैं कि श्याम का मुख देखकर वह ग्वालिन शिथिल पड़ गई। उससे कुछ बोलते न बना। उसने कन्हैया को अपना मन दे दिया।

जसुदा कहँ लौं कीजै कानि।
दिन-प्रति कैसैं सही परति है, दूध-दही की हानि॥
अपने या बालक की करनी, जौ तुम देखौ आनि।
गोरस खाइ, खवावै लरिकन, भाजत भाजन भानि॥
मैं अपने मंदिर के कोनैं, राख्यौ माखन छानि।
सोई जाइ तिहारैं ढोटा, लीन्हौ है पहिचानि॥

बूझि ग्वालि निज गृह मैं आयौ नैकु न संका मानि।
सूर स्याम यह उतर बनायौ, चींटी काढ़त पानि।।

एक गोपी कहती है कि यशोदा जी, कहां तक शर्म-लिहाज किया जाए। प्रतिदिन दूध और दही की हानि कैसे बर्दाश्त किया जा सकता है। तुम अपने इस बाल की करनी आकर देखो, यह स्वयं माखन-दही खाता है और दूसरे बालकों को भी खिलता है और मटकों को फोड़कर भाग जाता है। मैंने अपने घर के कोने में मक्खन निकाल कर रखा था, इस तुम्हारे लाडले ने उस ताजा माखन को ही पहचानकर धीरे से ले लिया। मैंने जब उसे सवाल किया तो उसने उत्तर में कहा कि मैं तो इसे अपना घर समझकर जरा-सा भी संकोच न कर अंदर चला आया और मैं और कुछ नहीं, बस अपने हाथ से दही से चींटियां निकाल रहा था।

महरि! तुम मानौ मेरी बात।
ढूँढ़ि-ढाँढ़ि गोरस सब घर कौ, हरयौ तुम्हारैं तात।।
कैसैं कहति लियौ छींके तैं, ग्वाल-कंध दै लात।
घर नहिं पियत दूध धौरी कौ, कैसैं तेरैं खात?
असंभाव बोलन आई है, ढीठ ग्वालिनी प्रात।
ऐसौ नाहिं अचगरौ मेरौ, कहा बनावति बात।।
का मैं कहौं, कहत सकुचति हौं, कहा दिखाऊँ गात।
हैं गुन बड़े सूर के प्रभु के, ह्याँ लरिका ह्वै जात।।

यशोदा मैया से एक गोपी आकर कहती है कि यशोदा रानी। तुम मेरी बात मानो। तुम्हारे पुत्र ने ढूंढ़-ढूंढ़ कर मेरे घर का सारा गोरस चुरा लिया। यशोदा रानी ने सवाल कर दिया कि तुम यह कैसे कहती हो कि इतने ऊंचे छींके पर से कान्हा ने गोरस उतार कर ले लिया? गोपी जवाब में कहती है कि तुम्हारा लाल बहुत ही चतुर है। ग्वालों के कंधे पर पैर रखकर चढ़ गया और गोरस का मटका उतार लिया। यशोदा रानी इस पर कहती हैं कि घर पर तो वह धौरी गाय का दूध पीता नहीं है, फिर वह तुम्हारे घर का दही-माखन कैसे खा सकता है? सुबह-सुबह यह नकचढ़ी गोपी असंभव बात कहने आई है। तुम बेवजह बात बनाकर कहने आई हों। मेरा कान्हा इतना धूर्त नहीं है। गोपी बोली—'अब मैं क्या कहूं, कहने में भी संकोच होता है और अब अपना शरीर कैसे दिखाऊं। सूरदास कहते हैं कि मेरे प्रभु में बहुत गुण हैं। मैया के सामने लड़का बन जाते हैं।

साँवरेहि बरजति क्यौं जु नहीं।
कहा करौं दिन प्रति की बातैं, नाहिन परतिं सही॥
माखन खात, दूध लै डारत, लेपत देह दही।
ता पाछैं घरहू के लरिकनि, भाजत छिरकि मही॥
जो कछु धरहिं दुराइ, दूरि लै, जानत ताहि तहीं।
सुनहु महरि, तेरे या सुत सौं, हम पचि हारि रहीं॥
चोरी अधिक चतुरई सीखी, जाइ न कथा कही।
ता पर सूर बछुरुवनि ढीलत, बन-बन फिरतिं बही॥

एक गोपी यशोदा से आकर कहती है कि तुम सांवरे को मना क्यों नहीं करती? इतनी दिन-प्रतिदिन की बातें कहां तक करूं, अब बर्दाश्त नहीं होतीं। मक्खन खाते हैं, दूध गिरा देते हैं, दही मुख में लेप लेते हैं। इसके बाद घर के लड़कों पर छाछ छिड़ककर भाग जाते हैं। जो कुछ भी चीजें छिपाकर काफी ऊंचाई पर रखती हूं, उसको भी ढूंढ़ लेते हैं। सुनो यशोदा रानी, तुम्हारे इस पुत्र से बचने के उपाय ढूंढ़-ढूंढ़कर अब हार गई हैं चोरी से भी अधिक तुम्हारे लाल ने चालाकी सीख ली है, जिसके बारे में कुछ भी नहीं कहा जा सकता है। बात यहीं तक होती तो चला जाता, ऊपर से बछड़ों को खोल देता है। हम उन्हें पकड़कर बांधने के लिए जंगल-जंगल भागते रहते हैं।

अब ये झूठहु बोलत लोग।
पाँच बरष अरु कछुक दिननि कौ, कब भयौ चोरी जोग॥
इहिं मिस देखन आवतिं ग्वालिनि, मुँह फाटे जु गँवारि।
अनदोषे कौं दोष लगावतिं, दई देइगौ टारि॥
कैसैं करि याकी भुज पहुँची, कौन बेग ह्याँ आयौ?
ऊखल ऊपर आनि पीठ दै, तापर सखा चढ़ायौ॥
जौ न पत्याहु चलौ सँग जसुमति, देखौ नैन निहारि।
सूरदास-प्रभु नैकु न बरज्यौ, मन मैं महरि बिचारि॥

यशोदा मैया कहती हैं कि अब ये लोग झूठ भी बोलने लगे। मेरा लाल, चोरी करने के योग्य कैसे हो गया, अभी वह पांच वर्ष और कुछ दिनों का तो हुआ है। ये मुंहफट व गंवार गोपियां इसी बहाने से कान्हा को देखने आती हैं। मेरे निर्दोष बालक पर दोष लगाती हैं। विधाता इस कलंक को स्वयं ही नष्ट कर देगा। नन्हे से कान्हा के हाथ ऊंचाई पर भला कैसे पहुंच गए? चलो मान भी

लिया कि इस ग्वालिन के घर गया था तो उससे पहले ही इतनी शीघ्रता से कैसे यहां आ गया? गोपी यह सुनकर कहने लगी कि ओखल के ऊपर लाकर कान्हा ने पीढ़ा रखा और उस पर अपने मित्रों को चढ़ाया और उनके कंधे पर स्वयं चढ़ गया। अगर तुम्हें विश्वास नहीं है तो मेरे संग चलकर अपने नयनों से खुद ही देख लो। सूरदास कहते हैं कि यशोदा मैया ने कान्हा को थोड़ा-सा भी मना नहीं किया, बस मन-ही-मन किन्हीं सोच-विचार में डूब गई लेकिन कान्हा को जरा-सा भी यह सब करने से मना नहीं किया और उन्होंने उसे डांटा भी नहीं।

मेरौ गोपाल तनक, सौ, कहा करि जानै दधि की चोरी।
हाथ नचावत आवति ग्वारिनि, जीभ करै किन थोरी॥
कब सीकैं चढ़ि माखन खायौ, कब दधि-मटुकी फोरी।
अँगुरी करि कबहूँ नहिं चाखत, घरहीं भरी कमोरी॥
इतनी सुनत घोष की नारी, रहसि चली मुख मोरी।
सूरदास जसुदा कौ नंदन, जो कछु करै सो थोरी॥

यशोदा मैया कहती हैं कि मेरा गोपाल तो अभी इतना छोटा है, वह दही-मक्खन की चोरी करना क्या जाने। ग्वालिनें हाथ नचाती हुई आती हैं, अपनी जीभ को जरा कम क्यों नहीं चलातीं? मेरे कान्हा ने उनका कब दही की मटकी फोड़ी, कब छींके पर चढ़कर मक्खन खाया? घर पर दही-माखन का मटका भरा रहता है, वह तो कभी उंगली से भी नहीं चाटता है। इतना सुनते ही गोपों की स्त्रियां मुख मोड़कर अपने घर की राह पकड़ ली। यशोदा का नंद जो भी करे वह कम ही है। इन्हें तो अपने पुत्र में कोई कमी ही नजर नहीं आती है।

कहै जनि ग्वारिनि! झूठी बात।
कबहूँ नहिं मनमोहन मेरौ, धेनु चरावन जात॥
बोलत है बतियाँ तुतरौहीं, चलि चरननि न सकात।
कैसैं करै माखन की चोरी, कत चोरी दधि खात॥
देहीं लाइ तिलक केसरि कौ, जोबन-मद इतराति।
सूरज दोष देति गोबिंद कौं, गुरु-लोगनि न लजाति॥

यशोदा मैया गोपी से कहती हैं कि देख गोपी, झूठी बात न बोल। मेरा मनमोहन तो कभी गायों की निगरानी करने भी नहीं जाता। तुतलाकर बात करता है और अपने पांवों से अभी ठीक से भाग-दौड़ भी नहीं पाता।

फिर कैसे कान्हा माखन की चोरी करेगा? चुरा कर दही क्यों खायेगा? तू अपने माथे पर केसर का तिलक लगाकर जवानी के मद में इतराती फिर रही है। मेरे गोविन्द को दोषी ठहराते हुए अपने से बड़ों से जरा भी नहीं लजाती?

मेरे लाड़िले हो! तुम जाउ न कहूं।
तेरे ही काजैं गोपाल, सुनहु लाड़िले लाल,
राखे हैं भाजन भरि सुरस छहूं।।
काहे कौं पराएं जाइ करत इते उपाइ,
दूध-दही-घृत अरु माखन तहूं।
करति कछू न कानि, बकति हैं कटु बानि,
निपट निलज बैन बिखि सहूं।।
ब्रज की ढीठी गुवारि, हाट की बेचनहारि,
सकुचैं न देत गारि झगरत हूं।
कहां लगि सहौं रिस, बकत भई हौं कृस,
इहिं मिस सूर स्याम-बदर चहूं।।

यशोदा मैया कहती हैं कि मेरे लाड़ले! तुम कहीं भी मत जाओ। सुनो लाडले लाल! तुम्हारे लिए ही छः रसों से भरे बर्तन मैंने सजा कर रखे हैं। दूसरों के घर में जाकर उत्पात क्यों मचाते हो? वहां भी दूध, दही, घी और माखन ही तो होता है। ये गोपियां थोड़ी-सी भी मर्यादा का ध्यान नहीं रखती हैं। कड़वे वचन बोलती रहती हैं। व्रज की गोपियां बिल्कुल ही निर्लज्जता से कटु वचन निकालती हैं, जिन्हें मैं बड़ी मुश्किल से सहती हूं। व्रज की गोपियां बहुत ढीठ हैं। ये सब बाजारों में दही बेचने वाली हैं। गाली देने में या झगड़ा करने में ये जरा-सा भी संकोच नहीं करती हैं। कहां तक मैं क्रोध पर काबू रखूं। बोलते-बोलते तो मैं कमजोर हो गयी। सूरदास कहते हैं कि कृष्ण घर-घर जाना छोड़ देंगे तो इसी बहाने यशोदा मैया उनका मुख सदा निहारती रहेंगी। उनकी बस एकमात्र इच्छा यही है।

इन अँखयनि आगैं तैं मोहन, एकौ पल जनि होहु नियारे।
हौं बलि गई, दरस देखैं बिनु, तलफत हैं नैननि के तारे।।
औरौ सखा बुलाइ आपने, इहिं आगन खेलौ मेरे बारे।
निरखति रहौं फनिग की मनि ज्यौं, सुंदर बाल-बिनोद तिहारे।।

मधु, मेवा, पकवान, मिठाई, व्यंजन खाटे, मीठे, खारे।
सूर स्याम जोइ-जोइ तुम चाहौ, सोइ-सोइ माँगि लेहु मेरे बारे॥

यशोदा मैया गोविन्द से कहती हैं कि मेरे मनमोहन! मेरी इन आंखों के सामने से एक पल के लिए भी दूर न हुआ करो। मैं तुम पर न्यौछावर हूं। तुमको देखे बिना मेरी आंखों की पुतलियां तड़पती रहती हैं मेरे गोविन्द! अपने इस आंगन में ही अपने सखाओं को बुलाकर खेलो। जैसे सर्प अपनी मणि को हर पल निहारता रहता है वैसे ही तुम्हारे सुंदर बाल-विनोद को मैं हरदम निहारती रहूंगी। मधु, मेवा, पकवान, मिठाई, खट्टे, मीठे, नमकीन जो जो तुम्हें खाने की इच्छा हो, मेरे लाल तुम मुझसे बेधड़क मांग लिया करो।

चोरी करत कान्ह धरि पाए।
निसि-बासर मोहि बहुत सतायौ, अब हरि हाथहिं आए॥
माखन-दधि मेरौ सब खायौ, बहुत अचगरी कीन्ही।
अब तौ घात परे हौ लालन, तुम्हें भलैं मैं चीन्ही॥
दोउ भुज पकरि कह्यौ, कहँ जैहौ, माखन लेउँ मँगाइ।
तेरी सौं मैं नैकु न खायौ, सखा गए सब खाइ॥
मुख तन चितै, बिहँसि हरि दीन्हौ, रिस तब गई बुझाइ।
लियौ स्याम उर लाइ ग्वालिनी, सूरदास बलि जाइ॥

एक गोपी ने चोरी करते कन्हैया को पकड़ लिया। कन्हैया को पकड़ लेने के बाद वह कहने लगी कि दिन-रात तुमने मुझको बहुत ही सताया। अब तुम मेरे हाथ आ गए हो। तुमने बहुत अत्याचार किया। मेरा माखन, दही तुमने सब खा लिया। लेकिन अब तो तुम मेरी पकड़ में आ गए हो। मुझे पता है, तुम कितने चितचोर हो। वह दोनों बांह पकड़कर बोली कि बोलो, अब कहां जाओगे? अब मैं तुमने जितना माखन खाया है, उतना यशोदा जी से मंगवा लूंगी। गोविंद कहने लगे कि तुम्हारी सौंगध! मैंने थोड़ा-सा भी माखन नहीं खाया है। सब मेरे मित्रों ने खा लिया है। यह कहकर गोपाल ने उसके मुख को देखा और हंस पड़े। उनके हंसते ही उस गोपी का गुस्सा गायब हो गया। सूरदास कहते हैं कि ग्वालिन ने श्याम को हृदय से लगा लिया। सूरदास उनकी इस लीला पर बलि-बलि जाता है।

कत हो कान्ह! काहु कैं जात।
ये सब ढीठ गरब गोरस कैं, मुख सँभारि बोलति नहिं बात॥

जोइ-जोइ रुचै सोइ तुम मोपै माँगि लेहु किन तात।
ज्यौं-ज्यौं बचन सुनौ मुख अमृत, त्यौं-त्यौं सुख पावत सब गात॥
कैसी टेव परी इन गोपिनि, उरहन कैं मिस आवति प्रात।
सूर सु कत हठि दोष लगावति, घरही कौ माखन नहिं खात॥

यशोदा मैया कहती हैं कि गोविन्द! तुम किसी के यहां क्यों जाते हो? ये सब ढीठ गोपियां तो दू, दही, माखन के घमंड में चूर हो रही हैं, ढंग से बात करना भी नहीं जानती हैं जो-जो तुम्हारा खाने का मन करे, मुझसे मांग लिया करो, मेरे लाल। मैं तो जैसे-जैसे तुम्हारे मुख से अमश्त वचन सुनती हूं, त्यों-त्यों मैं सुख पाती हूं। मेरा अंग-अंग पुलकित हो उठता है। इन गोपियों को कितनी गंदी आदत पड़ गई है। सुबह-सुबह ही उलाहना देने आ जाती हैं। न जाने क्यों ये सब हटकर के मेरे लाल पर दोष लगाती है, यह तो घर का ही माखन हीं खाता।

घर गोरस जनि जाहु पराए।
दूध भात भोजन घृत अमृत, अरु आछौ करि दह्यौ जमाए॥
नव लख धेनु खरिक घर तेरैं, तू कत माखन खात पराए।
निलज ग्वालिनी देति उरहनौ, वै झूठें करि बचन बनाए॥
लघु-दीरघता कछू न जानैं, कहुँ बछरा कहुँ धेनु चराए।
सूरदास प्रभु मोहन नागर, हँसि-हँसि जननी कंठ लगाए॥

यशोदा मैया कहती हैं कि घर पर ही दूध, दही, माखन का ढेर लगा हुआ है। दूसरों के घर इन सब के लिए मत जाओ, मेरे मोहन। दूध, भात, घी अमृत तुल्य भोजन है और गाढ़े दूध का दही जमाया है। तुम्हारे ही घर की गऊशाला में नौ लाख गाएं। हैं तुम दूसरों के मक्खन क्यों खाते हो? बेशरम ग्वालिनें झूठी-झूठी बातें बनाकर उलाहना देने चली आती हैं। छोटे-बड़े का ध्यान उन्हें जरा-सी भी नहीं है, कहीं बछड़े और कहीं गायें चराती फिरती हैं और उनकी मुझे सुननी पड़ती है। सूरदास कहते हैं कि मेरे मोहन बड़े ही प्रवीण चतुर हैं। मेरे प्रभु की बातों में आकर मैया ने हंस-हंस कर उन्हें गले से लगा लिया है।

(कान्ह कौं) ग्वालिनि! दोष लगावति जोर।
इतनक दधि-माखन कैं कारन कबहिं गयौ तेरी ओर॥
तू तौ धन-जोबन की माती, नित उठि आवति ओर।
लाल कुँअर मेरौ कछू न जानै, तू है तरुनि किसौर॥

कापर नैंन चढ़ाए डोलति, ब्रज मैं तिनुका तोर।
सूरदास जसुदा अनखानी, यह जीवन-धन मोर।।

यशोदा मैया कहती हैं कि ग्वालिन! तू जबर्दस्ती मेरे कन्हैया पर दोष लगा रही है। जरा-सा दही-माखन के लिए यह कब तेरे घर की ओर गया? देख, तू तो यौवन धन से मदमाती है, रोजाना ही सुबह-सुबह उठकर यहां आ जाती है। मेरा कुंवर तो बालक है, इसे कुछ भी नहीं पता और तू है नवयौवना, तुझे ही झूठ बोलना आता है। तू तिनका तोड़कर व्रज में किस पर अपने नयन-बाण चढ़ाए फिरती है? देख, कन्हैया जो मेरा मानधन है, जीवन भर की पूंजी है। यहां एक पल भी मत ठहर। चुपचाप यहां से चली जा।

गए स्याम ग्वालिनि-घर सूनैं।
माखन खाइ, डारि सब गोरस, बासन फोरि किए सब चूनै।।
बड़ौ माट इक बहुत दिननि कौ, ताहि करयौ दस टूक।
सोवत लरिकनि छिरकि मही सौं, हँसत चले दै कूक।।
आइ गई ग्वालिनि तिहिं औसर, निकसत हरि धरि पाए।
देखे घर-बासन सब फूटे, दूध-दही ढरकाए।।
दोउ भुज धरि गाढ़ैं करि लीन्हे, गई महरि कै आगैं।
सूरदास अब बसै कौन ह्याँ, पति रहिहै ब्रज त्यागैं।।

गोविन्द किसी ग्वालिन के सूने घर में घुस गए। माखन खाकर, गोरस गिरा दिया और बर्तनों को फोड़कर चकना चूर कर दिए। एक बड़ा मटका बहुत पुराना था, उसे भी दस टूक कर दिए। सो रहे घर के बच्चों पर दही छिड़ककर किलकारी मारकर हंसते हुए भाग चले। उसी समय ग्वालिन आ गई और दरवाजे से निकलते हुए कान्हा को पकड़ लिया। ग्वालिन ने देख लिया कि घर के सब बर्तन टूटे पड़े हैं और दूध-दही गिराया गया है। गोविन्द की दोनों बांहें कसकर पकड़ ली और यशोदा रानी के आगे उन्हें ले गई और कहने लगी कि अब हम सब जाकर कहां रहें। हमारी इज्जत तो व्रज का त्याग कर देने पर ही बची रह सकती है।

ऐसो हाल मेरैं घर कीन्हौ, हौं ल्याई तुम पास पकरि कै।
फोरि भाँड़ दधि माखन खायौ, उबरयौ सौ डारयौ रिस करि कै।
लरिका छिरकि मही सौं देखै, उपज्यौ पूत सपूत महरि कै।
बड़ौ माट घर धरयौ जुगनि कौ, टूक-टूक कियौ सखनि पकरि कै।।

पारि सपाट चले तब पाए, हौं ल्याई तुमहीं पै धरि कै।
सूरदास प्रभु कौं यौं राखौ, ज्यौं राखिये गज मत्त जकरि कै।

वह ग्वालिन यशोदा रानी से कहती है कि मैं इसे पकड़ कर तुम्हारे सामने लाई हूं। इसने मेरी ऐसी दुर्दशा कर दी है कि क्या बताऊं। बर्तनों को फोड़कर सब दही-माखन इसने खा लिया है। जो खाने से बच गया उसे ईर्ष्यावश जमीन पर गिरा दिया। बालकों पर दही छिड़ककर उन्हें हंसकर देखता है। यशोदा रानी ऐसा पुत्र सुपुत्र पैदा हुआ है। युगों का एक पुराना मटका घर में पड़ा था, उसे भी सखाओं के साथ पकड़कर टूक-टूक कर दिया। सब कुछ बर्बाद करके जब जा रहे थे तब उनमें से ये पकड़ में आ गया, फिर मैं इसे तुम्हारे पास ले आई हूं। यशोदा रानी, अपने पुत्र को आज से इस प्रकार घर में बांधकर रखो, जैसे मदमस्त हाथी को जंजीरों में जकड़कर रखा जाता है।

अपनौं गाउँ नँदरानी।
बड़े बाप की बेटी, पूतहि भली पढ़ावति बानी।।
सखा-भीर लै पैठत घर मैं, आपु खाइ तौ सहिऐ।
मैं जब चली सामुहें पकरन, तब के गुन कहा कहिऐ।।
भाजि गए दुरि देखत कतहूँ, मैं घर पौढ़ी आइ।
हरैं-हरैं बेनी गहि पाछै, बाँधी पाटी लाइ।।
सुनु मैया, याके गुन मोसौं, इन मोहि लयो बुलाई।
दधि मैं पड़ी सेंत की मोपै चींटी सबै कढ़ाई।।
टहल करत मैं याके घर की, यह पति सँग मिलि सोई।
सूर-बचन सुनि हँसी जसोदा, ग्वालि रही मुख गोई।।

यशोदा मैया के पास आकर एक गोपी उलाहना देती हुई कहती है कि यशोदा रानी, अपना गांव तुम स्वयं ही संभालो। तुम तो बड़े बाप की बेटी हो, इसलिए पुत्र को भी भली बात पढ़ा-सिखा रही हो। तुम्हारा लाल स्वयं दही-माखन खाए तो सह भी जाए लेकिन यह तो सखाओं की भीड़ लेकर घर में घुसता है। मैं जब इसे सामने से पकड़ने चली, तब इसके गुण, मैं तुमसे क्या कहूं। मुझे देखकर कहीं भागकर छुप गया। मैं घर आकर लेट गई। न जाने कब धीरे-धीरे आकर इसने मेरी चोटी चारपाई की पाटी से लपेटकर बांध दी। गोविंद आंखें नचाते हुए बोले-'मैया, अब मुझसे इसके गुण सुनो। इसने खुद मुझे अपने घर बुलाया और दही में पड़ी चीटियां मुझसे निकलवाई तथा बदले में कुछ भी नहीं

दिया। मैं इसके घर का काम कर रहा था और यह पति के साथ सो रही थी।' श्याम के वचन सुनकर यशोदा मैया अचानक ही हंस पड़ी और ग्वालिन लाज के मारे शर्मसार हो गई।

महरि तैं बड़ी कृपन है माई।
दूध-दही बहु बिधि कौ दीनौ, सुत सौं धरति छपाई॥
बालक बहुत नहीं री तेरैं, एकै कुँवर कन्हाई।
सोऊ तौ घरहीं घर डोलतु, माखन खात चोराई॥
बृद्ध बयस पूरे पुन्यनि तैं, तैं बहुतै निधि पाई।
ताहू के खैबे-पीबे कौं, कहा करति चतुराई॥
सुनहु न बचन चतुर नागरि के, जसुमति नंद सुनाई।
सूर स्याम कौं चोरी कैं मिस, देखन है यह आई॥

एक गोपी यशोदा मैया से कहती है कि यशोदा रानी, तुम तो वास्तव में ही बहुत ही कंजूस हो। तुम्हें विधाता ने बहुत दूध-दही दिया है, लेकिन तुम उसे पुत्र से धरती में छुपाकर रखती हों। तुम्हारे बहुत बालक भी तो नहीं हैं, बस एक कुंवर कन्हैया ही तो है। वह भी घर-घर में घुसता फिरता है और चुरा कर माखन खाता है। वृद्धावस्था में बड़े पुण्यों से तो तुमने अनमोल निधि के रूप में कन्हैया जैसा सुन्दर पुत्र पाया है और अब उसको भी खिलाने-पिलाने में इतनी कंजूसी क्या ठीक है। यशोदा ने नंदबाबा से यह बात बतायी कि इस चतुर ग्वालिन की जरा बात तो सुनो क्या कहती है। मुझे सब पता है। यह कान्हा पर चोरी का इल्जाम लगाने के बहाने उसे देखने आयी है।

कन्हैया! तू नहिं मोहि डरात।
षटरस धरे छाँड़ि कत पर-घर चोरी करि-करि खात॥
बकत-बकत तोसौं पचि हारी, नैकुहुँ लाज न आई।
ब्रज-परगन-सिकदार, महर, तू ताकी करत ननहई॥
पूत सपूत भयौ कुल मेरैं, अब मैं जानी बात।
सूर स्याम अब लौं तुहि बकस्यौ, तेरी जानी घात॥

यशोदा जी गोविंद से कहती हैं कि कन्हैया! तू मुझसे डरता नहीं है। घर के दूध, मक्खन, दही को छोड़कर तू दूसरों के घर चोरी करके क्यों खाता है? तुझे

बार-बार समझा कर मैं तो हार गई लेकिन तुझे तो थोड़ी-सी भी शर्म नहीं आती। तेरे बाबा इस व्रज परगने के सिक्केदार हैं, यहां उनकी चलती हैं और तू उनकी जग हंसाई करता है। तू मेरे कुल में सपूत पैदा हुआ है। अब मैंने तेरी सारी बदमाशी जान ली। श्याम, अब तक तो मैंने तुझे बख्श दिया, लेकिन अब मैं तेरी सब चतुराई और चालें समझ गयीं हूं।

हरि सब भाजन फोरि पराने।
हाँक देत पैठे वै पेला, नैकु न मनहिं डराने।।
सींके छोरि, मारि लरिकनि कौं, माखन-दधि सब खाइ।
भवन मच्यौ दधि-काँदौ, लरिकनि रोवत पाए जाइ।।
सुनहु-सुनहु सबहिनि के लरिका, तेरौ-सौ कहुँ नाहि।
हाटनि-बाटनि, गलिनि कहूँ कोउ चलत नहीं, डरपाहिं।।
रितु आए कौ खेल, कन्हैया सब दिन खेलत फाग।
रोकि रहत गहि गली साँकरी, टेढ़ी बाँधत पाग।।
बारे तैं सुत ये ढँग लाए, मनहीं-मनहीं सिहाति।
सुनैं सूर ग्वालिनि की बातैं, सकुचि महरि पछिताति।।

हांक देते हुए गोविंद एक गोपी के घर में जबर्दस्ती घुस गए, थोड़ा-सा भी डरे नहीं। छींकें खोलकर माखन-दही सब खा गए और लड़कों को मारकर सब बर्तन फोड़-तोड़कर भाग चले। गोपी जब घर आई तो दूध-दही का कीचड़ देखा और बच्चे सब रोते हुए मिले। गुस्से से भरी गोपी यशोदा से आकर कहने लगी कि सुनो! सुनो! बालक तो सब के ही हैं लेकिन तुम्हारे बालक जैसा किसी का भी बालक नहीं है। बाजार, मार्ग, गली आदि जगहों में कोई भी तुम्हारे बालक के कारण सहज होकर नहीं चल पाता, सब उससे डरते हैं। मौसम के आने पर फाग खेलना तो सही है, पर तुम्हारा लाल तो सब दिन फाग खेलता है। तंग गलियों में गोपियों को रोककर पकड़ लेता है और टेढ़ी पगड़ी बांधता है। अभी से ही तुम्हारे लाल के ये रंग-ढंग हैं। वह गोपी उलाहना भी दे रही है और मन-ही-मन उसकी यह इच्छा भी है कि काश, कान्हा मुझे भी जरा छेड़ते। सूरदास कहते हैं कि गोपी की उलाहना भरी बातें सुनकर यशोदा मैया चिंतित हो गई और मन-ही-मन पछताने भी लगीं।

सुनु री ग्वारि! कहौं इक बात।
मेरी सौं तुम याहि मारियौ, जबहीं पावौ घात॥
अब मैं याहि जकरि बाँधौंगी, बहुतै मोहि खिझायौ।
साटिनि मारि करौं पहुनाई, चितवत कान्ह डरायौ॥
अजहूँ मानि, कह्यौ करि मेरौ, घर-घर तू जनि जाहि।
सूर स्याम कह्यौ, कहूँ न जैहौं, माता मुख तन चाहि॥

यशोदा मैया बोलीं—सुन ग्वालिन! मैं तेरे से एक बात कहती हूं। तुम सबको मेरी सौंगध है, वह रंगे हाथों जब भी पकड़ा जाए उसे वहीं पर मारना। अब मैं इसे जंजीर में बांधकर रखूंगी। इसने मुझे बहुत तंग कर दिया है। छड़ियों से मारकर इसकी खातिरदारी करूंगी। यह कहकर यशोदा मैया ने कान्हा को देखा तो वे सहम गए। यशोदा ने कहा—कान्हा, अब भी तू मेरा कहना मान जा। घर-घर जाना छोड़ दे। गोविन्द मैया के मुख को देखकर कहने लगे कि मैया, मैं अब कहीं नहीं जाऊंगा। तुम जो कहोगी, वही करूंगा।

तेरैं लाल मेरौ माखन खायौ।
दुपहर दिवस जानि घर सूनौं, ढूँढ़ि-ढँढ़ोरि आपही आयौ॥
खोलि किवार, पैठि मंदिर मैं, दूध-दही सब सखनि खवायौ।
ऊखल चढ़ि सींके कौ लीन्हौ, अनभावत भुइँ मैं ढरकायौ॥
दिन प्रति हानि होति गोरस की, यह ढोटा कौनैं ढँग लायौ।
सूर स्याम कौं हटकि न राखै, तैं ही पूत अनोखौ जायौ॥

यशोदा मैया से उलाहना देती हुई एक गोपी कहती है कि मैया! तुम्हारे कान्हा ने मेरा सार माखन खा लिया है। दोपहर में घर को सुना जानकर ढूंढ़-ढूंढ़ कर इसने स्वयं माखन खाया। यह अकेले तो था नहीं, सखा भी इसके साथ थे। दरवाजा खोलकर, घर में जाकर दूध, दही, माखन अपने सखाओं को भी इसने खिलाया। इससे भी पेट न भरा तो ओखल पर चढ़कर छींके पर रखे मटकों को भी उतार लिया और जब मनको न भाया तो जमीन पर सब गिरा दिया। प्रतिदिन ही इस तरह से गोरस की बर्बादी यह कर रहा है। यशोदा रानी! तुमने अपने इस पुत्र को किस काम में लगा दिया है? तुम अपने पुत्र को घर में समझाकर क्यों नहीं रखती हो? क्या एक तुमने ही अनोखा पुत्र पैदा किया है कि सिर पर इसे चढ़ा रखा है?

माखन खात पाए घर कौ।
नित प्रति सहस मथानी मथिऐ, मेघ-सब्द दधि-माट-घमरकौ॥
कितने अहिर जियत मेरैं घर, दधि मथि लै बेंचत महि मरकौ।
नव लख धेनु दुहत हैं नित प्रति, बड़ौ नाम है नंद महर कौ॥
ताके पूत कहावत ही तुम, चोरी करत उघारत फरकौ।
सूर स्याम कितनौ तुम खैहौ, दधि-माखन मेरैं जहँ-तहँ ढरकौ॥

यशोदा मैया कन्हैया को समझा रही हैं कि कान्हा! तू दूसरों के घर का मक्खन क्यों खाता है? तुम्हारे घर में रोजाना हजारों मथनियों से दही मथा जाता है, दही के मटकों से बादलों की गर्जना की तरह घरघराहट होती है। न जाने कितने ही ग्वाल हमारे घर के दही-दूध-माखन खाकर जीते हैं और वे हमारे घर के मट्ठे के मटके बेचकर अपना घर चलाते हैं। नौ लाख गायों को प्रतिदिन दुहा जाता है। तुम्हारे बाबा का बड़ा ही नाम है, तुम उनके पुत्र कहलाते हो और तुम दूध, दही की चोरी घर-घर करके हमारे घर की कंगाली दशाते फिरते हो। कान्हा! हमारे घर तो दूध, दही, माखन चारों तरफ बहता फिरता है....ढुलका पड़ा रहता है। खाओ न, तुम कितना खाओगे।

मैया मैं नहिं माखन खायौ।
ख्याल परैं ये सखा सबै मिलि, मेरैं मुख लपटायौ॥
देखि तुही सींके पर भाजन, ऊँचैं धरि लटकायौ।
हौं जु कहत नान्हे कर अपनै मैं कैसैं करि पायौ॥
मुख दधि पोंछि, बुद्धि इक कीन्ही, दोना पीठि दुरायौ।
डारि साँटि, मुसुकाइ जसोदा, स्यामहि कंठ लगायौ॥
बाल-बिनोद-मोद मन मोह्यौ, भक्ति-प्रताप दिखायौ।
सूरदास जसुमति कौ यह सुख, सिव बिरंचि नहिं पायौ॥

गोविंद मैया से कहते हैं कि मैया! मैंने माखन नहीं खाया है। ये सब मेरे सखा जो हैं न, वे सब मेरा मजाक उड़ाना चाहते हैं, इन्होंने ही मेरे मुख में माखन लगा दिया है। तू ही देख, मटके तो छींके पर रखकर ऊंचाई पर लटकाए गए थे, भला मैंने उन्हें अपने इन छोटे हाथों से कैसे उतार लिया? यह कहकर गोविंद ने मुख में लगा दही पोंछ लिया और एक बुद्धिमानी भरा कार्य किया कि मक्खन भरा दोंना पीछे छुपा लिया। यशोदा ने छड़ी रख दी और मुस्कुराकर गोविन्द को हृदय से लगा लिया। अपने बाल-विनोद के आनंद से गोविन्द ने मैया को मोहित

कर लिया और अपनी भक्ति का प्रताप दिखा दिया। सूरदास कहते हैं कि यशोदा को जो यह सुख मिल रहा है, वह सुख तो शिव व ब्रह्मा को भी नसीब नहीं हो सका है।

ह्वाँ लगि नैकु चलौ नँदरानी!
मेरे सिर की नई बहनियाँ, लै गोरस मैं सानी।।
हमै-तुम्है रिस-बैर कहाँ कौ, आनि दिखावन ज्यानी।
देखौ आइ पूत कौ करतब, दूध मिलावत पानी।।
या ब्रज कौ बसिबौ हम छाड़्यौ, सौ अपनैं जिय जानी।
सूरदास ऊपर की बरषा थोरे जल उतरानी।।

यशोदा मैया से एक गोपी कहती है कि नंदरानी, जरा वहां चलो। मेरे सिर पर की नयी गगरी लेकर नंदलाल ने मेरे पर उड़ेल कर मुझे गोरस से भिगो दिया। हमारी तुम्हारी किस बात की दुश्मनी है कि अपना नुकसान मैं तुम्हें स्वयं दिखाऊंगी। तुम आकर अपने पुत्र की करनी देखो कि हम कहां तक झूठी बनाती हैं। हमने अपने मन में यह तय कर लिया है कि हमें इस व्रज को छोड़ना ही पड़ेगा। यहां हम अब रह नहीं सकती। सूरदास कहते हैं कि ये गोपियां तो बंजर पर हुई वर्षा के ही समान हैं, जिस पर थोड़ी-सी वर्षा होते ही पानी बहने लगता है। कहने का भाव है कि कृष्ण के बाल-विनोद का जरा सा अंश पाकर ये ओछी गोपियां पगला गई हैं और तरह-तरह की बातें बनाने लगीं हैं।

नंद-घरनि! सुत भलौ पढ़ायौ।
ब्रज-बीथिनि, पुर-गलिनि, घरै-घर, घाट-बाट सब सोर मचायौ।।
लरिकनि मारि भजत काहू के, काहू कौ दधि-दूध लुटायौ।
काहू कैं घर करत भँड़ाई, मैं ज्यौं-त्यौं करि पकरन पायौ।।
अब तौ इन्हैं जकार धरि बाँधौं, इहिं सब तुम्हरौ गाउँ भजायौ।
सूर स्याम-भुज गहि नँदरानी, बहुरि कान्ह अपनैं ढँग लायौ।।

एक गोपी यशोदा मैया से कहती है कि यशोदा रानी! तुमने अपने पुत्र को अच्छा पाठ पढ़ाया है। व्रज की गलियों, राजमार्गों, घर-घर, घाट-बाट चारों तरफ ही तुम्हारे लाल ने तहलका मचा रखा है। किसी के बालक को मारकर भाग जाता है, किसी के दूध-दही को छीनकर लुटा देता है, किसी के घर में जाकर भंड़ाई करता हैं, मैं जैसे-तैसे इसे पकड़ पायी हूं। अब तुम इसे बांधकर रखो, इसने तुम्हारे गांव के सब लोगों को भगा दिया। सूरदास कहते हैं कि उलाहना सुनने

के बाद नंदरानी ने श्याम की बांह पकड़ ली लेकिन कान्हा फिर अपने ही रंग में रंग गये यानी उधम मचाना नहीं छोड़ा।

ऐसी रिस मैं जौ धरि पाऊँ।
कैसे हाल करौं धरि हरि के, तुम कौं प्रगट दिखाऊँ॥
सँटिया लिए हाथ नँदरानी, थरथरात रिस गात।
मारे बिना आजु जौ छाँड़ौं, लागै मेरैं तात॥
इहिं अंतर ग्वारिनि इक औरै, धरे बाँह हरि ल्यावति।
भली महरि सूधौ सुत जायौ, चोली-हार बतावति॥
रिस मैं रिस अतिहीं उपजाई, जानि जननि-अभिलाष।
सूर-स्याम-भुज गहे जसोदा, अब बाँधौं कहि माष॥

गोपी यशोदा मैया से कहती हैं कि ऐसे क्रोध में अगर मैं कान्हा को पकड़ सकूं तो कैसा हाल करती, तुमको दिखला देती। नंदरानी ने हाथ में छड़ी ली है, गुस्से से शरीर कांप रहा है। वह कहती हैं कि मारे बिना इसे नहीं छोडूंगी। यह मेरा कोई बाप नहीं लगता। तभी एक ग्वालिन कान्हा को पकड़ कर ले आई। उसने अपनी फटी चोली और टूटा हार दिखलाते हुए कहा– 'नंदरानी तुम स्वयं भी बहुत अच्छी हो और तुम्हारा यह पुत्र भी बहुत सीधा है। श्रीकृष्ण ने माता की अभिलाषा जानकर क्रोध में और क्रोध वहां आकर उत्पन्न कर दिया। सूरदास कहते हैं कि यशोदा मैया ने श्याम का हाथ पकड़ लिया और कहा कि अब मैं तुझे रस्सी से बांधूंगी।

जसुमति रिस करि-करि रजु करषै।
सुत हित क्रोध देखि माता कैं, मन-हीं-मन हरि हरषै॥
उफनत छीर जननि करि ब्याकुल, इहिं बिधि भुजा छुड़ायौ।
भाजन फोरि दही सब डारयौ, माखन-कीच मचायौ॥
लै आई जेंवरि अब बांधौ, गरब जानि न बँधायौ।
अंगुर द्वै घटि होति सबनि सौं, पुनि-पुनि और मँगायौ॥
नारद-साप भए जमलार्जुन, तिन कौं अब जु उधारौं।
सूरदास-प्रभु कहत भक्त हित जनम-जनम तनु धारौं॥

यशोदा मैया क्रोधित हैं और बार-बार रस्सी को खींच रही हैं। पुत्र के भले के लिए माता का क्रोध देखकर कृष्ण मन-ही-मन हर्षित हो गए। दूध

उबल रहा है, ऐसा कहकर माता को व्याकुल कर दिया। मैया का ध्यान उधर चला गया और मौका पाकर बांह छुड़ा ली तथा मटका फोड़कर दही गिरा दिया। माखन की कीच कर दी। मैया का गुस्सा और अधिक बढ़ गया। वे और रस्सी लेकर आईं—इससे अब तुझे बांधूंगी। मैया के गर्व को देखकर गोविंद रस्सी में नहीं समा सके। मैया ने बार-बार रस्सी मंगाई पर जितनी भी रस्सी आई, वह दो अंगुल छोटी ही हुई। श्री कृष्ण मन-ही-मन सोच रहे थे कि नारद के शाप से यमलार्जुन अर्जुन के जुड़वां वृक्ष हो गए हैं, उनका उद्धार करने का समय अब आ गया है। सूरदास कहते हैं कि भगवान तो भक्तों के भले के लिए ही बार-बार शरीर धारण कर पृथ्वी पर अवतरित होते हैं।

जसोदा! एतौ कहा रिसानी।
कहा भयौ जौ अपने सुत पै, महि ढरि परी मथानी?
रोषहिं रोष भरे दृग तेरे, फिरत पलक पर पानी।
मनहुँ सरद के कमल-कोष पर मधुकर मीन सकानी॥
स्रम-जल किंचित निरखि बदन पर, यह छबि अति मन मानी।
मनौ चंद नव उमँगि सुधा भुव ऊपर बरषा ठानी॥
गृह-गृह गोकुल दई दाँवरी, बाँधति भुज नँदरानी।
आपु बँधावत; भक्तनि छोरत, बेद बिदित भई बानी॥
गुन लघु चरचि करति स्रम जितनौ, निरखि बदन मुसुकानी।
सिथिल अंग सब देखि सूर-प्रभु-सोभा-सिंधु तिरानी॥

एक गोपी यशोदा मैया से कहती हैं कि व्रजरानी! इतना गुस्सा क्यों किया है? क्या हो गया, जो आपके पुत्र से दही मथने वाला मटका भूमि पर गिर गया। क्रोध-ही-क्रोध से तुम्हारे नयन भरे हैं और आंखें तुम्हारी डबडबाई हुई हैं। देखने से यूं लगता है जैसे शरद के मौसम में खिले कमल के कोष पर भौंरों को मंडराते हुए देखकर मछली इस सोच में पड़ गई है कि कमल-कोष में जाए या फिर पुनः जल में चली जाए? यशोदा रानी! तुम्हारे मुख पर पसीने की बूंदें झिलमिला रही हैं। तुम्हारी यह छवि अत्यंत ही मनभावन है, मानो चन्द्रमा ने आनंदित होकर धरती पर अमृत की वर्षा कर दी हो। यशोदा रानी को गोकुल के घर-घर ने रस्सी दी और मैया गोविन्द के हाथ बांधने में मग्न हैं। यह बात वेदों ने भी मान ली कि प्रभु बंधन में होकर भी भक्तों का उद्धार करते हैं। यशोदा जी रस्सियों के छोटी पड़ने

पर कभी खींचती हैं, कभी जोड़ती हैं, इस कार्य में जो श्रम वह कर रही हैं, यह देखकर गोपियां मुस्करा रही हैं। सूरदास कहते हैं कि यशोदा मैया रस्सियों को खींचने, बांधने, जोड़ने में थककर बिल्कुल ही शिथिल पड़ गई हैं मानो गोविन्द की शोभा के सागर में शिथिल पड़कर वे तैर रही हों।

बाँधौ आजु, कौन तोहि छोरै।
बहुत लँगरई कीन्ही मोसौं, भजु गहि रजु ऊखल सौं जोरै॥
जननी अति रिस जानि बँधायौ, निरखि बदन, लोचन जल ढोरै।
यह सुनि ब्रज-जुवतीं सब धाई, कहतिं कान्ह अब क्यौं नहिं छोरै॥
ऊखल सौं गहि बाँधि जसोदा, मारन कौं साँटी कर तोरै।
साँटी देखि ग्वालि पछितानी, बिकल भई जहँ-तहँ मुख मोरै॥
सुनहु महरि! ऐसी न बूझिऐ, सुत बाँधति माखन-दधि थोरैं।
सूर स्याम कौं बहुत सतायौ, चूक परी हम तैं यह भोरैं॥

यशोदा मैया कहती है कि आज तुझे बांधकर ही दम लूंगी। देखती हूं, तुझे कौन आकर इस बंधन से मुक्त कराता है। तूने मुझसे बहुत झूठ बोले। यह कहते हुए मैया ने रस्सी खींचकर गोविन्द को ओखल से बांध दिया। माता को गुस्से में देखकर गोविंद बंध गए। मैया के मुख को देखा तो बरबस ही आंखों से आंसू निकल आए। गोविंद ओखल से बांध दिए गए हैं, इसकी खबर लगते ही ब्रज की युवतियां दौड़ी नंद भवन आ गई और सब कहने लगीं कि बहुत हो गया। मैया, अब कान्हा को छोड़ क्यों नहीं देतीं लेकिन यशोदा जी का गुस्सा तो सातवें आसमान पर है। ओखल से गोविंद को बांधने के बाद मैया छड़ी हाथ में लेकर गोविन्द को घूर रही हैं। यशोदा मैया के हाथ में छड़ी देखकर ग्वालिन को पछतावा होने लगा और व्याकुल होकर सबने ही मुंह फेर लिया। फिर कहने लगीं कि यशोदा रानी! यह ठीक नहीं है, तुमने थोड़े से मक्खन-दही के लिए पुत्र को ओखल से ही बांध दिया। तुमने श्याम को बहुत सजा दे दी। हमारे भोलेपन के कारण हमसे यह गलती हो गई कि उलाहना देने चली आई।

जाहु चली अपनैं-अपनैं घर।
तुमहिं सबनि मिलि ढीठ करायौ, अब आईं छोरन बर॥
मोहिं अपने बाबा की सौहैं, कान्हहि अब न पत्याउँ।
भवन जाहु अपनैं-अपनैं सब, लागति हौं मैं पाउँ॥

मोकौं जनि बरजौ जुवती कोउ, देखौ हरि के ख्याल।
सूर स्याम सौं कहति जसोदा, बड़े नंद के लाल॥

यशोदा मैया कहती हैं कि तुम सब अपने-अपने घर जाओ। तुम सबके कारण ही तो यह इतना ढीठ हो गया है और अब अच्छी बनकर इसे बंधन से छुड़ाने आई हो। मुझे अब अपने बाबा की सौंगध, अब मैं कान्हा की बात पर विश्वास नहीं कर सकती हूं, मैं तुम सबके पांव पड़ती हूं तुम सब अपने-अपने घर जाओ। कोई भी मुझको मना न करो, कान्हा की शैतानियां देखो। बल्कि यशोदा मैया श्याम की ओर देखकर बोलती हैं कि तुम बड़े नंद के लाडले हो न। अब देखती हूं तुम्हें कौन छुड़ाता है।

जसुदा! तेरौं मुख हरि जोवै।
कमलनैन हरि हिचिकिनि रोवै, बंधन छोरि जसोवै॥
जौ तेरौ सुत खरौ अचगरौ, तऊ कोखि कौ जायौ।
कहा भयौ जौ घर कैं ढोटा, चोरी माखन खायौ॥
कोरी मटुकी दह्यौ जमायौ, जाख न पूजन पायौ।
तिहिं घर देव-पितर काहे कौं, जा घर कान्हर आयौ॥
जाकौ नाम लेत भ्रम छूटे, कर्म-फंद सब काटै।
सोई इहाँ जेंवरी बाँधे, जननि साँटि लै डाँटै॥
दुखित जानि दोउ सुत कुबेर के ऊखल आपु बँधायौ।
सूरदास-प्रभु भक्त हेत ही देह धारि कै आयौ॥

गोपियां घर नहीं गईं। वे यशोदा मैया से कहती हैं कि यशोदा रानी! गोविन्द तुम्हारा ही मुख देख रहा है। कमलनयन गोविंद हिचक-हिचक कर रो रहे हैं। यशोदा रानी, इनका बंधन शीघ्र ही खोल दो। तुम्हारा यह पुत्र अगर शरारती हैं तो तुम्हारी कोख से ही तो यह उत्पन्न हुआ है। क्या हो गया जो घर के बच्चे ने चुराकर मक्खन खा लिया। अब मैंने ही तो नयी मटकी में दही जमाया था, कुल देवता को पूज भी नहीं पाई थी, इससे पहले ही इसने जूठा कर दिया। उस घर में देव-पितर क्या, जिस घर में गोविंद स्वयं आ गए, जिसका नाम लेते ही सारा भ्रम दूर हो जाता है और कर्मों का फंदा कट जाता है, उसे यहां रस्सी से बांधकर मैया छड़ी लेकर डांट रही हैं। सूरदास कहते हैं कि मेरे गोविन्द तो भक्तों के भले के लिए ही शरीर धारण कर पृथ्वी पर अवतरित होते हैं, मेरे प्रभु ने कुबेर के दोनों पुत्रों को दुखित देखकर स्वयं को ओखल में बंधवाया है।

देखौ माइ! कान्ह हिलकियनि रोवै!
इतनक मुख माखन लपटान्यौ, डरनि आँसुवनि धोवै॥
माखन लागि उलूखल बाँध्यौ, सकल लोग ब्रज जोवै।
निरखि कुरुख उन बालनि की दिस, लाजनि अँखियनि गोवै॥
ग्वाल कहैं धनि जननि हमारी, सुकर सुरभि नित नोवै।
बरबस हीं बैठारि गोद मैं, धारैं बदन निचोवै॥
ग्वालि कहैं या गोरस कारन, कत सुत की पति खोवै?
आनि देहिं अपने घर तैं हम, चाहति जितौ जसोवै॥
जब-जब बंधन छोरयौ चाहतिं, सूर कहै यह को वै।
मन माधौ तन, चित गोरस मैं, इहिं बिधि महरि बिलोवै॥

ग्वालिनें आपस में बातें कर रही हैं कि देखो सखि! कान्हा हिचकी लेकर कैसे रो रहा है। इसके छोटे से मुख पर माखन लगा हुआ है, जिसे डरकर आंसुओं से धो रहा है। मक्खन चोरी करके खाने के कारण ओखल से बांधा गया है। कान्हा व्रज के लोगों को देख रहा है। कठोर दृष्टि से उन ग्वालिनों को देखकर फिर लज्जित होकर आंखें नीचे की तरफ कर लेता है, जिन-जिनके घर में चोरी से माखन खाया है। ग्वाल कहते हैं कि हमारी माताएं धन्य हैं, जो रोजाना ही गायों को पिछले पैरों से बांधकर हमें गोद में लेकर हमारे मुंह में दूध की धार निचोड़ती हैं। ग्वालिनें कहती हैं कि भैया, तुम गोरस के कारण अपने पुत्र की प्रतिष्ठा क्यों इतने लोगों के बीच नष्ट कर रही हो? यशोदा रानी! तुम्हें जितना गोरस चाहिए, कहो हम अपने-अपने घरों से अभी ला देते हैं। सूरदास कहते हैं कि जब-जब कोई ग्वालिन रस्सी की गांठ खोलने आती है, तभी यशोदा रानी टोक देती हैं कि यह कौन है, जो इतनी हिम्मत कर रही है? यशोदा मैया दही इस प्रकार से मथ रही हैं कि उनका मन तो गोविंद की तरफ है लेकिन शरीर दही बिलोने में है।

(माई) नैकुहूँ न दरद करति, हिलकिनि हरि रोवै।
बज्रहु तैं कठिनु हियौ, तेरौ है जसोवै॥
पलना पौढ़ाइ जिन्हैं बिकट बाउ काटै।
उलटे भुज बाँधि तिन्हैं लकुट लिए डाँटै॥
नैकुहूँ न थकत पानि, निरदई अहीरी।
अहो नंदरानि, सीख कौन पै लही री॥

जाकौं सिव-सनकादिक सदा रहत लोभा।
सूरदास-प्रभु कौ मुख निरखि देखि सोभा॥

एक ग्वालिन कहती है कि सखि! तुम जरा-सा भी दर्द का अनुभव नहीं कर रही। कान्हा हिलक-हिलक कर रो रहा है। यशोदा रानी! तुम्हारा हृदय तो बज्र से भी अधिक कठोर है। जिस कान्हा को पालने पर सुलाने पर भी हवा के तेज झोंकों से कष्ट होता है, उस कन्हैया को उलटी बांहकर के बांध दिया है और ऊपर से छड़ी लेकर तुम डांट रही हो। जरा-सा भी तुम्हारा हाथ नहीं थकता है? तुम तो वास्तव में हृदयहीन हो। हे नंदरानी! निर्दयता का यह पाठ तुमने कहां से पढ़ा है? सूरदास कहते हैं कि मेरे स्वामी गोविन्द के जिस मुख की शोभा देखने के लिए शिव और सप्त-ऋषि सदा लालायित रहते हैं, उस गोविंद के मुख की शोभा को एक बार देखो तो ... तुम्हारा गुस्सा पल भर में ही छू मंतर हो जाएगा।

कहौ तौ माखन ल्यावैं घर तैं।
जा कारन तू छोरति नाहीं, लकुट न डारति कर तैं॥
सुनहु महरि! ऐसी न बूझियै, सकुचि गयौ मुख डर तैं।
ज्यौं जलरुह ससि-रस्मि पाइ कै, फूलत नाहिं न सर तैं॥
ऊखल लाइ भुजा धरि बाँधी, मोहनि मूरति बर तैं।
सूर स्याम-लोचन जल बरषत जनु मुकुताहिमकर तैं॥

यशोदा मैया से गोपियां कहती हैं कि मैया, कहो तो हम सब अपने-अपने घर से मक्खन ले आएं। जिस कारण से तुम कान्हा को छोड़ नहीं रही हो और छड़ी हाथ से रख नहीं रही हो, बोलो तो हम सब माखन लाएं। सुनो यशोदा रानी! यह तुम ठीक नहीं कर रही हो। कान्हा का मुख डर के मारे यूं मुरझा गया है जैसे कमल चन्द्रमा की किरणें पाकर सरोवर में खिलता नहीं है। इस मनमोहन को तुमने हाथ ओखल से बांध दिये हैं। तुमने वास्तव में ही अपराध किया है। सूरदास कहते हैं कि जैसे चन्द्रमा से मोती स्वरूप किरणें बरसती हैं, वैसे ही कान्हा की आंखों से आंसू बरस रहे हैं।

कहन लगीं अब बढ़ि-बढ़ि बात।
ढोटा मेरौ तुमहिं बँधायौ तनकहि माखन खात॥
अब मोहि माखन देतिं मँगाए, मेरैं घर कछु नाहिं!
उरहन कहि-कहि साँझ-सबारैं, तुमहिं बँधायौ याहि॥

रिसही मैं मोकौं गहि दीन्हौ, अब लागीं पछितान।
सूरदास अब कहति जसोदा बूझ्यौ सब कौ ज्ञान॥

यशोदा मैया गोपियों को फटकार लगाती हुई कहती हैं कि तुम सब पहले कहां थीं। अब बढ़-बढ़कर बोलने लगी हो। तुम सब के कारण ही मेरा पुत्र आज रस्सी से बंधा हुआ है जबकि यह थोड़ा-सा ही मक्खन खाता है। क्या मेरे घर मक्खन की कोई कमी है कि तुम सब बार-बार अपने घरों से मक्खन लाकर देने की बात कर रही हो? सुबह-शाम उलाहना दे-देकर तुम सबने ही इसे बंधवाया है। गुस्से में आकर ही तो तुम सब ने इसे पकड़कर मुझे दिया और अब पछताने का ढोंग मेरे सामने कर रही हो। सूरदास कहते हैं कि यशोदा कहती हैं कि तुम सब की होशियारी सब मैं अच्छी तरह समझ चुकी हूं।

चितै धौं कमल-नैन की ओर।
कोटि चंद वारौं मुखछबि पर, ए हैं साहु कै चोर॥
उज्ज्वल अरुन असित दीसति हैं, दुहु नैननि की कोर।
मानौ सुधा-पान कें कारन, बैठे निकट चकोर॥
कतहिं रिसाति जसोदा इन सौं, कौन ज्ञान है तोर।
सूर स्याम बालक मनमोहन, नाहिन तरुन किसोर॥

एक गोपी यशोदा जी को समझाती है कि कमल-नयन कान्हा की तरफ एक नजर देखो तो सही। ये बड़ी चोरी करने वाले हों या माखन चोरी करने वाले हों, इनके मुख की सुन्दरता पर करोड़ों चन्द्रमा मैं न्यौछावर करती हूं। इनके दोनों नैनों के कोर सफेद, काले और गुलाबी दिख रहे हैं जैसे अमश्त-पान करने के लिए चकोर मुख चन्द्र के निकट बैठे हों। यशोदा रानी! व्यर्थ में ही तुम इन पर गुस्सा कर रही हो। इसमें तुम्हारी कोई भी समझदारी नहीं है। सूरदास कहते हैं कि श्याम अभी मनमोहक बालक हैं, न तो किशोर हैं और न ही युवा।

वारौं हौं वे कर जिन हरि कौ बदन छुयौ
वारौं रसना सो जिहिं बोल्यौ है तुकारि।
वारौं ऐसी रिस जो करति सिसु बारे पर
ऐसौ सुत कौन पायौ मोहन मुरारि॥
ऐसी निरमोही माई महरि जसोदा भई
बाँध्यौ है गोपाल लाल बाहँनि पसारि।

कुलिसहु तैं कठिन छतिया चितै री तेरी
अजहूँ द्रवति जो न देखति दुखारि।।
कौन जानै कौन पुन्य प्रगटे हैं तेरैं आनि
जाकौं दरसन काज जपै मुख-चारि।
केतिक गोरस-हानि जाकौ सूर तोरै कानि
डारौं तन स्याम रोम-रोम पर वारि।।

एक बड़ी बूढ़ी ग्वालिन कृष्ण को ओखल में बंधे हुए देखकर कहती है कि मैं उन हाथों को वार दूं, जिन हाथों ने कान्हा के बदन को छुआ है यानी पीटा है। उस जीभ इन पर वार दूं जिसने इन्हें अपमानित किया है और कठोर वचन निकाले हैं, उस क्रोध को इन पर वार दूं, जो इतेन मासूम और नन्हे बालक पर किया जाता है। मोहन मुरारी जैसा पुत्र पूरे व्रज में किसने पाया है। यशोदा रानी कितनी निर्मोही हो गई हैं, जिन्होंने अपने गोपाल लाल को दोनों हाथ सीधा करके ओखल लगाकर बांध दिए हैं। यशोदा रानी का हृदय तो बज्र से भी अधिक कठोर है, अब भी अपने पुत्र की यह दुर्दशा देखकर नहीं पसीजता। न जाने कौन से पुण्य के कारण ये तेरा पुत्र बनकर अवतरित हुए हैं। जिसके दर्शन के लिए ब्रह्मा हमेशा जप करते हैं। अरे गोरस की कितनी हानि हो गई कि तेरी मर्यादा भंग हो रही है। सूरदास कहते हैं कि वृद्धा कहती है कि मेरा रोम-रोम गोपाल पर न्यौछावर है, दही-दूध क्या चीज है।

(जसोदा) तेरौ भलौ हियौ है माई!
कमल-नैन माखन कैं कारन, बाँधे ऊखल ल्याई।।
जो संपदा देव-मुनि-दुर्लभ, सपनेहुँ देइ न दिखाई।
याही तैं तू गर्ब भुलानी, घर बैठे निधि पाई।।
जो मूरति जल-थल मैं ब्यापक, निगम न खोजत पाई।
सो मूरति तैं अपनैं आँगन, चुटकी दै जु नचाई।।
तब काहू सुत रोवत देखति, दौरि लेति हिय लाई।
अब अपने घर के लरिका सौं इती करति निठुराई।।
बारंबार सजल लोचन करि चितवत कुँवर कन्हाई।
कहा करौं, बलि जाउँ, छोरि तू, तेरी सौंह दिवाई।।
सुर-पालक, असुरनि उर सालक, त्रिभुवन जाहि डराई।
सूरदास-प्रभु की यह लीला, निगम नेति नित गाई।।

एक गोपी यशोदा मैया से कहती है कि मैया, तुम्हारा हृदय अच्छा कठोर है। कमल के समान नेत्र वाले कान्हा को जरा से मक्खन के लिए तुमने लाकर ओखल से बांध दिया है। जो संपदा यानी जो कान्हा देव-मुनि के लिए दुर्लभ हैं, उनमें स्वप्न में भी तुझे देवस्वरूप नजर नहीं आया? घर बैठे ही तुम्हें पुत्र रत्न मिल गया है, जिससे गर्व के कारण तुम यह सब भूल गई हो। जो गोविन्द जल, नभ, थल में व्याप्त हैं, वेद जिनके भेद को ढूंढ़ नहीं पाए, उसी गोविन्द को तुमने अपने आंगन में चुटकी बजा-बजाकर नचाया है। जब पुत्र नहीं था तब तो किसी के भी बच्चे को रोते देखकर दौड़कर छाती से लगा लेती थी और अब अपने पुत्र कान्हा के साथ इतनी निष्ठुरता दिखा रही है। कन्हैया बार-बार आंखों में आंसू भरकर देख रहा है। क्या करूं, बलि-बलि जाती हूं, तुम्हारी सौगंध तुम्हें देती हूं कि तुम इसे माफ कर दो। सूरदास कहते हैं कि प्रभु की तो यह लीला है। वेद इनका अन्त नहीं कहकर इनका यशगान करते हौं मेरे प्रभु सुर-पालक, असुर संहारक हैं और उनसे तीनों लोक डरते हैं और आज वे माता के सामने बाल रूप में निस्सहाय खड़े हैं।

जसुदा! यह न बूझि कौ काम।
कमल-नैंन की भुजा देखि धौं, तैं बाँधे हैं दाम॥
पुत्रहु तैं प्यारौ कोउ है री, कुल-दीपक मनिधाम।
हरि पर बारि डार सब तन, मन, धन, गोरस अरु ग्राम॥
देखियत कमल-बदन कुम्लिानौ, तू निरमोही बाम।
बैठी है मंदिर सुख छहियाँ, सुत दुख पावत घाम॥
येई हैं सब ब्रज के जीवन सुख प्रात लिएँ नाम।
सूरदास-प्रभु भक्तनि कैं बस यह ठानी घनस्याम॥

एक गोपी यशोदा मैया से कहती है कि यशोदा रानी! यह बुद्धिमानी भरा काम नहीं है। कमलनयन कृष्ण की भुजा तो देखो कितनी कोमल है और उन्हें तुमने रस्सी से बांध दी है। कुल-दीपक, कुल को मणि के समान प्रकाशित करने वाले पुत्र से भी अधिक कोई प्यारा है? कान्हा पर तन, मन, धन, गोरस, और गांव सब कुछ वार दो। तुम बहुत ही निर्मोही स्त्री हो, देखो तो कान्हा का कमल बदन कुम्हला गया है। स्वयं तो तुम घर के अंदर छांह में बैठी हो और पुत्र धूप में तप रहा है। सूरदास कहते हैं कि कान्हा ही व्रज के जीवन हैं। सुबह के समय इनका नाम लेने से मन को शांति मिलती है। सूरदास के स्वामी भी गोविंद ने भक्तों के वश में होकर यह लीला की है।

ऐसी रिस तोकौं नँदरानी।
बुद्धि तेरैं जिय उपजी बड़ी, बैस अब भई सयानी।।
ढोटा एक भयौ कैसैहूँ करि, कौन-कौन करबर बिधि भानी।
क्रम-क्रम करि अब लौं उबरयौ है, ताकौं मारि पितर दै पानी।।
को निरदई रहै तेरैं घर, को तेरैं सँग बैठे आनी।
सुनहु सूर कहि-कहि पचि हारीं, जुबती चलीं घरनि बिरुझानी।।

गोपियां क्रोधित होकर यशोदा रानी से कहती हैं कि यशोदा माता तुममें कितना क्रोध भरा है? तुम्हारी उम्र अधिक है। तुम अब वृद्धावस्था को प्राप्त करने वाली हो। तुम्हारे हृदय में बुद्धि भी बहुत है। तुम्हें एक पुत्र बड़ी मुश्किल से तो हुआ है। कान्हा को विधाता ने न जाने कौन-कौन से संकटों से उबारा है। किसी भी तरह से सब विपत्तियों से स्वयं ही बचता रहा है। अब उसी को मारकर पितरों को पानी दो। कौन इतनी निर्दयी है कि तेरे घर रहेगा और कोन तुझ जैसी हठी के साथ आकर बैठेगा। गोपियां बार-बार समझा-कहकर हार गईं और सभी अपने-अपने घरों को नाराज होकर चली गईं।

हलधर सौं कहि ग्वालि सुनायौ।
प्रातहि तैं तुम्हरौ लघु भैया, जसुमति ऊखल बाँधि लगायौ।।
काहू के लरिकहि हरि मारयौ, भोरहिं आनि तिनहिं गुहरायौ।
तबही तैं बाँधे हरि बैठे, सो हम तुमकौं आनि जनायौ।।
हम बरजी बरज्यौ नहिं मानति, सुनतहिं बल आतुर ह्वै धायौ।
सूर स्याम बैठे ऊखल लगि, माता उर-तनु अतिहिं त्रसायौ।।

एक गोपी ने जाकर बलराम से कहा कि आज सुबह से ही तुम्हारी मैया यशोदा ने तुम्हारे छोटे भैया कृष्ण को ओखल से बांध रखा है। किसी के लड़के को कृष्ण ने मारा था, सुबह-सुबह ही आकर उसने गुहार लगा दी, तब से ही कृष्ण को मैया ने बांध रखा है, यह बात हमने आकर तुझसे बता दी। हमने मना किया लेकिन वे नहीं मानीं। यह सुनते ही बलराम व्याकुल होकर दौड़ पड़े। आकर उन्होंने देखा कि कृष्ण ओखल से बंधे हुए बैठे हैं। यशोदा मैया ने उनके शरीर और हृदय को बहुत ही प्रताड़ित कर दिया है।

यह सुनि कै हलधर तहँ धाए।
देखि स्याम ऊखल सौं बाँधे, तबहीं दोउ लोचन भरि आए।।

मैं बरज्यौ कै बार कन्हैया, भली करी दोउ हाथ बँधाए।
अजहूँ छाँड़ौगे लँगराई, दोउ कर जोरि जननि पै आए॥
स्यामहि छोरि मोहि बाँधै बरु, निकसत सगुन भले नहिं पाए।
मेरे प्रान जिवन-धन कान्हा, तिन के भुज मोहि बँधे दिखाए॥
माता सौं कहा करौं ढिठाई, सो सरूप कहि नाम सुनाए।
सूरदास तब कहति जसोदा, दोउ भैया तुम इक-मत पाए॥

गोपी की बात सुनते ही हलधर वहां दौड़कर आ गए। श्याम को ओखल से बंधे हुए देखकर उनके दोनों नयन आंसुओं से भर आए। वे कहने लगे कि मैंने तुझे कन्हैया कई बार मना किया, अच्छा किया दोनों हाथ बंधवा लिए। आज से तू अब उधम मचाना छोड़ देगा। यह कहकर बलराम जी दोनों हाथ जोड़कर माता के पास आकर कहने लगे कि मैया, श्याम को छोड़ दो और उसके बदले में मुझे ओखल से बांध दो। घर से जब मैं निकल रहा था तब अच्छे शकुन नहीं थे। यह उसी का नतीजा है। कान्हा, मेरा प्राण है, जीवन-धन है और उसकी ही भुजाएं मुझे बंधी हुई दिखाई दे रही हैं। अब माता से मैं क्या धृष्टता करूं। फिर उन्होंने कृष्ण के ब्रह्मस्वरूप और नाम के महात्म को बताया। सूरदास कहते हैं कि यह सुनकर यशोदा बोलीं कि तुम दोनों भाई ही एकसमान ही शरारती और शैतान हो।

एतौ कियौ कहा री मैया?
कौन काज धन दूध दही यह, छोभ करायौ कन्हैया॥
आई सिखवन भवन पराऐं स्यानि ग्वालि बौरैया।
दिन-दिन देन उरहनौ आवतिं ढुकि-ढुकि करतिं लरैया॥
सूधी प्रीति न जसुदा जानै, स्याम सनेही ग्वैयाँ।
सूर स्यामसुंदरहिं लगानी, वह जानै बल-भैया॥

मैया, कान्हा ने ऐसा कौन-सा अपराध कर दिया था? दूध, दही, माखन की यह दौलत किस काम आएगी, जिसके लिए तुमने कन्हैया को इतना दुःख दिया? यशोदा मैया कहती हैं कि ये बौराई हुई गोपियां सयानी बनकर मुझे सीख देने आयी थीं और ये रोज-रोज ही उलाहना देने चली आती हैं और मुझे झगड़ती रहती हैं। सूरदास कहते हैं कि सीधी यशोदा रानी उनके प्रेम को क्या जानें। लेकिन श्याम तो प्रेम करने वालों के शुभचिंतक हैं और गोपियों का दिल भी श्याम से ही लगा हुआ है; यह बात बलराम जी अच्छी तरह से जानते हैं। माता को यह बात नहीं मालूम।

काहे कौं कलह नाध्यौ, दारुन दाँवरि बाँध्यौ,
कठिन लकुट लै तैं, त्रास्यौ मेरैं भैया।
नाहीं कसकत मन, निरखि कोमल तन,
तनिक-से दधि काज, भली री तू मैया॥
हौं तौ न भयौ री घर, देखत्यौ तेरी यौं अर,
फोरतौ बासन सब, जानति बलैया।
सूरदास हित हरि, लोचन आए हैं भरि,
बलहू कौं बल जाकौ सोई री कन्हैया॥

बलराम मैया से कहते हैं कि मैया! तुमने यह कलह क्यों किया। मेरे भाई को तुमने दारुण दुख देने वाली रस्सियों से बांध दिया है। कान्हा का कोमल तन देखकर तुम्हारे मन में पीड़ा नहीं हो रही? तू तो भली मैया है, थोड़ी-सी दही कारण कान्हा को इतना बड़ा दण्ड दे दिया। मैं घर पर नहीं था, होता तो तेरा यह हठ मैं देख लेता। तेरा सब बर्तन फोड़ डालता, तब तू इस बलराम को जान जाती। सूरदास कहते हैं कि गोविंद के प्रेम से बलराम की आंखें आंसुओं से भीग आयी हैं। बलराम का जो बल है, वही तो गोविन्द का सब कुछ है।

काहे कौं जसोदा मैया, त्रास्यौ तैं बारौ कन्हैया,
मोहन हमारौ भेया, केतौ दधि पियतौ।
हौं तौ न भयौ री घर, साँटी दीनी सर-सर,
बँध्यौ कर जेंवरिनि, कैसें देखि जियतौ॥
गोपाल सबनि प्यारौ, ताकौं तैं कीन्हौ प्रहारौ,
जाकौ है मोहू कौं गारौ, अजगुत कियतौ।
और होतौ कोऊ, बिन जननी जानतौ सोऊ,
कैसैं जाइ पावतौ, जौ आँगुरिनि छियतौ॥
ठाढ़ौ बाँध्यौ बलबीर, नैननि गिरत नीर,
हरि जू तैं प्यारौ तोकौं, दूध-दही घियतौ।
सूर स्याम गिरिधर, धराधर हलधर,
यह छबि सदा थिर, रहौ मेरैं जियतौ॥

बलराम जी मैया से कहते हैं कि मैया! तू कान्हा को इतनी यंत्रणा क्यों दे रही है? मोहन मेरा छोटा भाई है, इसने ऐसा न जाने कितना ही दही पी लिया। मैं घर पर नहीं था और तूने न जाने कितनी ही छड़ी इस पर बरसा दी। तूने इसे

रस्सी से बांध दिया है। जीते जी मैं कैसे यह सब देख रहा हूं। गोपाल सबका ही प्यारा है, जिसका मुझे गर्व है, तूने उस पर ही प्रहार किया, यह कितनी गलत बात है। मैया को छोड़कर कोई दूसरा होता तो कन्हैया को उंगली से छूकर कैसे चला जाता, मैं देखता। कन्हैया को तूने बड़ी निर्ममता से बांधा है, उसकी आंखों से आंसू बह रहे हैं। कान्हा से भी क्या तुझको दूध, दही, मक्खन प्रिय है? सूरदास कहते हैं कि श्याम गिरिधर हैं और बलदाऊ पृथ्वीधर हैं, यह दोनों भाइयों की जोड़ी सदा मेरे हृदय में वास करे।

सुनहु बात मेरी बलराम!
करन देहु इन की मोहि पूजा, चोरी प्रगटत नाम।।
तुमही कहौ, कमी काहे की, नब-निधि मेरैं धाम।
मैं बरजति, सुत जाहु कहूँ जानि, कहि हारी दिन-जाम।।
तुमहु मोहि अपराध लगायौ, माखन प्यारौ स्याम।
सुनि मैया, तोहि छाँड़ि कहौं किहि, को राखै तेरैं ताम।।
तेरी सौं, उरहन लै आवतिं झूठहिं ब्रज की बाम।
सूर स्याम अतिहीं अकुलाने, कब के बाँधे दाम।।

यशोदा मैया बलदाऊ से कहती हैं कि बलराम! तुम मेरी बात सुनो। मुझे इसकी पजा कर लेने दो, क्योंकि चोरी करके इसने नाम कमाना शुरू कर दिया है। तुम ही बताओ, मेरे घर में किस बात की कमी है? मेरे घर में तो नवों निधियां हैं। मैं मना करती रहती हूं कि पुत्र कहीं बाहर मत जाओ। दिन-रात समझा-समझा कर हार गयी। तुम भी मुझ पर ही अपराध मढ़ रहे हो कि कान्हा से प्यारा मक्खन है? बलदाऊ कहने लगे कि सुन मैया! तुझको छोड़कर अब किस को कहूं। तेरे क्रोध से दूसरा कौन बचा सकता है? तेरी सौंगध लेकर कह रहा हूं, ब्रज की गोपियां झूठी उलाहना लेकर तेरे पास आती हैं। सूरदास कहते हैं कि श्याम बहुत देर से बंधे हैं, वे अब बहुत ही अकुला गये हैं।

जसोदा ऊखल बाँधे स्याम।
मन-मोहन बाहिर ही छाँड़े, आपु गई गृह-काम।।
दह्यौ मथति, मुख तैं कछु बकरति, गारी दे लै नाम।
घर-घर डोलत माखन चोरत, षट-रस मेरैं धाम।।
ब्रज के लरिकनि मारि भजत हैं, जाहु तुमहु बलराम।
सूर स्याम ऊखल सौं बाँधे, निरखहिं ब्रज की बाम।।

यशोदा मैया ने गोविन्द को ओखल से बांध दिया है। गोविंद को बंधा हुआ बाहर ही छोड़कर, वे स्वयं घरेलू कार्यों में व्यस्त हो गईं। वे दही भी मथ रही हैं और मुख से कुछ बोलती भी जा रही हैं कि यह नटखट घर-घर माखन चुराता फिरता है और मेरे घर में ये सारे ही रस भरे पड़े हैं। व्रज के बालकों को मार कर भाग जाता है। बलराम, मैं आज इसे नहीं छोड़ने वाली। तुम यहां से जाओ। उसकी तरफदारी न करो। सूरदास कहते हैं कि ओखल से बंधे श्याम को व्रज की स्त्रियां देख रही हैं।

निरखि स्याम हलधर मुसुकाने।
को बाँधै,कौ छोरै इन कौं, यह महिमा येई पै जाने॥
उतपति-प्रलय करत हैं येई, सेष सहस मुख सुजस बखाने।
जमलार्जुन-तरु तोरि उधारन पारन करन आपु मन माने॥
असुर सँहारन, भक्तनि तारन, पावन-पतित कहावत बाने।
सूरदास-प्रभु भाव-भक्ति के अति हि जसुमति हाथ बिकाने॥

गोविन्द को देखकर बलदाऊ मुस्कुराए और कहने लगे कि भला इन्हें कौन बांध सकता है और कौन छोड़ सकता है, अपनी लीला यही जानते हैं। उत्पत्ति और प्रलय यही करते हैं, अपने हजार मुखों से इनका सुयश शेषनाग स्वयं कहते हों यमलार्जुन के पेड़ों को उखाड़ कर उनको शाप मुक्त करने के लिए यह सब लीला करना अच्छा लग रहा है। ये असुरों का नाश करने वाले हैं, भक्तों को तारने वाले हैं, इनका नाम ही पतित-पावन है। सूरदास कहते हैं कि मेरे गोविन्द तो मैया की भावमय भक्ति के वश में होकर उनके हाथ बिक गए हैं।

जसुमति, किहिं यह सीख दई।
सुतहि बाँधि तू मथति मथानी, ऐसी निठुर भई॥
हरैं बोलि जुवतिनि कौं लीन्हौ, तुम सब तरुनि नई।
लरिकहि त्रास दिखावत रहिऐ, कन मुरुझाइ गई॥
मेरे प्रान-जिवन-धन माधौ, बाँधें बेर भई।
सूर स्याम कौं त्रास दिखावति, तुम कहा कहति दई॥

गोपियां आकर यशोदा मैया से कहती हैं कि यशोदा मैया, तुमको इस तरह की सीख कहां से मिली? कान्हा को बांधकर तुम स्वयं दही मथ रही हो। क्या तुम इतनी निष्ठुर हो गई? यशोदा मैया ने उन गोपियों को अपने पास बुलाकर कहा

कि तुम सब अभी युवा हो। जिंदगी का अनुभव तुम्हें नहीं है। बालकों को दंडित कर उनकी गलती का अहसास उन्हें कराते रहना चाहिए। तुम सब व्यर्थ में ही मुरझा गई हो। इस पर गोपियां बोलीं कि मैया! यह तुम क्या कह रही हो? तुम उन कान्हा को भय दिखला रही हो, जो हमारे प्राण हैं, जीवन-धन हैं। इन्हें रस्सी से बांधे हुए बहुत समय हो गया। अब बंधन खोलकर इन्हें मुक्त कर दो।

तबहिं स्याम इक बुद्धि उपाई।
जुवती गईं घरनि सब अपनैं, गृह-कारज जननी अटकाई॥
आपु गए जमुलार्जुन-तरु तर, परसत पात उठे झहराई।
दिए गिराइ धरनि दोऊ तरु, सुत कुबेर के प्रगटे आई॥
दोउ कर जोरि करत दोउ अस्तुति, चारि भुजा तिन्ह प्रगट दिखाई।
सूर धन्य ब्रज जनम लियौ हरि, धरनी की आपदा नसाई॥

तभी गोविन्द ने अपने विवेक का प्रयोग कर एक उपाय सोच लिया। सभी गोपियां अपने-अपने घरों को चली गईं। यशोदा मैया भी अपने घरेलू कार्यों में व्यस्त हो गई। यह उचित अवसर देखकर गोविन्द ओखल को खींचते हुए यमलार्जुन के पेड़ों के नीचे पहुंच गए। गोविंद के हाथ का स्पर्श पाते ही यमलार्जुन के पेड़ जड़ सहित हिल गए। गोविन्द ने दोनों पेड़ों को पलक झपकते ही धरती पर गिरा दिया। कुबेर के दोनों पुत्र शापमुक्त होकर प्रकट हो गए। दोनों ही दोनों हाथ जोड़कर उनका स्तुति गान करने लगे। बाल कृष्ण चतुर्भुज रूप में प्रकट हो गए और उन्हें दर्शन दिया। सूरदास कहते हैं कि कुबेर के पुत्रों ने भी कहा कि यह ब्रज धन्य है, जहां पर गोविंद ने शरीर रूप में जन्म लिया और धरती की आपदा का नाश किया।

धनि गोबिंद जो गोकुल आए।
धनि-धनि नंद, धन्य निसि-बासर, धनि जसुमति जिन श्रीधर जाए॥
धनि-धनि बाल केलि जमुना-तट, धनि बन सुरभी-बृंद चराए।
धनि यह समौ,धन्य ब्रज-बासी, धनि-धनि बेनु मधुर धुनि गाए॥
धनि-धनि अनख, उरहनौ धनि-धनि, धनि माखन, धनि-मोहन खाए।
धन्य सूर ऊखल तरु गोबिंद हमहि हेतु धनि भुजा बँधाए॥

कुबेर के दोनों पुत्र स्तुति गान करते हुए कहते हैं कि गोविन्द धन्य हैं, जो गोकुल में अवतरित हुए। श्रीनंद धन्य हैं, यहां के रात-दिन धन्य है, यशोदा जी

धन्य हैं, जिन्होंने श्रीहरि को पुत्र के रूप में जन्म दिया। कृष्ण बाल-क्रीड़ा स्थल यमुना तट धन्य है, वह वृंदावन धन्य है, जहां सखाओं के साथ कृष्ण गाएं चराते हैं यह समय धन्य है, व्रजवासी धन्य है, वह बांसुरी धन्य है, जिससे कृष्ण मधुर सुर में गान करते हैं गोपियों का खीझना, उलाहना देना भी धन्य है, मक्खन धन्य है, मोहन का खाना भी परम धन्य है। यह यमलार्जुन का पेड़ धन्य है और ये गोविन्द धन्य, परमधन्य हैं, जिन्होंने हमारे हित के लिए अपने मान-अपमान को भुलाकर अपने दोनों हाथ बंधवाए और गोविंद के ये बांधे जाने वाले दोनों हाथ भी धन्य हैं, जिनके स्पर्श मात्र से ही हम शापमुक्त हो गए।

मोहन! हौं तुम ऊपर वारी।
कंठ लगाइ लिये, मुख चूमति, सुंदर स्याम बिहारी॥
काहे कौं ऊखल सौं बाँध्यौ, कैसी मैं महतारी।
अतिहिं उतंग बयारि न लागत, क्यों टूटे तरु भारी॥
बारंबार बिचारति जसुमति, यह लीला अवतारी।
सूरदास स्वामी की महिमा, कापै जाति बिचारी॥

मोहन! मैं तुम पर अपना सारा प्यार न्यौछावर करती हूं। यह कहते हुए मैया ने उनका मुंह चूम लिया और उन्हें अपने गले से लगाकर अपना स्नेह उन पर बरसाने लगीं - मेरे सुन्दर श्याम बिहारी! मैंने क्यों तुमको ओखल से बांध दिया। मैं कितनी निर्मम माता हूं। इतने बड़े पेड़ कैसे टूट गए? ये तो बहुत ऊंचे थे और इन्हें हवा भी नहीं लगती थी। यशोदा मैया बार-बार इसी बात पर विचार कर रही हैं। सूरदास कहते हैं कि यह मेरे गोविन्द की ईश्वरीय लीला है। इनकी महिमा को भला कौन बुद्धि और विवेक से जान सका है कि मैया जान-समझ सकती हैं।

अब घर काहू कैं जनि जाहु।
तुम्हरैं आजु कमी काहे की, कत, तुम अनतहिं खाहु॥
बरै जेंवरी जिहिं तुम बाँधे, परैं हाथ भहराइ।
नंद मोहि अतिहीं त्रासत हैं, बाँधे कुँवर कन्हाइ॥
रोग जाउ मेरे हलधर के, छोरत हौ तब स्याम।
सूरदास-प्रभु खात फिरौ जनि, माखन-दधि तुव धाम॥

मैया अपनी गलती पर पछताती हुई कहती हैं कि कन्हैया! तब तू किसी के भी घर मत जाना। तेरे घर पर किसी भी चीज की कमी नहीं है। दूसरों के घर पर जाकर तुम क्यों खाते हो? जिस रस्सी से तुझे बांधा था, वह जल जाए और तुझे बांधने वाले ये मेरे हाथ भी टूटकर भहरा जाएं। तेरे बाबा मुझे बहुत ही डांट रहे हैं कि तुमने कुंवर कन्हैया को बांधा था। मेरे बलराम के सारे दुख-दर्द नष्ट हो जाएं, वह तो उसी समय तुझे छोड़ देने के लिए कह रहा था। सूरदास कहते हैं कि मैया समझा रही हैं कि मेरे गोविंद! दूसरों के घर जाकर माखन न खाया करो। तेरे घर पर ही माखन, दही है।

ब्रज-जुबती स्यामहि उर लावतिं।
बारंबार निरखि कोमल तनु, कर जोरति, बिधि कौं जु मनावतिं॥
कैसैं बचे अगम तरु कैं तर, मुख चूमतिं, यह कहि पछितावतिं।
उरहन लै आवतिं जिहिं कारन, सो सुख फल पूरन करि पावतिं॥
सुनौ महरि, इन कौं तुम बाँधति, भुज गहि बंधन-चिह्न दिखावतिं।
सूरदास प्रभु अति रति-नागर, गोपी हरषि हृदय लपटावतिं॥

व्रज की युवा स्त्रियां श्याम को अपने-अपने हृदय से लगा रही हैं। उन्हें बार-बार देख रही हैं कि कहीं कोमल शरीर जख्मी तो नहीं हुआ है न। हाथ जोड़कर विधाता को मना रही हैं, शुक्र है गोविंद सकुशल हैं। ये न जाने इसने विशाल पेड़ों के नीचे कैसे बचे रहे? यह सोचकर कान्हा का मुख चूम रही हैं और पछता भी रही हैं कि जिस बात के लिए हम सब उलाहना लेकर आयीं थीं, उस सुख का पूरा-पूरा आनंद हम पा रही हैं। सुनो यशोदा रानी! तुम इनको बांधती हो? फिर उनका हाथ पकड़कर रस्सी के निशान यशोदा को दिखाती है। सूरदास कहते हैं कि मेरे स्वामी गोविन्द लीला करने में अत्यंत प्रवीण हैं। गोपियां आनंदित होकर उन्हें अपने हृदय से लगा रही हैं। गोविन्द ने अपनी इस लीला से सबको ही मंत्र-मुग्ध कर दिया है।

मोहि कहतिं जुबती सब चोर।
खेलत कहूँ रहौं मैं बाहिर, चितै रहतिं सब मेरी ओर॥
बोलि लेतिं भीतर घर अपनैं, मुख चूमतिं, भरि लेतिं अँकोर।
माखन हेरि देतिं अपनैं कर, कछु कहि बिधि सौं करति निहोर॥
जहाँ मोहि देखतिं, तहँ टेरतिं, मैं नहिं जात दुहाई तोर।
सूर स्याम हँसि कंठ लगायौ, वै तरुनी कहँ बालक मोर॥

गोविन्द मैया से कहते हैं कि मैया! व्रज की सारी गोपियां मुझे चोर कहती हैं। मैं कहीं भी बाहर खेल रहा होता हूं, सभी मुझे ही देखते रहते हैं। गोपियां मुझे घर के अंदर बुला लेती हैं और मेरा मुख चूमती हैं तथा अपने अंक में भर लेती हैं। अपने हाथ से अच्छी तरह से देख भाल कर मुझे माखन देती हैं और कुछ कहकर विधाता से आग्रह करती हैं जहां भी कहीं मुझे देखती हैं, वहीं पुकारने की आवाज देने लगती हैं लेकिन मैया, मुझ पर विश्वास कर, मैं नहीं जाता हूं, यह सुनकर मैया ने हंसते हुए हरि को गले से लगा लिया और कहने लगीं कि कहां वे गोपियां जवान हैं और कहां ये मेरा कान्हा नादान बालक।

जसुमति कहति कान्ह मेरे प्यारे, अपनैं ही आँगन तुम खेलौ।
बोलि लेहु सब सखा संग के, मेरौ कह्यौ कबहुँ जिनि पेलौ॥
ब्रज-बनिता सब चोर कहति तोहिं, लाजनि सकुचिं जात मुख मेरौ।
आजु मोहि बलराम कहत हे, झूठहिं नाम धरति हैं तेरौ॥
जब मोहि रिस लागति सब त्रासति, बाँधति, मारति, जैसैं चेरौ।
सूर हँसति ग्वालिनि दै तारी, चोर नाम कैसैहुँ सुत! फेरौ॥

यशोदा मैया कहती हैं कि मेरे प्यारे कन्हैया! तुम अपने ही घर के आंगन में खेलो। अपने सब सखाओं को भी यहीं पर बुला लो। मैं जो कहती हूं, उसका उल्लंघन कभी मत करो। तुम्हें व्रज की स्त्रियां चोर कहती हैं तो शर्म के मारे मेरा मुंह छोटा हो जाता है। आज मुझसे बलराम कह रहा था, वे सब झूठे ही तुझे बदनाम करती हैं। जब मुझे गुसा आता है, तब तुझे गुलाम की तरह डराती हूं, बांधती हूं और मारती हूं। तुम न बाहर जाओगे, न उन्हें कुछ कहने का मौका मिलेगा और न मैं तुझ पर गुस्सा करूंगी। सूरदास कहते हैं कि ग्वालिनें ताली देकर हंसती हैं। तो पुत्र! अपना यह चोर नाम कैसे भी हो मिटा ही डालो।

धेनु दुहत हरि देखत ग्वालिनि।
आपुन बैठि गए तिन कैं सँग, सिखवहु मोहि कहत गोपालनि॥
काल्हि तुम्हैं गो दुहन सिखावैं, दुहीं सबै अब गाइ।
भोर दुहौ जनि नंद-दुहाई, उन सौं कहत सुनाइ॥
बड़ौ भयौ अब दुहत रहौंगौ, अपनी धेनु निबेरि।
सूरदास प्रभु कहत सौंह दै, मोहिं लीजौ तुम टेरि॥

गोविन्द ग्वालों को गायें दुहते हुए देख रहे हैं। एक रोज वे स्वयं उनके साथ बैठ गए और कहने लगे कि मुझे भी दूध दुहना सिखाओ। ग्वालों ने उन्हें समझाया कि कल तुम्हें गो-दुहना सिखाएंगे। अब तो हमने सब गाएं दुह दीं। गोविंद बोले कि तुम सबको नंदबाबा की शपथ है, सुबह मेरे बिना दुह न देना। मैं अब बड़ा हो गया। अपनी गाएं अलग कर के मैं स्वयं ही उन्हें दुह लूंगा। सूरदास कहते हैं कि गोविंद सौंगध देकर कहते हैं कि मुझे आवाज देकर बुला लेना।

मैं दुहिहौं मोहि दुहन सिखावहु।
कैसैं गहत दोहनी घुटुवनि, कैसैं बछरा थन लै लावहु।।
कैसैं लै नोई पग बाँधत, कैसैं लै गैया अटकावहु।
कैसैं धार दूध की बाजति, सोइ-सोइ बिधि तुम मोहि बतावहु।।
निपट भई अब साँझ कन्हैया, गैयनि पै कहुँ चोट लगावहु।
सूर स्याम सौं कहत ग्वाल सब, धेनु दुहन प्रातहिं उठि आवहु।।

कन्हैया ग्वालों से कहते हैं कि मैं गायों को दुहूंगा, मुझे दुहना सिखाओ। घुटनों से दोहनी को कैसे पकड़ते हो। कैसे बछड़े को लाकर थन से लगाते हो। कैसे रस्सी लेकर गाय के पांव बांधते हो और गाय को कैसे शांत रखते हो। कैसे दूध की धार दोहनी में पड़ती है? तुम लोग जो-जो करते हो सब विधिवत मुझे बताओ। ग्वालों ने कहा कि कन्हैया! अब बिल्कुल सांझ हो गयी है। तुम कहीं गायों से घायल न हो जाओ। गाय दुहने के लिए सुबह जल्दी ही उठकर आ जाना।

जागौ हो तुम नँद-कुमार!
हौं बलि जाउँ मुखारबिंद की, गो-सुत मेलौ खरिक सम्हार।।
अब लौं कहा सोए मन-मोहन, और बार तुम उठत सबार।
बारहिं-बार जगावति माता, अंबुज-नैन! भयौ भिनुसार।।
दधि मथि कै माखन बहु दैहौं, सकल ग्वाल ठाढ़े दरबार।
उठि कैं मोहन बदन दिखावहु, सूरदास के प्रान-अधार।।

यशोदा मैया गोविन्द को जगाती हुई कहती हैं कि नंदकुमार! अब तुम जाग जाओ। मैं तुम्हारे कमल के समान सुंदर मुख पर बलि-बलि जाऊं। बछड़ों को संभालकर गऊशाला में पहुंचा दो। मनमोहन! अब तक तुम क्यों सो रहे हों। तुम

तो सुबह जल्दी ही उठ जाया करते हो। आज उठने में देर क्यों कर दी? यशोदा मैया गोविंद को बार-बार जगा रही हैं कि कमलनयन! उठो, सुबह हो गई। दही मथकर मैं ढेर सारा मक्खन दूंगी। उठो, सारे ग्वाल द्वार पर आकर खड़े हैं मोहन! नींद से जागकर तुम उन्हें अपना सुंदर मुख तो दिखाओ। सूरदास कहते हैं कि मैया के तो तुम जीवनाधार हो।

जागहु हो ब्रजराज हरी!
लै मुरली आँगन ह्वै देखौ, दिनमनि उदित भए द्विघरी॥
गो-सुत गोठ बँधन सब लागे, गोदोहन की जून टरी।
मधुर बचन कहि सुतहि जगावति, जननि जसोदा पास खरी॥
भोर भयौ दधि-मथन होत, सब ग्वाल सखनि की हाँक परी।
सूरदास-प्रभु-दरसन कारन, नींद छुड़ाई चरन धरी॥

यशोदा मैया कहती हैं कि ब्रजराज हरी! जागो। वंशी लेकर आंगन में आकर देखो, सूर्य को निकले दो घड़ी हो गयी है। सब बछड़े गोष्ठ में बांधे जा रहे हैं, गायों के दुहने का समय बीत गया है। मैया मधुर वचन कहकर कान्हा को जगा रही हैं। वे उनके पास ही खड़ी हैं। भोर हो गई है और दही मथी जा रही है। तुम्हारे सब ग्वाल सखाओं की आवाज सुनाई पड़ रही है। सूरदास कहते हैं कि प्रभु का दर्शन पाने के लिए यशोदा मैया उनका पांव पकड़कर उन्हें नींद से जगा रही हैं।

जागहु लाल, ग्वाल सब टेरत।
कबहुँ पितंबर डारि बदन पर, कबहुँ उघारि जननि तन हेरत॥
सोवत मैं जागत मनमोहन, बात सुनत सब की अवसेरत।
बारंबार जगावति माता, लोचन खोलि पलक पुनि गेरत॥
पुनि कहि उठी जसोदा मैया, उठहु कान्ह रबि-किरनि उजेरत।
सूर स्याम, हँसि चितै मातु-मुख, पट कर लै, पुनि-पुनि मुख फेरत॥

यशोदा मैया कहती हैं कि जागो लाल! ग्वाल सब पुकार रहे हैं। कान्हा कभी पीतांबर शरीर पर डालते हैं तो कभी मुख से पीतांबर हटा कर मैया को देखते हैं। गोविंद सोते में भी जाग रहे हैं और सबकी बातें भी सुन रहे हैं लेकिन बिस्तर से उठ नहीं रहे हैं। बार-बार यशोदा मैया जगा रही हैं। आंखें खोलकर पकलें फिर मूंद लेते हैं। इतने में मैया फिर जगाने लगीं कि कन्हैया, अब उठ

जाओ। सूर्य की किरणों से आंगन में उजाला हो गया है। सूरदास कहते हैं कि श्याम ने हंसकर मैया के मुख को देखा, फिर पीतांबर हाथ से पकड़कर मुख फेरकर आंखे मूंद लीं।

जननि जगावति, उठौ कन्हाई! प्रगटयौ तरनि, किरनि महि छाई॥
आवहु चंद्र-बदन दिखराई। बार-बार जननी बलि जाई॥
सखा द्वार सब तुमहि बुलावत। तुम कारन हम धाए आवत॥
सूर स्याम उठि दरसन दीन्हौ। माता देखि मुदित मन कीन्हौ॥

मैया कन्हैया को जगाती हुई कह रही हैं कि कन्हैया, उठो। सूर्य उग गया है और उसकी किरणें धरती पर फैल गई हैं। अब आकर अपना चन्द्र-मुख मुझे दिखलाओ। यशोदा मैया बार-बार उन पर बलि-बलि जाती हैं। उठो कान्हा! तुम्हारे सखा द्वार पर तुम्हें बुला रहे हैं कि तुम्हारे लिए ही हम सब दौड़े आते हैं। सूरदास कहते हैं कि श्याम ने बाहर आकर उन्हें दर्शन दिया। उन्हें सखाओं के साथ देखकर माता का रोम-रोम पुलकित हो उठा।

दाऊ जू, कहि स्याम पुकारयौ।
नीलांबर कर ऐंचि लियौ हरि, मनु बादर तैं चंद उजारयौ॥
हँसत-हँसत दोउ बाहिर आए, माता लै जल बदन पखारयौ।
दतवनि लै दुहुँ करी मुखारी, नैननि कौ आलस जु बिसारयौ॥
माखन लै दोउनि कर दीन्हौ, तुरत-मथ्यौ, मीठौ अति भारयौ।
सूरदास-प्रभु खात परस्पर, माता अंतर-हेत बिचारयौ॥

श्याम ने बलदाऊ जी, कहकर आवाज लगाई। श्याम ने नीलांबर हाथ से पकड़कर यूं खींच दिया मानो बादल से चन्द्रमा निकलकर उजाला फैला दिया हो। हंसते हुए श्याम- बलदाऊ दोनों बाहर आए। यशोदा मैया ने पानी से उनका मुख धुलवाया। दातून लेकर दोनों ने दांत साफ किए और आंखों से आलस्य दूर किया। मैया ने माखन लेकर दोनों के हाथ पर दिया। आज का निकला हुआ मीठा और अति स्वादिष्ट माखन था। सूरदास कहते हैं कि मैया के अंतर्मन के प्रेम को जानकर दोनों ने एक दूजे को मक्खन खिलाते हुए मक्खन खाना शुरू कर दिया।

जागहु-जागहु नंद-कुमार।
रबि बहु चढ़यौ, रैनि सब निघटी, उचटे सकल किवार॥
वारि-वारि जल पियति जसोदा, उठि मेरे प्रान-अधार।

घर-घर गोपी दह्यौ बिलोवैं, कर कंगन-झंकार।।
साँझ दुहन तुम कह्यौ गाइ कौं, तातैं होति अबार।
सूरदास प्रभु उठे तुरतहीं, लीला अगम अपार।।

यशोदा मैया कहती हैं कि नंदकुमार। जागो...जागो। सूर्य आसमान में बहुत ऊपर चढ़ गया है। रात गुजर गयी। सब के दरवाजे खुल गए। मैया सूर्य पर वार-वार कर जल पी रही हैं ताकि कान्हा की उम्र लम्बी हो और कहती है कि उठो! मेरे प्राणाधार। घर-घर गोपियां दही बिलो रही हैं। इससे उनके कंगनों की झंकार हो रही है। तुमने शाम को गायों को दुहने के लिए कहा था। अब विलंब हो रहा है। सूरदास कहते हैं कि मेरे गोविंद ने जल्दी से जागकर बिस्तर छोड़ दिया। प्रभु की लीला, प्रभु ही जानें जो अगम और आपार है।

तनक कनक की दोहनी, दै-दै री मैया।
तात दुहन सीखन कह्यौ, मोहि धौरी गैया।।
अटपट आसन बैठि कै, गो-थन कर लीन्हौ।
धार अनतहीं देखि कै, ब्रजपति हँसि दीन्हौ।।
घर-घर तैं आई सबै, देखन ब्रज-नारी।
चितै चतुर चित हरि लियौ, हँसि गोप-बिहारी।।
बिप्र बोलि आसन दियौ, कह्यौ बेद उचारी।
सूर स्याम सुरभी दुही, संतनि हितकारी।।

गोविंद मैया से कहते हैं कि मैया, मुझे सोने की दोहनी दे दो। नन्दबाबा गाय दुहना सीखने के लिए कह रहे हैं। अटपटे आसन पर बैठकर गाय का थन हाथ में ले लिया। दूध की धार बर्तन में पड़ते न देखकर व्रजपति श्रीनंद हंस पड़े। घर-घर से नर-नारी यह दृश्य देखने के लिए आ गईं। गोप-बिहारी कृष्ण ने उन्हें देखकर सबके मन को चुरा लिया अर्थात अपने वश में कर लिया। व्रजराज ने ब्राह्मणों को बुलाकर उन्हें आसन पर बैठाया उनसे वेद पढ़ने का आग्रह किया। सूरदास कहते हैं कि संतों का कल्याण करने वाले श्याम गायों का दूध दुह रहे हैं।

आजु मैं गाइ चरावन जेहौं।
बृंदाबन के भाँति-भाँति फल अपने कर मैं खेहौं।।
ऐसी बात कहौ जनि बारे, देखो अपनी भाँति।
तनक-तनक पग चलिहौ कैसैं, आवत ह्वैहै राति।।

प्रात जात गैया लै चारन, घर आवत हैं साँझ।
तुम्हरौ कमल-बदन कुम्हिलैहै, रेंगत घामहिं माँझ॥
तेरी सों मोहिं घाम न लागत, भूख नहीं कछु नेक।
सूरदास-प्रभु कह्यौ न मानत, परयौ आपनी टेक॥

गोविन्द यशोदा मैया से हठ करते हुए कहते हैं कि मैया, आज मैं वृंदावन गाय चराने जाऊंगा। वृंदावन के फलों को अपने हाथों में लेकर खाऊंगा। यशोदा मैया सुनकर कहने लगीं कि मेरे मानधन! ऐसी जिद मत करो। अपनी उम्र और बल को तो तौल लो। अभी तुम बालक हो। छोटे-छोटे पैरों से कैसे वन में चलोगे। वहां से वापस लौटने में रात हो जाएगी। ग्वाल सुबह-सुबह गायों को लेकर चराने जाते हैं और सीधे शाम को घर लौटते हैं। तुम्हारे कमल के समान कोमल मुख धूप में घूमते-घूमते कुम्हला जाएगा। गोविंद कहते हैं कि मैं तेरी सौंगध लेकर कहता हूं कि मुझे धूप नहीं लगती और जरा-सी भी भूख नहीं है। सूरदास कहते हैं कि मेरे प्रभु गाय चराने जाने के लिए बाल हठ कर रखा है। ये किसी की बात मानने को तैयार नहीं हैं।

मैया! हौं गाई चरावन जैहौं।
तू कहि महर नंद बाबा सौं, बड़ौ भयौ न डरैहौं॥
रैता, पैता, मना, मनसुखा, हलधर संगहि रैहौं।
बंसीबट तर ग्वालनि कै सँग, खेलत अति सुख पैहौं॥
ओदन भोजन दै दधि काँवरि, भूख लगे तैं खेहौं।
सूरदास है साखि जमुन-जल सौं देहु जु नहैहौं॥

गोविन्द मैया से कहते हैं कि मैया! मैं गाय चराने जाऊंगा। मैया, तू नंदबाबा से कह दे। मैं बड़ा हो गया हूं। अब मैं डरूंगा नहीं। रैता, पैता, मना, मनसुखा आदि सखाओं और बलदाऊ के साथ ही रहा करूंगा। वंशीवट के नीचे ग्वाल बालों के संग खेलने में मुझे बहुत ही आनंद आयेगा। तू बस इतना कर कि खाने के लिए दही और भात दे दे। जब भूख लगेगी तो भोजन कर लूंगा। सूरदास कहते हैं कि गोविन्द इतना कहने के बाद बोले कि मेरा साक्षी यमुना का जल है। तू सौंगध दे दो जो उसमें मैं जाकर नहाऊं। मेरा विश्वास करो।

चले सब गाइ चरावन ग्वाल।
हेरी-टेर सुनत लरिकनि के, दौरि गए नँदलाल॥
फिरि इत-उत जसुमति जो देखै, दृष्टि न परै कन्हाई।
जान्यौ जात ग्वाल सँग दौरयौ, टेरति जसुमति धाई॥
जात चल्यौ गैयनि के पाछें, बलदाऊ कहि टेरत।
पाछैं आवति जननी देखी, फिरि-फिरि इत कौं हेरत॥
बल देख्यौ मोहन कौं आवत, सखा किए सब ठाढ़े।
पहुँची आइ जसोदा रिस भरि, दोउ भुज पकरे गाढ़े॥
हलधर कह्यौ, जान दै मो सँग, आवहिं आज-सवारे।
सूरदास बल सौं कहै जसुमति, देखे रहियौ प्यारे॥

ग्वाल सब मिलकर गाय चराने चले। गायों का नाम लेकर आवाज देने का शब्द सुनकर कन्हैया भी दौड़ पड़े। यशोदा मैया ने कान्हा को इधर-उधर देखा। कन्हैया कहीं पर भी नजर नहीं आए। यह जानकर कि ग्वालों को जाते देखकर उनके साथ दौड़ा चला गया, वे दौड़ती हुई आवाज लगाने लगीं। गायों के पीछे-पीछे चलते हुए यशोदा मैया ने बलराम को पुकारते हुए कहा कि बलराम! गायों के पीछे-पीछे कान्हा भी चला जा रहा है। मैया को आते देखकर बलदाऊ मुड़-मुड़ कर उधर ही देखते हैं। फिर बलराम ने कान्हा को आते देखकर ग्वालों को रुकने के लिए कह दिया। यशोदा मैया ने गुस्से से भरी कान्हा के दोनों हाथ कसकर पकड़ लिए। बलराम ने मैया को समझाते हुए कहा कि मैया, जाने दो मेरे साथ। मैं इसका ध्यान रखूंगा। आज हम जल्दी वापस आ जाएंगे। सूरदास कहते हैं कि तब मैया ने बलराम को समझाया कि बलदाऊ, प्यारे कन्हैया को देखते रहना। यह बड़ा ही चंचल और नटखट है।

खेलत कान्ह चले ग्वालिन सँग।
जसुमति चहै कहत घर आई, हरि कीन्हे कैसे रँग॥
प्रातहि तैं लागे याही ढंग, अपनी टेक करयौ है।
देखौ जाइ आजु बन कौ सुख, कहा परोसि धरयौ है॥
माखन-रोटी अरु सीतल जल, जसुमति दियो पठाइ।
सूर नंद हँसि कहत महरि सौं, आवत कान्ह चराइ॥

अब तो कन्हैया आजाद थे। वे ग्वालों के साथ खेलते-कूदते हुए चल दिए। यशोदा मैया यह कहते हुए घर वापस आ गई कि कान्हा ने आज कैसी जिद

पकड़ ली। सुबह से ही एक ही रंग में रंगा था और अपनी जिद पूरी करके ही माना। जाकर आज वन का भी सुख देख आए कि वहां कौन सा व्यंजन परोसा हुआ है। मैया से रहा न गया। उन्होंने पीछे से मक्खन, रोटी और ठंडा पानी भिजवा दिया। नंदबाबा यशोदा रानी से हंसकर कहते हैं कि मेरा कन्हैया छोटा ही है, लेकिन उसे गायों को चराना भली प्रकार से आता है। तुम्हें परेशान होने की जरूरत नहीं है।

बृंदाबन देख्यौ नँद-नंदन अतिहिं परम सुख पायौ।
जहँ-जहँ गाइ चरति, ग्वालनि सँग, तहँ-तहँ आपुन धायौ॥
बलदाऊ मोकौं जनि छाँड़ौ, संग तुम्हारैं ऐहौं।
कैसेहुँ आजु जसोदा छाँड़यौ, काल्हि न आवन पैहौं॥
सोवत मोकौं टेरि लेहुगे, बाबा नंद दुहाई।
सूर स्याम बिनती करि बन सौं, सखनि समेत सुनाई॥

गोविंद ने जब वृंदावन की निराली छटा देखी तो उन्हें अत्यंत ही आनंद की अनुभूति हुई। जहां-जहां गायें चर रही थीं वहां-वहां ग्वालों के साथ गोविन्द भी दौड़ते रहे। फिर वे बलराम से बोले की बलदाऊ मुझे छोड़कर गायें चराने मत आया करो। मैं भी तुम्हारे साथ गाएं चराने आया करूंगा। यशोदा मैया ने किसी तरह से आज छोड़ दिया लेकिन कल मैं आ नहीं सकूंगा। मैं सोता रहा हूंगा तो मुझे मुझे आवाज दे देना। तुम्हें नंदबाबा की सौंगध है। सूरदास कहते हैं कि श्याम ने वन में इस तरह से सखाओं और बलराम से विनती की।

बन तैं आवत धेनु चराए।
संध्या समय साँवरे मुख पर, गो-पद-रजि लपटाए॥
बरह-मुकुट कै निकट लसति लट, मधुष मनौ रुचि पाए।
बिलसत सुधा जलज-आनन पर उड़त न जात उड़ाए।
बिधि-बाहन-भच्छन की माला, राजत उर पहिराए॥
एक बरन बपु नहिं बड़-छोटे, ग्वाल बने इक धाए।
सूरदास बलि लीला प्रभु की, जीवत जन जस गाए॥

गोविन्द वन से गाय चराकर वापस आ रहे हैं। सांवरे के मुख पर शाम के समय गायों के पैरों से उड़ी धूल जमी हुई है। मोर-मुकुट के आस-पास के बाल यूं सुंदर लग रहे हैं मानो भौंरे अमृतमय कमल-मुख के चारों ओर आनंदपूर्वक

बैठे हों और उड़ाने पर भी उड़ने का नाम न ले रहे हों। गोविंद के गले से हृदय तक मोतियों की माला सुशोभित हो रही है। सभी ग्वाल-बालक एक ही उम्र और एक जैसे ही रूप-रंग के हैं। न तो कोई छोटा है और न ही कोई बड़ा है और सभी एक साथ समूह बनाकर दौड़ रहे हैं। सूरदास कहते हैं कि मैं अपने प्रभु पर न्यौछावर हूं। यह भक्त तो उनका ही गुणगान करके जिंदा है।

जसुमति दौरि लिऐ हरि कनियाँ।
आजु गयौ मेरौ गाइ चरावन, हौं बलि जाउँ निछनियाँ॥
मो कारन कछु आन्यौ है बलि, बन-फल तोरि नन्हैया।
तुमहिं मिलैं मैं अति सुख पायौ, मेरे कुँवर कन्हैया॥
कछुक खाहु जो भावै मोहन, दै री माखन-रोटी।
सूरदास-प्रभु जीवहु जुग-जुग हरिहलधर की जोटी॥

नंद-भवन में घुसने से पहले ही यशोदा मैया ने कन्हैया को अपनी बांहों में भरकर गोद में उठा लिया—'मेरा लला आज वन में गाय चराने गया था। मैं इस पर बलि-बलि जाऊं। मेरे नन्हे लाल! मैं तेरे सारे कष्ट अपने ऊपर ले लूं। मेरे लिए भी वन से कुछ फल तोड़कर लाया है? मेरे कुंवर कन्हैया! तेरे से मिलकर मुझे बहुत ही आनंद मिलता है। मेरे मोहन, जो भी तेरे को रुचिकर लगे , थोड़ा भी खाले।' कन्हैया ने कहा कि जब इतना ही कहती हो मैया तो मुझे माखन रोटी दो। सूरदास कहते हैं कि मेरे स्वामी गोविंद और बलराम की यह जोड़ी युगों-युगों तक बनी रहे।

मैं अपनी सब गाइ चरैहौं।
प्रात होत बल कैं सँग जैहौं, तेरे कहैं न रैहौं॥
ग्वाल-बाल गाइन के भीतर, नैंकहु डर नहिं लागत।
आजु न सोवौं नंद-दुहाई, रैनि रहौंगौ जागत॥
और ग्वाल सब गाइ चरैहैं, मैं घर बैठौ रैहौं?
सूर स्याम तुम सोइ रहौ अब, प्रात जान मैं दैहौं॥

मैया यशोदा से छूटते ही गोविंद कहते हैं कि मैया! मैं अपनी सभी गायों को चराने जाया करूंगा। सुबह होते ही मैं बलराम के साथ जाऊंगा। तेरे कहने से यहां नहीं रहूंगा। ग्वाल बालकों और गायों के साथ रहने से मुझे थोड़ा-सा भी डर नहीं लगता है। नंदबाबा की दुहाई है, आज मैं

सोऊंगा नहीं। पूरी रात यूं ही जागता रहूंगा। दूसरे ग्वाल-बालक वन जाकर गायें चराएं और मैं घर पर हाथ पर हाथ धर कर बैठा नहीं रहूंगा। सूरदास कहते हैं कि मैया कहती हैं कि श्याम तुम अब सो जाओ। मैं तुम्हें सुबह जाने दूंगी। मना नहीं करूंगी।

बहुतै दुख हरि सोइ गयौ री।
साँझहि तैं लाग्यौ इहि बातहिं, क्रम-क्रम बोधि लयौरी॥
एक दिवस गयौ गाइ चरावन, ग्वालनि संग सबारै।
अब तौ सोइ रह्यौ है कहि कै, प्रातहिं कहा बिचारै॥
यह तौ सब बलरामहिं लागै, सँग लै गयौ लिवाइ।
सूर नंद यह कहत महरि सौं, आवन दै फिरि धाइ॥

यशोदा मैया किसी गोपी से कहती हैं कि सखी! कन्हैया बहुत दुखी होकर सो गया। इन्हीं बातों में शाम से ही लगा था। मैंने उसे बहुत मुश्किल से धीरे-धीरे समझाया। एक रोज गाय चराने ग्वालों के साथ सुबह-सुबह चला गया, अब तो कल जाने की हठ करके सोया है। न मालूम सुबह क्या करेगा। मानेगा या नहीं। सब बलराम से ही तो होड़ करते हैं, बलराम ही इसे भी अपने संग ले गया था। यशोदा रानी की बात सुनकर नंदबाबा कहने लगे कि जाने दो न, थोड़ा दौड़-फिर आयेगा।

पौढ़े स्याम जननि गुन गावत।
आजु गयौ मेरौ गाइ चरावन, कहि-कहि मन हुलसावत॥
कौन पुन्य-तप तैं मैं पायौ ऐसौ सुंदर बाल।
हरषि-हरषि कै देति सुरनि कौं सूर सुमन की माल॥

कन्हैया सो रहे हैं और यशोदा मैया उनकी प्रशंसा कर रही हैं कि आज कान्हा गाय चराने गया था। ऐसा बार-बार कहकर वे मन ही मन आनंदित हो रही हैं। न जाने किस पुण्य और कठोर तप के फलस्वरूप मुझे ऐसा रूपवान व गुणवान बालक मिला हुआ है। सूरदास कहते हैं कि बार-बार प्रसन्न होकर वे देवताओं को फूलों की मालाएं अर्पित कर रही हैं।

करहु कलेऊ कान्ह पियारे!
माखन-रोटी दियौ हाथ पर, बलि-बलि जाउँ जु खाहु लला रे॥
टेरत ग्वाल द्वार हैं ठाढ़े, आए तब के होत सबारे।

खेलहु जाइ घोष के भीतर, दूरि कहूँ जनि जैयहु बारे॥
टेरि उठे बलराम स्याम कौं, आवहु जाहिं धेनु बन चारे।
सूर स्याम कर जोरि मातु सौं, गाइ चरावन कहत हहा रे॥

'कन्हैया प्यारे! भोजन कर लो।' मैया ने यह कहते हुए कान्हा के हाथ पर माखन रोटी रख दिया – 'लला! खा लो। मैं तो तुम पर बार-बार न्यौछावर हूं। सुबह होते ही सब ग्वाल बालक आ गए हैं और उस समय से ही द्वार पर खड़े तुझे बुला रहे हैं। मेरे लाल! कहीं दूर मत जाना। जाओ जाकर ग्वाल बालकों के साथ खेलो।' बलराम श्याम को आवाज देते हुए उठ गए– 'आओ, वन में गाय चराने चलें।' सूरदास कहते हैं कि कन्हैया हाथ जोड़कर माता से कहने लगे कि मैया मुझे भी गाय चराने जाने की अनुमति दे दे।

मैया री मोहि दाऊ टेरत।
मोकौं बन-फल तोरि देत हैं, आपुन गैयनि घेरत॥
और ग्वाल सँग कबहुँ न जैहौं, वै सब मोहि खिझावत।
मैं अपने दाऊ संग जैहौं, बन देखैं सुख पावत।
आगैं दै पुनि ल्यावत घर कौं, तू मोहि जान न देति।
सूर स्याम जसुमति मैया सौं हा-हा करि कहै केति॥

कन्हैया माता से कहते हैं कि मैया, मुझे बलदाऊ बलाा रहे हैं। वे मुझको वन में फल तोड़कर देते हैं और स्वयं गायों की निगरानी करते हैं। मैं दूसरे ग्वाल-बालकों के साथ कभी नहीं जाऊंगा क्योंकि वे सब मुझे खीझज्ञाते हैं। मैं अपने बलदाऊ के साथ ही जाऊंगा। वन की सुन्दर छटा देखकर मुझे आनंद मिलता है। बलदाऊ मुझे आगे करके घर को लाते हैं फिर भी तू मुझे जाने न दे रही। सूरदास कहते हैं कि कन्हैया मैया से नाना प्रकार से आग्रह कर रहे हैं।

बोलि लियौ बलरामहि जसुमति।
लाल सुनौ हरि के गुन, काल्हिहि तैं लँगराई करत अति॥
स्यामहि जान देहि मेरैं सँग, तू काहैं डर मानति।
मैं अपने ढिग तैं नहिं टारौं, जियहिं प्रतीति न आनति॥
हँसी महरि बल की बतियाँ सुनि, बलिहारी या मुख की।
जाहु लिवाइ सूर के प्रभु कौं, कहति बीर के रुख की॥

यशोदा मैया ने कन्हैया की बातें सुनकर बलराम को अपने पास बुला लिया और बलराम से कहा कि बलदाऊ! तुम इस नटखट कन्हैया के गुण तो सुनो, कल से ही यह बड़ी जिद कर रहा है वन में जाने के लिए। बलदाऊ कहने लगे कि मैया, श्याम को मेरे साथ गाय चराने जाने दे, तू इतना डर क्यों रही है? तुम मुझ पर विश्वास क्यों नहीं करती, मैं इसे स्वयं से जरा भी अलग न होने दूंगा। यशोदा मैया बलदाऊ की बात सुनकर हंसने लगीं–'तुम्हारे इस मुख पर मैं बलि-बलि जाऊं। ले जाओ कान्हा को' सूरदास कहते हैं कि मैया ने आखिर बलराम और कृष्ण के मन की इच्छा पूरी कर दी।

अति आनंद भए हरि धाए।
टेरत ग्वाल-बाल सब आवहु, मैया मोहि पठाए॥
उत तैं सखा हँसत सब आवत, चलहु कान्ह! बन देखहिं।
बनमाला तुम कौं पहिरावहिं, धातु-चित्र तनु रेखहिं॥
गाइ लईं सब घेरि घरनि तैं, महर गोप के बालक।
सूर स्याम चले गाइ चरावन, कंस उरहि के सालक॥

अत्यंत ही आनंदित होकर कन्हैया दौड़ पड़े। फिर ग्वाल-बालकों को आवाज देने लगे कि तुम सब आ जाओ। मैया ने मुझे वन में भेजने की आज्ञा दे दी है। उधर से सब मित्रमंडली हंसती हुई आ रही है– 'कन्हैया! च्लो, हम वन देखने चलें। तुम को हम वनमाला गूंथकर पहनाएंगे और वन-धातुओं से तुम्हारे शरीर पर चित्र रेखाएं बनाकर तुम्हें सजाएंगे। 'गोप-बालकों ने सब घरों से गायें इकट्ठी करके हांक लिया। सूरदास कहते हैं कि कंस के हृदय को सालने वाले आनंद के धाम गोविन्द गाय चराने चले।

नंद महर के भावते, जागौ मेरे बारे।
प्रात भयौ उठि देखिऐ, रबि-किरनि उज्यारे॥
ग्वाल-बाल सब टेरहीं, गैया बन चारन।
लाल! उठौ मुख धोइऐ, लागी बदन उघारन॥
मुख तैं पट न्यारौ कियौ, माता कर अपनैं।
देखि बदन चकित भई, सौंतुष की सपनैं॥
कहा कहौं वा रूप की, को बरनि बतावै।
सूर स्याम के गुन अगम, नँद-सुवन कहावै॥

यशोदा मैया कन्हैया को जगाती हुई कह रही हैं कि व्रजराज नन्द के लाडले! जागो मेरे लाल। उठकर देखो तो सही, सुबह हो गई है । सूर्य की किरणो से चारों तरफ उजाला हो गया है। ग्वाल-बाल सब गायें वन में चराने ले जाने के लिए आवाज दे रहे हैं। लला! उठकर मुंह धो लो। यह कहकर मैया उनके मुख को उघाड़ने लगीं और उन्होंने उनके मुख से वस्त्र हटा दियां मैया कन्हैया का मुख देखकर अचंभित रह गई, कन्हैया गहरी नींद में थे। उस रूप की शोभा कहां तक वर्णन किया जाए, कौन-सी उपमा देकर उस शोभा को बताया जाए। सूरदास कहते हैं कि कन्हैया नंद के पुत्र कहलाते हैं, पर उनके गुण अगम है, उन्हें बुद्धि या ज्ञान से जाना नहीं जा सकता।

लालहि लगाइ बलि गई माता।
निरखि मुख-चंद-छबि, मुदित भइ मनहिं-मन,
कहत आधैं बचन भयौ प्राता।।
नैन अलसात अति, बार-बार जमुहात,
कंठ लगि जात, हरषात गाता।
बदन पोंछियौ जल जमुन सौं धोइ कै,
कह्यौ मुसुकाइ, कछु खाहु ताता।।
दूध औटयौ आनि, अधिक मिसिरी सानि,
लेहु माखन पानि प्रान-दाता।
सूर-प्रभु कियौ भोजन बिबिध भाँति सौं,
पियौ पय मोद करि घूँट साता।।

अपने लाल कृष्ण को जगाने के मात्र ही मैया उस पर न्योछावर हो गई। कन्हैया के चन्द्र-मुख की छवि देखकर मन-ही-मन पुलकित हो उठीं। कृष्ण अलसाए मन से कहते हैं कि क्या सुबह हो गई? नयन अत्यंत आलस्य से भरे हैं और बार-बार गोविंद जम्हाई ले रहे हैं, मैया के गले से लग जाते हैं, इससे उनका शरीर हर्षित हो रहा है। उन्होंने यमुना के जल से मुख धोकर पोंछा, फिर मुस्करा कर मैया बोलीं कि पुत्र! कुछ लो। औटकर गाढ़ा दूध लायी हूं और उमसें मिसरी भी खूब डाली है। प्रेम मानधन! अपने हाथ पर ये मक्खन भी ले लो। सूरदास कहते हैं कि मेरे प्रभु गोविन्द ने विविध भांति से भोजन किया और प्रसन्न होकर सिर्फ सात घूंट ही दूध पिया।

उठे नंद-लाल सुनत जननी मुख बानी।
आलस भरे नैन, सकल सोभा की खानी॥
गोपी जन बिथकित ह्वै चितवतिं सब ठाढ़ी।
नैन करि चकोर, चंद-बदन प्रीति बाढ़ी॥
माता जल झारी ले, कमल-मुख पखारयौ।
नैन नीर परस करत आलसहि बिसारयौ॥
सखा द्वार ठाढ़े सब, टेरत हैं बन कौं।
जमुना-तट चलौ कान्ह, चारन गोधन कौं॥
सखा सहित जेंवहु, मैं भोजन कछु कीन्हौ।
सूर स्याम हलधर सँग सखा बोलि लीन्हौ॥

नंदलाल मैया के मुख की आवाज सुनकर उठ गए। उनके आलस्य भरे नयन सब शोभा की खान थे। गोपियां गोविंद के उस मुख की शोभा को देखकर मंत्र-मुग्ध-सी खड़ी रह गयीं। उन्होंने अपने नयनों को चकोर बना लिया, जिनका गोविंद के चन्द्रमुख से प्रेम और बढ़ गया। मैया ने जल लेकर उनके मुख को धोया। मुख जल से धोते ही रात का सारा आलस्य दूर हो गया। द्वार पर खड़े सब सखा वन में चलने के लिए आवाज दे रहे हैं–'कन्हैया, गायें चराने यमुना तट चलो।' सूरदास कहते हैं कि श्याम ने बलदाऊ सहित सब सखाओं को बुला लिया और बलदाऊ से कहा कि बलदाऊ! मैंने थोड़ा-बहुत खा लिया है। तुम सखाओं के साथ कुछ खाना खा लो।

दोउ भैया जेंवत माँ आगैं।
पुनि-पुनि लै दधि खात कन्हाई, और जननि पै माँगैं॥
अति मीठौ दधि आजु जमायौ, बलदाऊ तुम लेहु।
देखौ धौं दधि-स्वाद आपु लै, ता पाछैं मोहि देहु॥
बल-मोहन दोउ जेंवत रुचि सौं, सुख लूटति नँदरानी।
सूर स्याम अब कहत अघाने, अँचवन माँगत पानी॥

दोनों भाई यशोदा मैया के सामने बैठकर खाना खा रहे हैं। कन्हैया बार-बार दही लेकर खा रहे हैं और मैया से मांग भी रहे हैं–'मैया तुमने आज बहुत मीठा दही जमाया है। बलदाऊ तुम भी लो। पहले तुम दही का स्वाद ले लो, बाद में मुझे दो।' इस प्रकार बलराम और मोहन दोनों आनंदपूर्वक भोजन कर रहे हैं। यशोदा मैया इस सुख का आनंद मन-ही-मन लूट रही हैं।

सूरदास कहते हैं कि मेरे प्रभु का जब पेट भर गया तब वे हाथ धोने के लिए पानी मांगने लगे।

(द्वारैं) टेरत हैं सब ग्वाल कन्हैया, आवहु बेर भई।
आवहु बेगि, बिलम जनि लावहुँ, गैया दूरि गई।
यह सुनतहिं दोऊ उठि धाए, कछु अँचयौ कछु नाहिं।
कितिक दूर सुरभी तुम छाँड़ी, बन तौ पहुँची नाहिं।।
ग्वाल कह्यौ कछु पहुँची ह्वैहैं, कछु मिलिहैं मग माहिं।
सूरदास बल-मोहन धैया, गैयनि पूछत जाहिं।।

द्वार पर खड़े सब ग्वाल-कुमार आवाज दे रहे हैं कि कन्हैया, आओ, देर हो गयी है। शीघ्र जाओ, अब विलम्ब न करों। गायें दूर चली गयी हैं। यह सुनते ही दोनों भाई कृष्ण-बलराम उठकर दौड़ पड़े। कुछ हाथ धोया, कुछ नहीं धोया। मुंह भी ठीक से नहीं धो पाए। उन्होंने सखाओं से पूछा कि तुम सबने गायों को कितनी दूर छोड़ दिया। वे वन में तो नहीं पहुंच गईं? ग्वाल बोले कि कुछ पहुंच गयी होंगी और कुछ रास्ते में ही मिल जाएंगी। सूरदास कहते हैं कि गायों को पूछते हुए बलराम-कृष्ण चले जा रहे हैं।

बन पहुँचत सुरभी लइँ जाइ।
जैहौ कहा सखनि कौं टेरत, हलधर संग कन्हाइ।।
जेंवत परखि लियौ नहिं हम कौं, तुम अति करी चँड़ाइ।
अब हम जैहैं दूरि चरावन, तुम सँग रहै बलाइ।।
यह सुनि ग्वाल धाइ तहँ आए, स्यामहि अंकम लाइ।
सखा कहत यह नंद-सुवन सौं, तुम सब के सुखदाइ।।
आजु चलौ बृंदाबन जैऐ, गैयाँ चरैं अघाइ।
सूरदास-प्रभु सुनि हरषित भए, घर तैं छाँक मँगाइ।।

वन में पहुंचने से पहले ही उन्होंने गायों को नजदीक से जाकर घेर लिया। अब बलराम के साथ कन्हैया सखाओं को आवाज देने लगे कि तुम सब कहां जाओगे। खाना खाते समय तुम सबने हमारा इंतजार नहीं किया, तुमने तो बहुत जल्दी की। अब हम गायों को चराने दूर ले जाएंगे। तुम सबके साथ मेरी बला रहे। यह सुतने ही ग्वाल-बाल दौड़कर वहां आ गए और श्याम को अपने गले से लगा लिया। सब सखा कहने लगे कि कन्हैया! तुम तो सबको ही सुख देने वाले हो,

चलो आज वृंदावन चलते हैं। गायें वहां चर कर आ जाएंगी। सूरदास कहते हैं कि मेरे प्रभु यह सुनकर प्रसन्न हो गए। उन्होंने घर से दोपहर का खाना मंगवा लिया।

चले सब बृंदाबन समुहाइ।
नंद-सुवन सब ग्वालनि टेरत, ल्यावहु गाइ फिराइ॥
अति आतुर ह्वै फिरे सखा सब, जहँ-तहँ आए धाइ।
पूछत ग्वाल बात किहिं कारन, बोले कुँवर कन्हाइ॥
सुरभी बृंदाबन कौं हाँकौ, औरनि लेहु बुलाइ।
सूर स्याम यह कही सबनि सौं, आपु चले अतुराइ॥

सभी गोप-बालक इकट्ठा हुए और वृंदावन के लिए निकल पड़े। कन्हैया सब ग्वालों से कहते हैं कि सब गायों को घेरकर ले आओ। यह सुनकर सब सखा जहां-तहां से दौड़ चले आए और पूछने लगे कि कन्हैया! हम सब को क्यों बुलाया? कन्हैया ने सबसे यही कहा कि गायों को वृंदावन की तरफ ले चलो तथा जो सखा छूट गए हैं, उन्हें भी बुला लाओ। यह कहकर कान्हा भी स्वयं वृंदावन की ओर चल पड़े।

गैयनि घेरि सखा सब ल्याए।
देख्यौ कान्ह जात बृंदाबन, यातैं मन अति हरष बढ़ाए॥
आपुस मैं सब करत कुलाहल, धौरी, धूमरि धेनु बुलाए।
सुरभी हाँकि देत सब जहँ-तहँ, टेरि-टेरि हेरी सुर गाए॥
पहुँचे आइ विपिन घन बृंदा, देखत द्रुम दुख सबनि गँवाए।
सूर स्याम गए अघा मारि जब, ता दिन तैं इहिं बन अब आए॥

सखा सब गायों को हांक-घेर कर ले आए। सखाओं ने तभी देखा कि कन्हैया वृंदावन की तरफ जा रहा है, इससे उन सब का मन अत्यंत ही प्रसन्न हो गया। आपस में सब कोलाहल करने लगे। धौरी, घूमती गायों को वे पुकारने लगे। सभी गायों को जहां-तहां हांक दिए और 'हेरी' शब्द ऊंची आवाज में निकालने लगे। सुर में वे सब पुकार-पुकार कर 'हेरि' शब्द गाने लगे। इस प्रकार वे सब घने वृंदावन में आ पहुंचे। वहां के सुन्दर और मनोहारी पेड़-पौधों को देखकर सब के ही कष्ट दूर हो गए। सूरदास कहते हैं कि जब गोविन्द अघासुर का वध कर गए थे, उस दिन के बाद आज वृंदावन आये हैं।

चरावत बृंदाबन हरि धेनु।
ग्वाल सखा सब संग लगाए, खेलत हैं करि चैनु॥
कोउ गावत, कोउ मुरलि बजावत, कोउ विषान, कोउ बेनु।
कोउ निरतत कोउ उघटि तार दै, जुरि-ब्रज-बालक-सेनु॥
त्रिबिध पवन जहँ बहत निसादिन, सुभग कुंज घर ऐनु।
सूर स्याम निज धाम बिसारत, आवत यह सुख लैनु॥

गोविंद वृंदावन में गायें चरा रहे हैं तथा ग्वाल-सखाओं को साथ लेकर आनंद से खेल भी रहे हैं। कोई गा रहा है, कोई मुरली बजा रहा है, कोई सींगा बजा रहा है और कोई बांस की नली ही बजा रहा है। व्रज के बालकों को सेना जमा हो गई है। उनमें कोई नाच रहा है तो कोई ताल देकर उछल रहा है। जहां पर रात-दिन ठंडी, मन्द, सुगंधित तीनों तरह की हवाएं बहती हैं तथा खूबसूरत एवं आकर्षक घने कुंज ही घर हैं, उस वृदावन में गोविंद घर के सुखों को भूलकर खेल का आनंद लेने आते हैं।

बृंदाबन मोकौं अति भावत।
सुनहु सखा तुम सुबल, श्रीदामा,
ब्रज तैं बन गौ चारन आवत॥
कामधेनु सुरतरु सुख जितने,
रमा सहित बैकुंठ भुलावत।
इहिं बृंदाबन, इहिं जमुना-तट,
ये सुरभी अति सुखद चरावत॥
पुनि-पुनि कहत स्याम श्रीमुख सौं,
तुम मेरैं मन अतिहिं सुहावत।
सूरदास सुनि ग्वाल चकृत भए,
यह लीला हरि प्रगट दिखावत॥

कन्हैया कहते हैं कि सुनो सखा सुबल, श्रीदामा, वृंदावन मुझको अत्यंत ही भाता है। यही कारण है कि व्रज से मैं वश्दावन में गायें चराने आता हूं। कामधेनु, कल्पवृक्ष आदि जितने सुख हैं, लक्ष्मी सहित बैकुण्ठ के सब सुखों को मैं वृंदावन में आकर भूल जाता हूं। इस वृंदावन में इस यमुना तट पर इन गायें को चराना मुझे बहुत ही सुखदायक लगता है। कन्हैया बार-बार अपने श्रीमुख से कहते हैं कि तुम सब मेरे मन को बहुत ही भाते हो। सूरदास कहते हैं कि ग्वाल

यह सुनकर चकित हो गए। गोविंद अपनी लीला उन्हें प्रकट रूप से दिखला और बता रहे हैं।

काँधे कान्ह कमरिया कारी, लकुट लिए कर घेरै हो।
बृंदाबन मैं गाइ चरावैं, धौरी, धूमरि टेरै हो।।
लै लिवाइ ग्वालनि बुलाइ कै, जहँ-तहँ बन-बन हेरै हो।
सूरदास प्रभु सकल लोकपति, पीतांबर कर फेरै हो।।

कन्हैया कंधे पर काला कम्बल और हाथ में डंडा लिए गायों को घेरते हैं। वृंदावन में वे गायों को चराते हैं और धौरी, धूमरी नामों से गायों को पुकारते हैं। सब ग्वालों को को बुलाकर साथ लिए जहां-तहां गायों को वन-वन ढूंढ़ते हैं। सूरदास कहते हैं कि मेरे प्रभु सारे लोकों का स्वामी होने पर भी हाथ में पीतांबर लेकर फहरा रहे हैं।

ग्वाल सखा कर जोरि कहत हैं,
हमहि स्याम! तुम जनि बिसरावहु।
जहाँ-तहाँ तुम देह धरत हौ,
तहाँ-तहाँ जनि चरन छुड़ावहु।।
ब्रज तैं तुमहि कहूँ नहिं टारौं,
यहै पाइ मैंहूँ ब्रज आवत।
यह सुख नहिं कहुँ भुवन चतुर्दस,
इहिं ब्रज यह अवतार बतावत।।
और गोप जे बहुतरि चले घर,
तिन सौं कहि ब्रज छाक मँगावत।
सूरदास-प्रभु गुप्त बात सब,
ग्वालनि सौं कहि-कहि सुख पावत।।

ग्वाल सखा सब दोनों हाथ जोड़कर कहते हैं कि श्याम, हमें तुम कभी मत भूलना। जहां-जहां भी अवतार लेना, वहां-वहां हमसे अपना पीछा मत छुड़ा लेना। गोविंद अपने सखाओं से कहते हैं कि व्रज से तुम सबको अलग नहीं होने दूंगा क्योंकि यहीं पर तुम सबको पाकर तो मैं भी व्रज में आता हूं। इस व्रज और इस अवतार में जो सुख प्राप्त हो रहा है, ऐसा सुख चौदहों लोकों में भी कहीं नहीं है। इस प्रकार गोविन्द ने अपने मन की बात बतायीं। दूसरे ग्वाल जो घर को वापस जा रहे थे, उनसे

कहकर कान्हा ने दोपहर का खाना मंगवाया। सूरदास कहते हैं कि गोविन्द गुप्त बात सब ग्वालों से बता-बता कर परम सुख की अनुभूति करते हैं।

वै मुरली की टेर सुनावत।
बृंदाबन सब बासर बसि निसि-आगम जानि चले ब्रज आवत॥
सुबल, सुदामा, श्रीदामा सँग, सखा मध्य मोहन छबि पावत।
सुरभी-गन सब लै आगैं करि, कोउ टेरत कोउ बेनु बजावत॥
केकी-पच्छ-मुकुट सिर भ्राजत, गौरी राग मिलै सुर गावत।
सूर स्याम के ललित बदन पर, गोरज-छवि कछु चंद छपावत॥

पूरे दिन वृंदावन में रहकर, रात होने वाली है, यह जानकर कन्हैया वंशी की धुन सुनाते हुए ब्रज की ओर बढ़ते चले आ रहे हैं। सुबल, सुदामा, श्रीदामा आदि मित्रों के मध्य में मोहन और भी अधिक सुन्दर दिख रहे है। गायों के झुण्ड को सबने घेरकर आगे कर दिया है। कोई उन्हें हांक रहा है और कोई वंशी बजा रहा है। गोविन्द के सिर पर मोर-मुकुट खिल रहा है और वह गौरी राग में मित्रों के सुर में सुर मिलाकर गा रहे हैं। सूरदास कहते हैं कि श्याम के सुन्दर मुख पर गायों के पावों से उड़ी धूल यूं खिल रही है मानो चन्द्रमा आधा बादलों में है और आधा बादलों के बाहर है।

हरि आवत गाइनि के पाछे।
मोर-मुकुट मकराकृति कुंडल, नैन बिसाल कमल तैं आछे॥
मुरली अधर धरन सीखत हैं, बनमाला पीतांबर काछे॥
ग्वाल-बाल सब बरन-बरन के, कोटि मदन की छबि किए पाछे॥
पहुँचे आइ स्याम ब्रज पुर मैं, घरहिं चले मोहन-बल आछे।
सूरदास-प्रभु दोउ जननी मिलि लेति बलाइ बोलि मुख बाछे॥

गोविंद गायों के पीछे-पीछे आ रहे हैं। सिर पर मोर-मुकुट है, कानों में मकर की आकृति वाले कुंडल है, विशाल नयन कमल से भी अधिक सुन्दर हैं, अधरों पर मुरलीधरन सीख रहे हैं, गले में वनमाला है और कछनी पीतांबर की है। ग्वाल-बालक सब विविध रंगों के हैं और करोड़ों कामदेवों की सुंदरता भी उनके आगे कम ही है। गोविन्द ब्रजपुर में आ गए और कृष्ण बलराम साथ-साथ नंद भवन की ओर बढ़ गए। सूरदास कहते हैं कि गोविन्द से यशोदा और रोहिनी दोनों माएं ही मिलीं और 'मेरे लला' मुख से बोल-बोलकर उनकी बलैया लेने लगीं।

आजु हरि धेनु चराए आवत।
मोर-मुकुट बनमाल बिराजत, पीतांबर फहरावत॥
जिहिं-जिहिं भाँति ग्वाल सब बोलत, सुनि स्त्रवननि मन राखत।
आपुनि टेर लेत ताही सुर, हरषत पुनि पुनि भाषत॥
देखत नंद-जसोदा-रोहिनि, अरु देखत ब्रज-लोग।
सूर स्याम गाइनि सँग आए, मैया लीन्हे रोग॥

आज गोविंद गायें चराकर आ रहे हैं। मोर-मुकुट और वनमाला शोभा बढ़ा रही है। पीतांबर हवा में फहरा रहा है। जिस-जिस तरह से ग्वाल सब बोलते हैं, उसी तरह से उनकी बातें गोविन्द सुनते हैं और उनका मन रखते हैं। स्वयं भी ग्वाल मित्रों की आवाज में आवाज मिलाकर उसी आवाज में आवाज लगाते हैं और प्रसन्न मन से बार-बार उसे ही दोहराते हैं। नंदबाबा, यशोदा मैया, रोहिणी मैया और व्रज के सब लोग उन को आते हुए देख रहे हैं। सूरदास कहते हैं कि श्याम गायों के साथ आ गए। मैया ने आगे बढ़कर उनकी बलैया लेने लगीं और कहने लगीं कि मेरे लाल के सारे रोग मुझे लग जाएं, पर मेरे लाल को कुछ भी न हो।

आजु बने बन तैं ब्रज आवत।
नाना रंग सुमन की माला, नंदनँदन-उर पर छबि पावत॥
संग गोप गोधन-गन लीन्हे, नाना गति कौतुक उपजावत।
कोउ गावत, कोउनृत्य करत, कोउ उघटत, कोउकरताल बजावत॥
राँभति गाइ बच्छ हित सुधि करि, प्रेम उमँगि थन दूध चुवावत।
जसुमति बोलि उठी हरषित ह्वै, कान्हा धेनु चराए आवत॥
इतनी कहत आइ गए मोहन, जननी दौरि हिए लै लावत।
सूर स्याम के कृत्य जसोमति, ग्वाल-बाल कहि प्रगट सुनावत॥

आज कान्हा वन से व्रज आ रहे हैं। नाना रंगों की पुष्प-माला नंदनंदन के हृदय पर सुशोभित हो रही है। साथ में ग्वाल-बालक और गायों के झुण्ड लिए नाना प्रकार के विनोद उत्पन्न करते आ रहे हो कोई गा रहा है, कोई नाच रहा है, कोई उछल-कूद कर रहा है व कोई ताली बजा रहा है। गायें बछड़ों को याद कर प्रेम व वात्सल्य वश रंभा रही हैं। प्रेम से उमंगित होकर थनों से दूध चुवा रही हैं। यशोदा मैया प्रसन्न होकर बोल पड़ीं– 'कान्हा गायों को चराकर आ रहा है।' मैया के इतना कहते ही

मोहन आ गए। मैया ने दौड़कर कान्हा को हृदय से लगा लिया। सूरदास कहते हैं कि गोविन्द ने वन में जो कार्य किये हैं ग्वाल-बालक यशोदा मैया को स्पष्ट रूप से सुना रहे हैं।

मैया! हौं न चरैहौं गाइ।
सिगरे ग्वाल घिरावत मोसौं, मेरे पाइ पिराइ॥
जौ न पत्याहि पूछि बलदाउहि, अपनी सौंह दिवाइ।
यह सुनि माइ जसोदा ग्वालनि, गारी देति रिसाइ॥
मैं पठवति अपने लरिका कौं, आवै मन बहराइ।
सूर स्याम मेरौ अति बालक, मारत ताहि रिंगाइ॥

गोविन्द कहते हैं कि मैया! मैं गाय नहीं चराऊंगा। सभी ग्वाल-बालक मुझसे ही गायों को घेरवाते हैं। गायों को दौड़-दौड़कर हांकते-हांकते मेरे पांवों में दर्द होने लगता है। तुझे मुझ पर भरोसा नहीं है तो बलदाऊ से अपनी सौंगध देकर पूछ लो। इतना सुनना था कि यशोदा ग्वालों को गाली देते हुए गुस्सा हो गई कि मैं अपने बालक को मन बहलाने के लिए भेजती हूं, मेरा कान्हा तो अभी छोटा बालक है और ये उस गायों को पीछे दौड़ा-दौड़ाकर मार डालते हैं।

बल-मोहन बन तैं दोउ आए।
जननि जसोदा मातु रोहिनी, हरषित कंठ लगाए॥
काहैं आजु अबार लगाई, कमल-बदन कुम्हिलाए।
भूखे गए आजु दोउ भैया, करन कलेउ न पाए॥
देखहु जाइ कहा जेवन कियौ, रोहिनि तुरत पठाई।
मैं अन्हवाए देति दुहुनि कौं, तुम अति करौ चँड़ाई॥
लकुट लियौ, मुरली कर लीन्ही, हलधर दियौ बिषान।
नीलांबर-पीतांबर लीन्हे, सैंति धरति करि प्रान॥
मुकुट उतारि धरयौ लै मंदिर, पोंछति है अँग-धातु।
अरु बनमाल उतारति गर तैं, सूर स्याम की मातु॥

बलराम और कृष्ण दोनों वन से आ गए हैं। मैया यशोदा और रोहिणी ने हर्षित मन से उन्हें गले से लगा लिया। दोनों माताएं बोलीं कि आज आने में देर क्यों की? देखो तो कमल के समान मुख कैसे कुम्हला गए हैं। आज दोनों भाई भूखे ही चले गये थे। भोजन भी नहीं कर पाए थे। जाकर देखो, क्या भोजन बन गया है? यह

कहकर यशोदा मैया ने रोहिणी को तुरंत ही भेज दिया–'तब तक मैं दोनों को नहलवा देती हूं। जरा जल्दी करो।' यशोदा मैया ने रोहिणी को अंदर भेजकर कृष्ण के हाथ से छड़ी, मुरली ले ली और बलराम ने अपना जींगा दे दिया। नीलांबर, पीतांबर ले लिए और प्राण से भी अधिक संभालकर सुरक्षित स्थान पर ये सारी चीजें रख दीं। मुकुट उतारकर घर के अंदर रख दिया और कान्हा के शरीर पर लगी वन-धातुएं यानी खड़िया, गेरू आदि पोंछने लगीं। सूरदास कहते हैं कि श्याम की मैया यशोदा ने उनके गले से वनमाला भी उतार कर रख दी।

मैया! बहुत बुरौ बलदाऊ!
कहन लग्यौ बन बड़ौ तमासौ, सब मौड़ा मिलि आऊ॥
मोहूँ कौं चुचकारि गयौ लै, जहाँ सघन बन झाऊ।
भागि चलौ कहि गयौ उहाँ तैं, काटि खाइ रे हाऊ॥
हौं डरपौं, काँपौं अरु रोवौं, कोउ नहिं धीर धराऊ।
थरसि गयौं नहिं भागि सकौं, वै भागे जात अगाऊ॥
मोसौं कहत मोल कौ लीनौ, आपु कहावत साऊ।
सूरदास बल बड़ौ चवाई, तैसेहिं मिले सखाऊ॥

गोविन्द मैया से शिकायत करते हुए कह रहे हैं कि मैया! बलदाऊ बहुत बुरे हैं। बलदाऊ कहने लगे कि वन में बड़ा तमाशा है। सभी ग्वाल-बाल मिलकर यहां आ जाओ। मुझे भी वहां पुचकार कर ले गए, जहां झाड़ियों का बहुत घना वन है। वहां जाने पर यह कहकर बलदाऊ अचानक ही भाग चले कि यहां हाऊ है। काट खाएगा। चलो भागो। मैं डरकर कांपने लगा और रोने लगा। किसी ने भी मुझे धीरज नहीं बंधाया। मैं इतना डर गया था कि मैं भाग नहीं पा रहा था और वे सब आगे आगे भागे जा रहे थे। मुझसे बलदाऊ कहते हैं कि तू खरीदा गया है और स्वयं को अच्छा कहलवाता है। सूरदास कहते हैं कि मैया कहती हैं कि बलराम बड़ा ही झूठेर है ओर वैसे ही सब सखा मिल गए हैं।

तुम कत गाइ चरावन जात।
पिता तुम्हारौ नंद महर सौ, अरु जसुमति सी जाकी मात॥
खेलत रहौ आपने घर मैं, माखन दधि भावै सो खात।
अमृत बचन कहौ मुख अपने, रोम-रोम पुलकित सब गात॥
अब काहू के जाहु कहूँ जनि, आवति हैं जुबती इतरात।
सूर स्याम मेरे नैननि आगे तैं कत कहूँ जात हौ तात॥

यशोदा मैया कहती हैं कि तुम्हें गाय चराने जाने की जरूरत क्या है। तुम क्यों गाय चराने जाते हो? व्रजराज नंद बाबा जैसे तुम्हारे पिता हैं और यशोदा जैसी तुम्हारी माता है। तुम अपने घर में ही खेल लिया करो। माखन, दही जो भी मन करे खाओ। अपने मुख से अमृत के समान मीठा और सरस बोलो, इससे रोम-रोम पुलकित होकर चेहरा खिल उठता है। अब किसी के घर कहीं मत जाया करो। ये गोपियां इतराती हुई कोई-न-कोई आरोप लगाने के लिए ही आती हैं। मेरे हठी मानधन! तुम मेरे नयनों के सामने से कहीं भी दूर क्यों जाते हो?

माँगि लेहु जो भावै प्यारे।
बहुत भाँति मेवा सब मेरैं, षटरस ब्यंजन न्यारे॥
सबै जोरि राखति हित तुम्हरैं, मैं जानति तुम बानि।
तुरत-मथ्यौ दधिमाखन आछौ, खाहु देउँ सो आनि॥
माखन-दधि लागत अति प्यारौ, और न भावै मोहि।
सूर जननि माखन-दधि दीन्हौ, खात हँसत मुख जोहि॥

यशोदा मैया गोविन्द से कहती हैं कि मेरे लाल! जो तुम्हें अच्छा लगे मुझसे उसे मांग लो। मेरे घर में सब तरह के मेवे मेरे घर में हैं, षट्रस भोजन के व्यंजन अलग रखे हैं। मैंने इन सब को ही तुम्हारे लिए जतन से रखा है, क्योंकि मुझे तुम्हारी आदत के बारे में मालूम है। दही-मंथन से ताजा मक्खन मीठा और अच्छा रखा हुआ है। खूब खाओ, और लाकर के दूंगी। गोविन्द माता से कहते हैं कि मुझे दही-मक्खन बहुत ही अच्छा लगता है, इनके सिवा मुझे और कुछ भी भाता नहीं है। सूरदास कहते हैं कि यशोदा मैया ने कृष्ण को दही-मक्खन दिया है, गोविन्द खा भी रहे हैं और हंस भी रहे हैं तथा मैया उनका मुख निहारे जा रही हैं।

सुनि मैया, मैं तो पय पीवौं, मोहि अधिक रुचि आवै री।
आजु सबारैं धेनु दुही मैं, वहै दूध पोहि प्यावै री॥
और धेनु कौ दूध न पीवौं, जो करि कोटि बनावै री।
जननी कहति दूध धौरी कौ, पुनि-पुनि सौंह करावै री॥
तुम तैं मोहि और को प्यारौ, बारबार मनावै री।
सूर स्याम कौं पय धौरी कौ माता हित सौं ल्यावै री॥

कान्हा कहते हैं कि सुनो मैया! मैं दूध तब ही पीयूंगा और मुझे दूध अधिक प्रिय तब ही लगेगा, यदि आज सुबह जिस गाय का दूध मैंने दुहा था, वह दूध

मुझे पीने को देगी। मैं दूसरी गाय का दूध नहीं पियूंगा, तुम करोड़ों उपाय कर क्यों दूध बनाए। मैया कहती हैं कि यह दूध उसी धौरी गाय का है। गोविंद को विश्वास नहीं हो रहा और वो बार-बार सौंगध दिलाते हैं। मैया बार-बार मना रही है कि तुमसे अधिक मुझको और कौन प्यारा है, कि तुझे धौरी गाय का दूध पीने को नहीं दूंगी। सूरदास कहते हैं कि मैया बड़े प्रेम से धौरी गाय का दूध श्याम के लिए ले आती हैं।

आछौ दूध पियौ मेरे तात!
तातौ लगत बदन नहिं परसत, फूँक देति है मात॥
औटि धरयौ है अबहीं मोहन, तुम्हरैं हेत बनाइ।
तुम पीवौ, मैं नैननि देखौं, मेरे कुँवर कन्हाइ॥
दूध अकेली धौरी कौ यह, तन कौं अति हितकारि।
सूर स्याम पय पीवन लागे, अति तातौ दियौ डारि॥

यशोदा मैया कहती हैं कि मेरे लाल! यह दूध बहुत ही अच्छा और स्वादिष्ट है, इसे पी जाओ। यह गरम है, इसे मुख से स्पर्श न करो। यह कहकर यशोदा मैया फूंक मारकर दूध को ठंडा करने लगीं। वह कहती हैं कि मोहन, इसे अभी-अभी औटाकर रखा है और तुम्हारे लिए ही इसे अच्छी तरह से बनाया है। मेरे कुंवर कन्हैया! तुम दूध पियो और मैं अपनी इन आंखों से देखूं। यह सिर्फ धौरी गाय का ही दूध है और शरीर के लिए बहुत ही लाभप्रद है। सूरदास कहते हैं कि श्याम मैया के समझाने पर दूध पीने लगे लेकिन वह बहुत अधिक गरम था, इसलिए दूध को एक तरफ गिरा दिया।

ये दोऊ मेरे गाइ-चरैया।
मोल बिसाहि लियौ मैं तुम कौं, जब दोउ रहे नन्हैया॥
तुम सौं टहल करावति निसि-दिन, और न टहल करैया।
यह सुनि स्याम हँसै कहि दाऊ, झूठ कहति है मैया॥
जानि परत नहिं साँच झुठाई, चारत धेनु झुरैया।
सूरदास जसुदा मैं चेरी कहि-कहि लेति बलैया॥

यशोदा मैया मजाक करती हुई कहती हैं कि कृष्ण-बलराम, ये दोनों मेरे गाय चराने वाले यानी चरवाहे हैं। जब तुम दोनों बहुत छोटे थे तभी मैंने तुम्हें धन देकर खरीद लिया था। तुम दोनों से रात-दिन इसीलिए तो काम करवाती हूं। मेरे घर दूसरा कोई काम करने

वाला कहां है। मैया की बात पर श्याम हंस पड़े और बलदाऊ से कहने लगे कि बलदाऊ, मैया झूठ बोल रही है। यशोदा मैया बोलीं–सच–झूठ की तुम्हें समझ नहीं, देखो तो गाय चराते–चराते तुम दोनों सूख गए हो लेकिन सच तो यही है कि मैं ही तुम दोनों की चेरी यानी दसी हूं। यह कहकर वे उनकी बलैया लेने लगीं।

सोवत नींद आइ गई स्यामहिं।
महरि उठी पौढ़ाइ दुहुनि कौं, आपु लगी गृह कामहिं॥
बरजति है घर के लोगनि कौं, हरुऐं लै–लै नामहि।
गाढ़े बोलि न पावत कोऊ, डर मोहन–बलरामहि॥
सिव–सनकादि अंत नहिं पावत, ध्यावत अह–निसि–जामहिं।
सूरदास प्रभु ब्रह्म सनातन, सो सोवत नँद–धामहिं॥

बिस्तर पर लेटते ही श्याम को नींद आ गई। यशोदा मैया दोनों भाइयों को सुलाकर अपने घरेलू कार्यों में व्यस्त हो गईं। वे घर के लोगों को नाम ले लेकर मना करती हैं कि कोई भी तेज आवाज में न बोले। मोहन और बलराम के नींद से जाग जाने के भय से कोई भी ऊंची आवाज में बात नहीं कर रहा। सूरदास कहते हैं कि शिव, सनकादि जिसका अंत नहीं पाते और दिन–रात जिसके ध्यान में लगे रहते हैं, वे सनातन ब्रह्म स्वरूप मेरे प्रभु नंदबाबा के भवन में सो रहे हैं।

देखत नंद कान्ह अति सोवत।
भूखे गए आजु बन भीतर, यह कहि–कहि मुख जोवत॥
कह्यौ नहीं मानत काहू कौ, आपु हठी दोउ बीर।
बार–बार तनु पोंछत कर सौं, अतिहिं प्रेम की पीर॥
सेज मँगाइ लई तहँ अपनी, जहाँ स्याम–बलराम।
सूरदास प्रभु कैं ढिग सोए, सँग पौढ़ी नँद–बाम॥

कान्हा गहरी नींद में सो रहे हैं, नंदबाबा देख रहे हैं। वे यह कह–कहकर कृष्ण का मुख देख रहे हैं कि आज बिना कुछ खाए ही वन में गायें चराने गया था। ये दोनों भाई अपनी ही जिद को मानते हैं। किसी का भी कहना नहीं मानते है। नंदबाबा यह सोचते हुए बार–बार दोनों के शरीर को हाथों से पोंछते हैं और प्रेम की पीड़ा से वे बहुत दुःखी भी हैं। उन्होंने जहां श्याम–बलराम सो रहे थे, वहीं पर अपनी भी शय्या मंगवा–ली। सूरदास कहते हैं कि नंदबाबा उनके ही साथ सो गए और यशोदा रानी भी वहीं पुत्रों के पास ही सोयीं।

जागियै गोपाल लाल, प्रगट भइ अंसु-माल,
मिटयौ अंधकाल, उठौ जननी-सुखदाई।
मुकुलित भए कमल-जाल, कुमुद-बृंदबन बिहाल,
मेटहु जंजाल, त्रिबिध ताप तन नसाई॥
ठाढ़े सब सखा द्वार, कहत नंद के कुमार,
टेरत हैं बार-बार, आइयै कन्हाई।
गैयनि भइ बड़ी बार, भरि-भरि पय थननि भार,
बछरा-गन करैं पुकार, तुम बिनु जदुराई॥

यशोदा मैया कहती हैं कि मेरे लाल गोपाल। जागो। सूर्य-किरणें धरती पर दिखने लगी, अंधकार मिट गया। मैया को सुख देने वाले कन्हैया, अब उठो। कमल-दल खिल उठे, कुमुदिनियों का समूह मुरझा गया, तुम जागकर सारा जंजाल मिटा दो और सब के शरीर के तीनों ताप-दैविक, भौतिक दैहिक नष्ट कर दो। सखा सब द्वार पर खड़े हैं और नंदकुमार कहकर आवाज लगा रहे हैं। कन्हैया आ जाओ, बार-बार वे पुकार रहे हैं। गायों को बड़ी देर हो गई, उनके थन दूध के भार से भर गए हैं। बछड़े दूध पीने के लिए आवाज दे रहे हैं। गायों को दुहने में इतनी देर इसीलिए हो गई है क्योंकि तुमने ही तो सौंगध दी थी कि मुझे बुलाए बिना गाएं मत दुहना।

तातैं यह अटक परी, दुहन-काल सौंह करी,
आवहु उठि क्यौं न हरी, बोलत बल भाई।
मुख तैं पट झटकि डारि, चंद-बदन दियौ उघारि,
जसुमति बलिहारि, वारि, लोचन-सुखदाई॥
धेनु दुहन चले धाइ, रोहिनी लई बुलाइ,
दोहनि मोहि दै मँगाइ, तबहीं लै आई।
बछरा दियौ थन लगाइ, दुहत बैठि कै कन्हाइ,
हँसत नंदराइ, तहाँ मातु दोउ आई॥

'कन्हैया! तुम उठकर आते क्यों नहीं, तुम्हारे बलदाऊ भैया तुम्हें बुला रहे हैं। तुम्हारे कारण ही गायों को दुहने में देर हुई है। तुम ने ही तो सौंगध दिलाकर कहा था कि मेरे आने पर ही गायों को दुहना।' यह सुनते ही कन्हैया ने झट से मुख से वस्त्र हटा दिया और चन्द्रमुख उघाड़ दिया। यशोदा मैया की आंखों को बहुत सुख मिला। उन पर मैया ने जल वार दिया और उस जल को पी

लिया। कन्हैया दौड़कर गाय दुहने चल दिए और रोहिणी मैया से कहा कि मैया, दोहनी मंगवा दो। कन्हैया ने बछड़ा थन से लगाया और बैठकर दूध दुहने लगे। नंदबाबा यह दृश्य खड़े-खड़े देखकर हंस रहे हैं, वहां यशोदा और रोहिणी मैया भी आ गई।

दोहनि कहुँ दूध-धार, सिखवत नँद बार-बार,
यह छबि नहिं वार-पार, नंद घर बधाई।
हलधर तब कह्यौ सुनाइ, धेनु बन चलौ लिवाइ,
मेवा लीन्हौ मँगाइ, बिबिध-रस मिठाई।।
जेंवत बलराम-स्याम, संतन के सुखद धाम,
धेनु-काज नहिं बिराम, जसुदा जल ल्याई।

कहीं दूध की धार गिर रही है तथा कहीं दोहनी है। नंदबाबा बार-बार सिखला रहे हैं। इस छवि का कोई आर-पार नहीं है। नंदबाबा के घर पर बधाव बज रहा है। तब बलराम बोले कि गायें वन में चराने के लिए ले चलो। मेवा और अन्य प्रकार की अच्छी मिठाइयां मंगवा लीं। संतों के सुखधाम कृष्ण बलराम खाना खा रहे हैं। गायों को चराने से उन्हें फुसर्त नहीं है। गौ-सेवा ही उनका सबसे बड़ा कर्म है। तभी यशोदा मैया पानी लेकर आयीं।

स्याम-राम मुख पखारि, ग्वाल-बाल दिए हँकारि,
जमुना-तट मन बिचारि, गाइनि हँकराई।।
सृंग-बेनु-नाद करत, मुरली मधु अधर धरत,
जननी-मन हरत, ग्वाल गावत सुघराई।
बृंदाबन तुरत जाइ, धेनु चरति तृन अघाइ,
स्याम हरष पाइ, निरखि सूरज बलि जाई।।

कृष्ण और बलराम ने मुंह धोया, फिर ग्वाल-बालकों को बुला लिया और यमुना-तट की तरफ गायों को ले चलने को कहा। सब शृंग और वेणु बजा रहे हैं, होंठों पर मुरली धरकर मधुर आवाज में धुन निकालते हुए माता के मन को आनंदित कर रहे हैं। ग्वाल-बाल सुधराइ संग में गा रहे हैं। गायें वृंदावन पहुंचकर घास प्रसन्न-मन से चर रही हैं। श्याम खुश हो रहे हैं। सूरदास कहते हैं कि यह सुन्दर दृश्य देखकर मैं बलि-बलि जाऊं।

हेरी देत चले सब बालक।
आनँद सहित जात हरि खेलत, संग मिले पशु-पालक॥
कोउ गावत, कोउ बेनु बजावत, कोउ नाचत, कोउ धावत।
किलकत कान्ह देखि यह कौतुक, हरषि सखा उर लावत॥
भली करी तुम मोकौं ल्याए, मैया हरषि पठाए।
गोधन-बृंद लिये ब्रज-बालक, जमुना-तट पहुँचाए॥
चरति धेनु अपनैं-अपनैं रँग, अतिहिं सघन बन चारौ।
सूर संग मिलि गाइ चरावत, जसुमति कौ सुत बारौ॥

सब ग्वाल-बाल 'हेरी' देते हुए चले जा रहे हैं। कन्हैया आनंदित होकर चरवाहों के साथ खेलते-हंसते हुए आगे बढ़ते जा रहे हैं। कोई गा रहा है, कोई वेणु बजा रहा है, कोई नाच रहा है, कोई दौड़ रहा है। कन्हैया यह हास्य-विनोद देखकर किलकारियां मार रहे हैं रहे हैं और हर्षित होकर सखाओं को गले से लगा लेते हैं। कन्हैया कहते हैं कि अच्छा किया तुम लोगों ने मुझे भी साथ ले लिया। मैया ने भी मुझे खुशी मन से ही भेजा। व्रज के बालक गायों के झुण्ड लिए यमुना-तट पहुंच गये। गायें अत्यंत ही घने वन में बड़े ही चाव से घास चर रही हैं। सूरदास कहते हैं कि यशोदा के लाल कृष्ण ग्वाल-बालों के संग गायें चरा रहे हैं।

चले बन धेनु चारन कान्ह।
गोप-बालक कछु सयाने, नंद के सुत नान्ह॥
हरष सौं जसुमति पठाए, स्याम-मन आनंद।
गाइ गो-सुत गोप बालक, मध्य श्रीनँद-नंद॥
सखा हरि कौं यह सिखावत, छाँड़ि जिनि कहुँ जाहु।
सघन बृंदाबन अगम अति, जाइ कहुँ न भुलाहु॥
सूर के प्रभु हँसत मन मैं, सुनत हीं यह बात।
मैं कहूँ नहिं संग छाँड़ौं, बनहिं बहुत डरात॥

कन्हैया वन में गाय चराने जा रहे हैं। गोप-बालक कुछ बड़े हैं और नंद के लालकृष्ण अभी छोटे हैं। यशोदा मैया ने हर्षित मन से उन्हें वन में भेज दिया, जिससे श्याम मन-ही-मन आनंदित हैं। गायों, बछड़ों, ग्वाल-बालकों के मध्य में श्रीनंद नंदन हैं। सब सखा कन्हैया को यही सिखला रहे हैं कि हमें छोड़कर इधर-उधर कहीं मत जाना। यह वृंदावन

अत्यंत ही घना और अगम्य है, कहीं जाकर रास्ता न भूल जाना। सूरदास कहते हैं कि मेरे प्रभु यह बात सुनकर मन-ही-मन हंस रहे हैं और कहते हैं कि मैं तुम सबका साथ छोड़कर कहीं नहीं जाऊंगा। मुझे वन से बहुत-सी डर लगता है।

द्रुम चढ़ि काहे न टेरौ कान्हा, गैयाँ दूरि गईं।
धाई जाति सबनि के आगैं, जे बृषभानु दईं।।
घेरैं घिरतिं न तुम बिनु माधौ, मिलति न बेगि दईं।
बिडरतिं फिरतिं सकल बन महियाँ, एकै एक भईं।।
छाँड़ि खेड़ सब दौरि जात हैं, बोलौ ज्यौं सिखईं।
सूरदास-प्रभु-प्रेम समुझि, मुरली सुनि आइ गईं।।

सब ग्वाल-सखा कहते हैं कि कान्हा, पेड़ पर चढ़कर आवाज क्यों नहीं लगाते? गाएं दूर चली गई हैं। जो गाएं वृषभान ने दी हैं, वे सबके आगे दौड़ी जा रही हैं। माधव, तुम्हारे बिना वे घेरने पर भी घेरी नहीं जा रही हैं। ये तो जल्दी मिलती ही नहीं। ये एक-दूसरे से अलग होकर वन में इधर से उधर बिदकती-भड़कती हुई दौड़ लगा रही हैं। तुमने उन्हें जैसा सिखाया है, वैसे पुकार कर बुला लो। सूरदास कहते हैं कि मेरे प्रभु के प्रेम को समझकर सारी गाएं वंशी की मधुर धुन सुनते ही वापस लौट आईं।

जब सब गाइ भईं इक ठाईं। ग्वालनि घर कौं घेरि चलाईं।।
मारग मैं तब उपजी आगि। दसहूँ दिसा जरन सब लागि।।
गवाल डरपि हरि पैं कह्यौ आइ। सूर राखि अब त्रिभुवन-राइ।।

जब सब गाएं एक जगह पर इकट्ठी हो गईं, तब ग्वाल-बालकों ने उनको घेरकर घर की ओर लेकर चल दिए। तभी रास्ते में आग लग गई और दसों दिशाओं में फैल गई तथा सब कुछ जलने लगा। डरे-सहमे हुए गोप-बालक कन्हैया के पास आकर खड़े हो गए। सूरदास कहते हैं कि सब यही कह रहे हैं कि हे त्रिभुवन के स्वामी! हमारी सहायता करो।

अब कैं राखि लेहु गोपाल।
दसहूँ दिसा दुसह दावागिनि, उपजी है इहिं काल।।

पटकत बाँस काँस-कुस चटकत, लटकत ताल-तमाल।
उचटत अति अंगार, फुटत फर, झपटत लपट कराल॥
धूम-धूँधि वाढ़ी धर-अंबर, चकमत बिच-बिच ज्वाल।
हरिन बराह, मोर चातक, पिक, जरत जीव बेहाल॥
जनि जिय डरहु, नैन मूँदहु सब, हँसि बोले नँदलाल।
सूर अगिनि सब बदन समानी, अभय किए ब्रज-बाल॥

ग्वाल-बालक भयातुर कहते हैं कि गोपाल! अब की बार हमारी सहायता कर दो। दसों दिशाओं में न सहने योग्य दावाग्नि लग गई है। बांस पटकते हुए जल रहे हैं, कुश और काश चटकते हुए जल रहे हैं। ताल और तमाल के बड़े पेड़ भी आग में जलकर गिर रहे हैं। आग के बड़े-बड़े टुकड़े उड़-उड़ कर चारों तरफ गिर रहे हें, फूल जलकर फूट रहे हैं और बड़ी तेज गति से आग की लपटें फैलती जा रही हैं। पृथ्वी और आकश धुआं से भर गए हैं। चारों तरफ शाम के धुंधलके की तरह धुआं छा गया है। बीच-बीच में आग की ज्वाला चमक जाती है। हरिण, सूअर, मोर, पपीहा, कोयल आदि जल रहे जीव बहुत व्याकुल हैं। कन्हैया हंसकर बोले कि डरो मत। सब अपनी आंखें बंद कर लो। सूरदास कहते हैं कि मेरे प्रभु गोविन्द के मुख में सारी अग्नि समा गई। सब व्रज-बालक आग की तपन से सुरक्षित बच गए।

देखौ री नँद-नंदन आवत।
बृंदाबन तैं धेनु-बृंद मैं बेनु अधर धरें गावत।
तन घनस्याम कमल-दल-लोचन अंग-अंग छबि पावत।
कारी-गोरी, धौरी-धूमरि लै-लै नाम बुलावत॥
बाल गोपाल संग सब सोभित मिलि कर-पत्र बजावत।
सूरदास मुख निरखतहीं सुख गोपी-प्रेम बढ़ावत॥

गोपियां कृष्ण को वन से आते दूर से ही देखकर आपस में बातें करती हैं कि देखो! नंदनंदन आ रहे हैं। वृंदावन से वापस आ रही गायों के झुण्ड में वे अधरों पर मुरली धरे गा रहे हैं। शरीर मेघ के समान श्याम वर्ण है, कमलदल के समान नयन हैं और अंग-अंग सुशोभित हो रहा है। काली, लाल, धौरी, ध्धूमरी नाम से गायों को बुला रहे हैं। सब ग्वाल-बालक साथ में हैं और सभी मिलकर तालियां तथा पत्तों को बजा रहे हें। सूरदास कहते हैं कि इनका तो मुख निहार कर ही सुख मिलता है। ये सब गोपियों के हृदय में प्रेम को और बढ़ा रहे हैं।

रजनी-मुख बन तैं बने आवत, भावति मंद गयंद की लटकनि।
बालक-बृंद बिनोद हँसावत, करतल लकुट धेनु की हटकनि॥
बिगसित गोपी मनौ कुमुद सर, रूप-सुधा लोचन-पुट घटकनि।
पूरन कला उदित मनु उड़पति, तिहिं छन बिरह-तिमिर की झटकनि॥
लज्जित मनमथ निरखि बिमल छबि, रसिक रंग भौंहनि की मटकनि।
मोहनलाल, छबीलौ गिरिधर, सूरदास बलि नागर-नटकनि॥

गोविन्द सांम के समय सुन्दर मुख लिए वन से वापस आ रहे हैं। उनका हाथी के समान झूमते हुए धीमी चाल से आना मन को लुभा रहा है। बालकों का झुण्ड उन्हें नये-नये विनोद से हंसा रहा है। हाथों में गायें को हांकने के लिए छड़ी है। गोपियों का मन रूपी कुमुद-पुष्प कृष्ण के रूप-सुधा के सरोवर में उमंगित होता है और आंखों के दोनों से गोपियां कृष्ण के रूप-सुधा को पीती हैं। मानो चन्द्रमा अपनी पूरी कलाओं के साथ आकाश में निकल आया है और पल भर में ही विरह रूपी अंधेरा गायब हो गया है। इस विमल छवि को देखकर कामदेव भी शर्मिंदा हो गया है। कृष्ण की भौंहों का मटकना तो रसिक जनों के लिए परम सुखदायक है। सूरदास कहते हैं कि गिरिधारी मनमोहन तो बहुत छबीले हैं, इन चतुर मुरलीधर के मधुर नृत्य पर मैं तो न्यौछावर हूं।

दै री मैया दोहनी, दुहिहौं मैं गैया।
माखन खाएँ बल भयौ, करौं नंद-दुहैया॥
कजरी धौरी सेंदुरी, धूमरि मेरी गैया।
दुहि ल्याऊँ मैं तुरतहीं, तू करि दै घैया॥
ग्वालिनि की सरि दुहत हौं, बूझहि बल भैया।
सूर निरखि जननी हँसी, तब लेति बलैया॥

गोविंद मैया से कहते हैं कि मैया, मुझे दोहनी दो, मैं गायों को दुहूंगा। माखन खाकर मैं शक्तिशाली हो गया हूं, नंद बाबा की सौगंध खाकर कहता हूं। कजरी, धौरी, लाल, धूमरी आदि जो मेरी गाएं हैं, मैं उन्हें क्षण भर में ही दुहलाता हूं। तू बस दूध के ऊपर से निकला हुआ मक्खन बना दे। तू बलराम से पूछ ले, मैं ग्वालों की तरह ही गायों को दुहता हूं। सूरदास कहते हैं कि कान्हा को देखकर यशोदा मैया हंसकर बलैया लेने लगीं।

बाबा मोकौं दुहन सिखायौ।
तेरैं मन परतीति न आवै, दुहत अँगुरियनि भाव बतायौ॥
अँगुरी भाव देखि जननी तब हँसि कै स्यामहि कंठ लगायौ।
आठ बरष के कुँवर कन्हैया, इतनी बुद्धि कहाँ तैं पायौ॥
माता लै दोहनि कर दीन्ही, तब हरि हँसत दुहन कौं धायौ।
सूर स्याम कौं दुहत देखि तब, जननी मनप अति हर्ष बढ़ायौ॥

गोविन्द कहते हैं कि मुझे नंदबाबा ने गायों को दुहना सिखाया है। मैया, तुझे मेरी बातों पर विश्वास नहीं होता न? यह कहते हुए कन्हैया ने अपनी अंगुलियों से बताया कि कैसे गायों का दूध दुहा जाता है। अंगुली से दुहने का भाव देखते ही यशोदा मैया हंस पड़ीं और श्याम को अपने गले से लगा लिया और कहने लगीं कि कन्हैया, अभी तू तो आठ साल का ही है और तूने इतनी सयानी बुद्धि कहां से पा ली? फिर मैया ने दोहनी लाकर उन्हें देदी। दोहनी हाथ में लेकर कन्हैया दुहने के लिए दौड़ पड़े। सूरदास कहते हैं कि गोविंद को गाय को दुहते देखकर मैया के मन में अत्यंत ही हर्षोल्लास बढ़ गया।

जननि मथति दधि, दुहत कन्हाई।
सखा परस्पर कहत स्याम सौं, हमहू सौं तुम करत चँड़ाई॥
दुहन देहु कछु दिन अरु मोकौं, तब करिहौ मो सम सरि आई।
जब लौं एक दुहौगे तब लौं, चारि दुहौंगो नंद-दुहाई॥
झूठहिं करत दुहाई प्रातहिं, देखहिंगे तुम्हरी अधिकाई।
सूर स्याम कह्यौ काल्हि दुहैंगे, हमहूँ तुम मिलि होड़ लगाई॥

यशोदा मैया दही मथ रही हैं और कन्हैया गायों को दुह रहे हैं। सखा श्याम से कहते हैं कि क्या तुम हम से भी अधिक शीघ्रता से दुहते हो? कन्हैया बोले कि मुझे कुछ और दिनों तक दुह लेने दो, तब मुझसे आकर मुकाबला करना। मैं नन्दबाबा की सौगंध खाकर कहता हूं कि जब तक तुम सब एक गाय दुहोगे तब तक मैं चार गायों को दुह लूंगा। सखा कहते हैं कि सुबह-सुबह तुम झूठे ही सौंगंध खा रहे हो। तुम गायों को दुहने में कितनी जल्दी करते हो, हम आकर देख लेंगे। सूरदास कहते हैं कि श्याम ने सखाओं की चुनौती को स्वीकार करते हुए कहा कि ठीक है हम-तुम कल ही होड़ लगाकर गायों को दुहेंगे, देखते हैं, कौन दुहने में शीघ्रता करता है।

राखि लियौ ब्रज नंद-किसोर।
आयौं इंद्र करि कै चढ़ि, सात दिवस बरषत भयौ भोर॥
बाम भुजा गोबर्धन धारयौ, अति कोमल नखहीं की कोर।
गोपी-ग्वाल-गाइ-ब्रज राखे, नैंकु न आई बूँद-झकोर॥
अमरापति तब चरन परयौ लै जब बीते जुग गुन के जोर।
सूर स्याम करुना करि ताकौं, पठै दियौ घर मानि निहोर॥

नंद-नंदन ने व्रज का मान रख लिया। गर्व करके इंद्र चढ़ आए थे। सात दिनों तक दिन-रात बरसते-बरसते आठवें दिन की सुबह उन्होंने कर दी। नन्हे कन्हैया ने अपने बाएं हाथ के अत्यंत ही कोमल नख की कोर पर गोवर्द्धन पर्वत को धारण किए रखा। ऐसे में गोविन्द ने गोपियों, ग्वालों और व्रज गायों के जीवन की रक्षा की और थोड़ी -सी बूंद की फुहार भी किसी पर न पड़ने दी। व्रज और व्रज के वासियों को सुरक्षित देखकर इंद्र चकित रह गए। जब गोविन्द और इंद्र के गुण-शक्ति की जोर आजमाइश में इन्द्र का बल क्षीण हो गया। वह हारकर गोविन्द के चरणों में नतमस्तक हो गए। सूरदास कहते हैं कि श्याम ने शरणागत पर करुणा करते हुए उसका अनुनय-विनय मान लिया और उन्हें फिर से स्वर्गपति बना दिया। गोविंद चाहते तो उन्हें हमेशा के लिए स्वर्ग से अलग कर सकते थे।

देखौ माई! बदरनि की बरियाई।
कमल-नैन कर भार लिये हैं, इंद्र ढीठ झरि लाई॥
जाकैं राज सदा सुख कीन्हौं, तासौं कौन बड़ाई।
सेवक करै स्वामि सौं सरवरि, इन बातनि पति जाई॥
इंद्र ढीठ बलि खात हमारी, देखौ अकिल गँवाई।
सूरदास तिहिं बन काकौ डर, जिहिं बन सिंह सहाई॥

ग्वाल-बालक आपस में बातें करते हैं कि अरे देखो! इन बादलों की बलजोरी। कमल-नयन गोविन्द ने हाथ पर गोवर्द्धन पर्वत को उठाया था और ढीठ इन्द्र ने बारिश की झड़ी लगा दी थी। जिसके राज्य में सदा सुख भोगते रहे, उसी से क्या बड़प्पन दिखाना। सेवक स्वामी से मुकाबला करता है तो उसकी प्रतिष्ठा का पतन ही होता है। ढीठ इन्द्र हमारी भेंट खाता था। उसकी बुद्धि मारी ही तो गई थी। सूरदास कहते हैं कि उस वन में किसका डर जब उस वन का सिंह स्वयं गोविंद हैं।

(तेरैं) भुजनि बहुत बल होइ कन्हैया।
बार-बार भुज देखि तनक-से, कहति जसोदा मैया।।
स्याम कहत नहिं भुजा पिरानी, ग्वालनि कियौ सहैया।
लकुटिनि टेकि सबनि मिलि राख्यौ, अरु बाबा नँदरैया।।
मोसौं क्यौं रहतौ गोबरधन, अतिहिं बड़ौ वह भारी।
सूर स्याम यह कहि परबोध्यौ चकित देखि महतारी।।

यशोदा मैया कन्हैया से कहती हैं कि तेरी भुजाओं में बहुत बल है, कन्हैया। यशोदा मैया कन्हैया की छोटी-छोटी भुजाओं को बार-बार देखकर कह रही हैं। कन्हैया कहते हैं कि गोप और गोपियों ने गोवर्द्धन पर्वत को उठाने मेंमेरी मदद की, जिससे मेरी भुजाओं में दर्द नहीं हुआ। नंदबाबा और सारे ग्वालों ने डंडों से टेककर पर्वत को उठाए रखा वर्ना मुझ अकेले से गोवर्द्धन रोके भला रुकता, गोवर्द्धन तो इना बड़ा और भारी है। सूरदास कहते हैं कि यशोदा मैया को चकित देखकर गोविंद ने यह कहकर समझाया ताकि मैया अपने बालक को कोई दिव्य बालक समझकर पूजने न लगें।

जै गोबिंद माधव मुकुंद हरि। कृपा-सिंधु कल्यान कंस-अरि।
प्रनतपाल केसव कमलापति। कृष्न-कमल-लोचन अगतिनि गति।।
रामचंद्र राजीव-नैन बर। सरन साधु श्रीपति सारँगधर।
बनमाली बामन बीठल बल। बासुदेव बासी ब्रज-भूतल।।

गोविन्द, माधव, हरि, कृपासिंधु, कल्याणमय! कंस के बैरी! आपकी जय हो! केशव, कमलापति, आप सबके पालन करने वाले हैं। कमल-नयन कृष्ण! आपके सहारों के सहारा हैं। आपही श्रेष्ठ कमल-नयन श्रीरामचन्द्र हैं। सज्जन पुरुषों के रक्षक शारंग धनुषधारी लक्ष्मीपति आप ही हैं। आप ही वनमाली, वामन, बिट्ठल, बलराम, वासुदेव हैं, जिसने व्रज की धरती पर अवतार लिया है।

खर-दूषन-त्रिसिरासुर-खंडन। मरन-चिन्ह दंडक-भुव-मंडल।
बकी-दवन बक-बदन-बिदारन। बरुन-बिषाद नंद-निस्तारन।।
रिषि-मष-त्रान ताड़का-तारक। बन बसि तात-बचन-प्रतिपालक।
काली-दवन केसि-कर-पातन। अघ-अरिष्ट-धेनुक-अनुघातन।।

आप ही खर-दूषण तथा त्रिशिरा आदि असुरों का नाश करने वाले और अपने पदचिह्नों से दंडक वन की धरती को पवित्र एवं सुन्दर बनाने वाले हैं।

आप ही पूतना को मारने वाले, बकासुर के मुख को फाड़ने वाले और वरुण के विषाद से नन्दबाबा को मुक्त कराने वाले हैं। आप ही विश्वामित्र के यज्ञ को पूरा कराने वाले, ताड़का का वध करने वाले और वन में तपस्वी के वेश में चौदह वर्ष रहकर पिता की आज्ञा का पालने वाले हैं। आप ही कालिया नाग का अभिमान चूर करने वाले, केशी राक्षस का वध करने वाले तथा अधासुर, अरिष्टासुर तथा धेनुकासुर को मारने वाले हैं।

रघुपति प्रबल पिनाक बिभंजन। जग-हित जनक-सुता-मन रंजन।
गोकुल-पति गिरिधर गुन-सागर। गोपी-रवन रास-रति-नागर।।
करुनामय कपि-कुल-हितकारी। बालि-बिरोधि कपट-मृग-हारी।
गुप्त गोप-कन्या-ब्रत-पूरन। द्विज-नारी दरसन दुख-चूरन।।
रावन-कुंभकरन-सिर छेदन। तरुबर सात एक सर भेदन।
संखचूड़-चानूर-सँहारन। सक्र कहै मम रच्छा-कारन।।
उत्तर-क्रिया गीध की करी। दरसन दै सबरी उद्धरी।
जे पद सदा संभु-हितकरी। जे पद परसि सुरसी गारी।।

आप ही शिव-धनुष पिनाक का खंडन करने वाले, जग हितकारी और सीता जी का हृदय जीतने वाले श्री रघुपति राम हैं। आप ही गोकुल पति, गोवर्द्धन हाथ पर उठाने वाले, गुणों के सिंधु, गोपियों के दिलों में वास करने वाले तथा रासलीला करने में चतुर हैं। आप ही करुणामय, कपि कुल के शुभचिंतक, बालि के बैरी और कपट के मृग का वध करने वाले हैं। आप ही श्रेष्ठ वर की प्राप्ति के लिए गुप्त गोप कन्या-व्रत को पूरा करने वाले और ब्राह्मणों की स्त्रियों को दर्शन देकर उनका दुःख हरन करने वाले हैं आप ही रावण तथा कुंभकर्ण का सिर काटने वाले तथा एक ही बाण में सात ताड़ के पेड़ों को मार गिराने वाले हैं। आप ही शंखचूड़, चाणूर का वध करने वाले हैं तथा आपको ही इन्द्र अपना रक्षक कहते हैं। आपने ही त्रेता युग में गीधराज जटायु का अंतिम संस्कार किया और आपने ही दर्शन देकर शबरी को परम लोग पहुंचाया। आपके ही चरणों में ध्यान लगाए सदाशिव सदा बैठे रहते हैं और आपके ही चरणों को ही छूकर गंगाजी उत्पन्न हुईं।

जे पद रमा हृदय नहिं टारैं। जे पद तिहूँ भुवन प्रतिपारैं।
जे पद अहि-फन-फन प्रति धारी। जे पद बृंदा-बिपिन-बिहारी।।

जे पद सकटासु-संहार। जे पद पांडव-गृह पग धारी।
जे पद रज गौतम-तिय-तारी। जे पद भक्तनि के सुखकारी।।
सूरदास सु जाँचत ते पद। करहु कृपा अपने जन पर सद।।

जिन कमलचरणों को लक्ष्मी जी अपने हृदय से अलग नहीं करती हैं, जो चरण तीनों लोकों के पालनहार हैं, जिन चरणों को आपने कालिया नाग के फणों पर रखा, जो चरण वृंदावन में क्रीड़ा करते हुए विहार किए, जिन चरणों ने मकटासुर का वध किया, जो चरण पांडवों के घर में पड़े, जिन चरणों की धूल मात्र से ही गौतम-पत्नी अहिल्या शाप मुक्त होकर तर गईं, जो चरण सदा भक्तों के लिए हितकारी हैं, सूरदास हे प्रभु! उन्हीं चरणों में पड़कर आपसे यह मांगता है कि आप अपने इस सेवक पर हमेशा अपनी कृपा बनाए रखें।

जयति नँदल जय जयति गोपाल,
जय जयति ब्रजबाल-आनंदकारी।
कृष्न कमनीय मुखकमल राजितसुरभि,
मुरलिका-मधुर-धुनि बन-बिहारी।।
स्याम घन दिब्य तन पीत पट दामिनी,
इंद्र-धनु मोर कौ मुकुट सोहै।
सुभग उर माल मनि कंठ चंदन अंग,
हास्य ईषद जु त्रैलोक्य मोहै।।

श्रीनंद नंदन की जय हो। गोपाल की जय हो। जय हो! व्रज के गोप-गोपियों को आनंद देने वाले कन्हैया की जय हो। श्रीकृष्ण के कोमल मुख पर कमल की सुगंध सुशोभित होती है। बांसुरी की मधुर तान छेड़ते हुए मुरलीधर वृंदावन में बाल विनोद करते हैं। कृष्ण का शरीर मेघ के समान श्याम वर्ण का है, जिस पर बिजली के समान चमकीला पीला वस्त्र है। सिर पर मोर के पंखों का मुकुट इंद्रधनुष के समान सुन्दर लगता है। हृदय पर वनमाला और गले में मणि तथा अंगों में चन्दन सुशोभित है। तीनों लोकों को मोहित करने वाला हास्य-क्रीड़ा उनके पास है।

सुरभि-मंडल मध्य भुज सखा-अंस दियैं,
त्रिभँगि सुंदर लाल अति बिराजै।

बिस्वपूरनकाम कमल-लोचन खरे,
देखि सोभा काम कोटि लाजै।।
स्रवन कुंडल लोल, मधुर मोहन बोल,
बेनु-धुनि सुनि सखनि चित्त मोदै।
कलप-तरुबर-मूल सुभग जमुना-कूल,
करत क्रीड़ा-रंग सुख बिनोदै।।

गायों के झुंड के बीच में सखाओं के कंधों पर हाथ रखे त्रिभंगी मुद्रा में खड़े सुंदर मोहन अत्यंत ही शोभा दे रहे हैं। जगत के सकल मनोरथों को पूरा करने वाले उनके नयन खिले हुए कमल के समान हैं। गोपाल की शोभा के आगे करोड़ों कामदेव शर्मिंदा हो रहे हैं। कानों में कुंडल हैं, मोहन की वाणी मधुर है और उनकी वंशी की मीठी धुन सुनकर सखाओं का मन आनंदित हो रहा है। सुन्दर यमुना के तट पर श्रेष्ठ कल्पवृक्ष के नीचे खेलते हुए परम सुखकारी हास्य-विनोद वे कर रहे हैं।

देव, किन्नर, सिद्ध, सेस, सुक, सनक, सिब,
देखि बिधि, ब्यास मुनि सुजस गायौ।
सूर गोपाललाल सोई सुख-निधि नाथ,
आपुनौ जानि कै सरन आयौ।।

देवगण, किन्नर, सिद्ध, शेष, शुकदेव, सनकादिक ऋषि, शिव तथा ब्रह्मा यह परम मनोहारी दृश्य देख रहे हैं, व्यास मुनि ने स्वयं इस लीला का दर्शन भी किया है और इसका गुनगान भी किया है। उन्हीं सुखनिधि के स्वामी गोपाल को अपना जानकर यह सूरदास उनके चरणों की शरण में आया है।

■■■